DIRETO DE PARIS

COQ AU VIN
COM FEIJOADA

Proibida a reprodução total ou parcial em qualquer mídia
sem a autorização escrita da editora.
Os infratores estão sujeitos às penas da lei.

A Editora não é responsável pelo conteúdo da Obra,
com o qual não necessariamente concorda. O Autor conhece os fatos narrados,
pelos quais é responsável, assim como se responsabiliza pelos juízos emitidos.

Consulte nosso catálogo completo e últimos lançamentos em **www.editoracontexto.com.br**.

Milton Blay

DIRETO DE PARIS

COQ AU VIN
COM FEIJOADA

Copyright © 2014 do Autor

Todos os direitos desta edição reservados à
Editora Contexto (Editora Pinsky Ltda.)

Foto de capa
"Torre e obelisco", Jaime Pinsky
Montagem de capa e diagramação
Gustavo S. Vilas Boas
Preparação de textos
Lilian Aquino
Revisão
Tatiana Borges Malheiro

Dados Internacionais de Catalogação na Publicação (CIP)
(Câmara Brasileira do Livro, SP, Brasil)

Blay, Milton
    Direto de Paris: Coq au vin com feijoada / Milton Blay. – São Paulo : Contexto, 2014.

    Bibliografia
    ISBN 978-85-7244-835-2

    1. França – Cultura 2. França – História 3. Jornalismo – História 4. Jornalistas brasileiros I. Título.

14-03112   CDD-070.44

Índice para catálogo sistemático:
1. França : Jornalistas : Histórias 070.44

2014

Editora Contexto
Diretor editorial: *Jaime Pinsky*

Rua Dr. José Elias, 520 – Alto da Lapa
05083-030 – São Paulo – SP
PABX: (11) 3832 5838
contexto@editoracontexto.com.br
www.editoracontexto.com.br

SUMÁRIO

INTRODUÇÃO 9

A CHEGADA 13
    Paris: uma relação de amor 13
    Três palavras 17
    O início da aventura 18
    MST 21
    O picolé de Vichy 23
    Um país sem justiça 24
    Maldito condicional 25
    Do Cid a Emmanuelle 26
    Misto? Impossível 28

A FRANÇA E OS FRANCESES 31
    França, uma voz dissidente 31
    O bisão malandro 33
    Saudade dos *clochards* 35
    Chapeau! 37
    Os pavões 39
    Uma lição de ditadura 41
    1998: a oportunidade perdida 41
    Os *champignons* da Maginot 44

A bola embolada 47
Nem com jeitinho 49
Sem documento, não 50
Contra os postes de Paris 52
Onde anda a *fraternité*? 55
O índice *jambon-beurre* 56
50 anos depois 58

ENTREVISTAS, GRANDES ENCONTROS 65
Em nome de Alá 65
A bacanal de Coberville 67
Stalin, um Macbeth sem remorsos 71
Chagall, o poeta da cor 75
O francês que ensinou o Brasil a torturar 78
Do encontro em Praga ao desencontro em Paris 83
A pior entrevista 88

POLÍTICOS I 89
De cafajeste a companheiro,
   ou Lula Macunaíma, um herói sem caráter 89
Relaxa e goza 96
A herança maldita 98
Político não morre, ressuscita 100
Político com P maiúsculo 105
Sob o guarda-chuva do PMDB 106
Um ditador em Pigalle 108
O desprezo do silêncio 110
O batuque do Sarney 111
Jogaram o Sarney no lixo 113
Veado, não 115
História do folclore parisiense 116
Entrou por uma porta... 117
O presidente e o analista 118
Com Lula tudo é possível 119

POLÍTICOS II 123
Triste final feliz 123
Le Pen: *La Bête immonde* 128

A chantagem do caçador de nazistas 133
Que xoxota!!! 136
O Cacareco francês..137
Paris-Rio-Bonifácio: o triângulo da máfia..141

JORNALISMO ONTEM, HOJE E SEMPRE 145
Negociações? Negociatas? Fomos todos parar na rua................ 145
Máquina de escrever 146
Je vous salue, Marie.. 148
Obrigado, Maquininha... 149
Malvinas: o funambulismo brasileiro 152
Os furos do acaso... 157
Só 160
A morte de Arafat... 163
11 de novembro de 1989 167
O dia em que a imprensa comeu barriga 170
Harry's Bar... 173
Ao piano com Gainsbourg 177

MOMENTOS VIVIDOS *AU JOUR LE JOUR* 179
O sorvete dos sultões..179
A sós com Matisse.. 181
O orgulho ridículo.. 185
Os ombros reconfortantes do Bauru..187
O ponto G 189
Pó no fusca.. 190
Questão de ordem 192
O gago que sonhava em ser Hélio Ribeiro.................................... 196
Rodando a baiana 199
A megalomania... 202
A dívida.. 205

COQ AU VIN DE LA MÈRE MICHEL 215

FEIJOADA *LIGHT* DO MIGRANTE 219

O AUTOR 223

AGRADECIMENTOS

À Gisela, companheira de todos os momentos, estimuladora onipresente e crítica rigorosa da minha preguiça.

Aos meus filhos, Adriano e Alessandro, para quem muitas das crônicas deste livro vêm do "tempo do onça".

Aos meus enteados, Clara e Lucas, que suportaram o meu silêncio à mesa enquanto a cabeça se enchia de frases em construção.

A Ruth e David Levisky, por terem cobrado de maneira infatigável o ponto-final.

Ao Júlio Abramczyk, que encontrou o único arquivo sobrevivente da revista Visão.

Ao amigo Américo Lacombe, que me ajudou a pagar uma velha dívida.

À Beatriz de Freitas Moreira, revisora e amiga entusiasta.

Ao José Roberto Guzzo, o primeiro leitor, e à Selma Santa Cruz, a segunda.

À Leni Guzzo, que traçou o meu destino.

À Bumba, minha deliciosa golden retriever, que roncou aos meus pés durante as longas horas passadas em frente ao computador.

Àqueles que me permitiram, no ar e no papel, contar histórias durante esses 35 anos de Paris.

À França, que me acolheu.

INTRODUÇÃO

Ao abençoar os sambistas do Brasil – branco, preto, mulato, lindo como a pele macia de Oxum –, Vinicius de Moraes filosofou: "A vida é a arte do encontro, embora haja tanto desencontro pela vida". Empresto a frase do poeta, gravada para sempre no tampo de cristal da mesa de reuniões da Rádio França Internacional, para lembrar – e contar – os tantos e quantos encontros e desencontros vividos nesses 35 anos em Paris.

Foram inúmeros encontros inusitados: com Orson Welles, em torno de uma *salade de boeuf* no centenário bistrô Benoit; com um Chagall falador e nostálgico; com Jacques Chirac, admirando o sexo de uma musa de Picasso; com o aiatolá Khomeini, prometendo a *jihad*, guerra santa islâmica; com FHC esperançoso ao entregar o cargo a Lula; com Sarney, em Marselha, desafinando na "Saudosa maloca"; com Le Pen, *la bête immonde*; com o general francês Aussaresses, que ensinou os nossos militares a torturar...

E muitos desencontros também: do general-presidente Figueiredo, deixando o Hotel Marigny às escondidas para viver a noite de Pigalle, a Jânio Quadros "sonambulando" em plena Praça da Concorde; da *boulangère* de cara amarrada ao policial incongruente; da descoberta do passado fascista do "socialista" Mitterrand ao desentendimento do casal Amado – Jorge e Zélia – com o casal London, comunistas que os acolheram na Praga soviética; do médico que queria a todo custo que eu, em nome da brasilidade, tivesse doença venérea...

Tantos casos...

Vítimas de deformação profissional, as palavras, depois linhas, parágrafos e pontos-finais surgiram no estilo radiofônico, "curto e grosso".

A opção pela primeira pessoa foi mais complicada. Minha geração aprendeu, na prática, que o "eu" não existia na escrita jornalística. O repórter devia se limitar a narrar o fato, a partir daqueles seis paradigmas: o que, quem, quando, como, onde, por quê. Se essas questões não fossem respondidas na abertura da matéria, o *lead*, era melhor rasgar a lauda e começar tudo de novo. Era preciso guardar certa distância em relação ao acontecimento para ser o mais "objetivo" possível. Se em seus primórdios o *Jornal da Tarde* arrebentou as correntes que sufocavam a criatividade, a *Folha de S.Paulo* dos anos 1980 tratou de ressuscitá-las. Fui ator dos dois.

Mas eis que o *new journalism* se impôs no cotidiano, com a internet foram criados os blogs, o Twitter e o Facebook, e o jornalista passou a ocupar a posição de personagem central, às vezes tão ou até mais importante que o objeto do artigo. O número de colunistas nas redações ultrapassou o de repórteres. E assim o texto, antes sem identidade, passou a ter nome e sobrenome.

Pouco a pouco surgiram histórias, lembranças de momentos vividos em uma terra que foi me adotando ao longo desses mais de 30 anos, transformando-me em um ser híbrido: franco-brasileiro-migrante, *coq au vin* com feijoada. No papel, surgiram sensações e sentimentos que desobedeceram à "objetividade" jornalística.

Quis contar historietas de um cidadão-correspondente brasileiro em Paris, que, como muitos, chegou à França no final dos anos 1970 para passar dois anos, no máximo, e que aqui se encontra até hoje, a poucos quilômetros da Torre Eiffel. Sem arrependimento, porém com o sentimento onipresente de que amanhã será o dia do retorno. Como quase todo imigrado, que pensou milhões de vezes em voltar e outros tantos milhões em ficar, preparei o retorno que nunca concretizei. Talvez seja assim até o fim, talvez este livro seja um início de resposta. Pouco importa qual seja o futuro, tornei-me parisiense, uma cidadania diferente de qualquer outra.

Neste livro, deixei de lado reportagens de guerra, como a da Bósnia-Herzegovina e a do Oriente Médio, e coberturas de fatos marcantes, como a chegada do aiatolá Khomeini a Teerã, os atentados de Paris cometidos nos anos 1980 pelo argelino GIA (Grupo Islâmico Armado), a greve do Sindicato Solidariedade, liderado por Lech Walesa, em Gdansk, pedra inaugural do desaparecimento da Cortina de Ferro, o encontro desencontrado do polonês com Lula, ambos ainda sindicalistas, um querendo sair do comunismo, o outro querendo abraçá-lo, o primeiro voo do Concorde, o lançamento do satélite Brasilsat 1 pelo foguete Ariane, da base de Kourou, na Guiana, ou ainda a morte trágica de Lady Diana no túnel da Ponte Alma, quase em frente à nossa embaixada, entre tantos outros. Optei por acontecimentos que talvez possam parecer menores, mas que, por razões diversas, me tocaram, me fizeram rir, chorar, me deixaram feliz ou indignado, me tiraram o sono. Quis também traçar, em breves pinceladas, este país de contradições – a França –, sobre o qual muito se fala e pouco se sabe, e que, apesar de sentimentos ambivalentes, está impregnado na minha pele.

Inspirado no mestre Hemingway, rascunhei a "minha" Paris, feminina por excelência, que continua a ser uma festa. Quis dividir com cada um dos leitores as largas avenidas e os recônditos desta cidade única no mundo, a mais visitada, que esconde dos turistas alguns de seus maiores tesouros.

Procure uma similar, não vai encontrar.

Não tive a pretensão de escrever um livro exaustivo sobre a minha carreira de correspondente internacional, talvez a mais longa do jornalismo radiofônico brasileiro, nem dar conselhos para jovens que se lançam na profissão com o sonho de abraçar o mundo. Mesmo se a eles dedico algumas linhas vindas de outro século, antes da internet, em que nem sonhávamos com o mundo virtual. Para as chamadas "putas velhas" do jornalismo, vão aqui lembranças de como era trabalhar no tempo em que a palavra "reportagem" tinha som de máquina de escrever, gravador de fita, mancha de carbono nos dedos, sabor do cafezinho de garrafa térmica.

Ao escrever, quis apenas tirar ao acaso da caixa de memória histórias como aquelas que animavam as noitadas de jornalistas "das antigas", quando ao sair da sala de redação, após o fechamento da edição, nós nos reuníamos no boteco do Alemão para jogar conversa fora e depois, no jantar da alta madrugada, nos paulistanos Sujinho, Gigetto, Giovanni Bruno ou Pirandello, para relembrar "causos". Sem saudosismo e sem *smartphone*. Histórias, com h minúsculo, para serem saboreadas com uma taça de *bordeaux*, de preferência tinto, *camembert* e *baguette*, em frente ao fogo da lareira crepitando.

Este livro é, antes de tudo, um bate-papo com os ouvintes, para quem sou uma voz sem rosto e a quem saúdo com um *bonjour*, DIRETO DE PARIS.

A CHEGADA

PARIS: UMA RELAÇÃO DE AMOR

Ninguém traduziu melhor minha relação com Paris que Woody Allen. *Meia-noite em Paris* é uma joia. Quantas vezes me senti na pele do personagem de Owen Wilson passeando pela cidade em companhia de Zelda e Scott Fitzgerald, polemizando com Gertrude Stein, rascunhando um panfleto na mesa ao lado de Zola, tomando uísque com Joyce ou absinto no Bateau Lavoir, vendo Degas e Manet pintarem no Café de la Nouvelle Athènes, em Montmartre fotografando com Man Ray! Sobretudo à noite, estes e outros fantasmas nos pegam pelas mãos e nos transportam em devaneios pelas ruas estreitas ou amplas avenidas.

Os parisienses de alma são nostálgicos, vivem no presente, mas olham para o futuro voltados para o passado, onipresente, em uma confusão permanente de tempo e espaço. No filme de Woody Allen, a personagem de Marion Cotillard resume esse sentimento ambíguo: troca os anos loucos pela *Belle Époque* de Toulouse-Lautrec, mesmo obrigada a abdicar de sua nova aventura amorosa, o homem do futuro.

Nós, milhares de parisienses de adoção, somos assim, como Faulkner, citado pelo personagem de Owen: "*Le passé n'est jamais mort. Il n'est même pas passé*". Em tradução livre: "O passado não morre nunca. Ele nem sequer passou."

Minha primeira referência parisiense foi Montparnasse, onde morei, perto da Villa Seurat, local em que Henry Miller escreveu *Trópico de Câncer*, romance pelo qual foi processado nos Estados Unidos por obscenidade. Mesmo se o bairro atual pouco tem a ver com o do início do século XX, com seus cinemas multiplex, cadeias de *fast food* e a horrenda Tour Montparnasse, o primeiro arranha-céu da cidade, com 210 metros de altura e 59 andares, algo continua vivo: o Café Select, no número 99 do Boulevard du Montparnasse, onde Isadora Duncan, em 1927, deu uma surra no jornalista americano Floyd Gibbons, por este ter defendido a condenação à morte dos anarquistas italianos Sacco e Vanzetti; o Dôme, ex-Café Anglo-Américain, onde os artistas pobres do início do século XX se deliciavam com um prato de linguiça de Toulouse com purê pelo equivalente a um euro; a Closerie de Lilàs, ponto de encontro dos escritores, transformada em birô pelo poeta antissemita Ezra Pound; e sobretudo La Coupole, símbolo do estilo *art nouveau*, com suas linhas geométricas e arabescos, a imensa sala, os 33 pilares recobertos de pintura imitando mármore, suas pilastras, cada uma delas pintada por um artista diferente, e o famoso *curry d'agneau*, cordeiro ao molho *curry*.

Entrar no La Coupole é penetrar no templo dos "Montparnos", os monstros sagrados que viveram entre a Rue des Rennes e o Boulevard Raspail: Henry Miller, Salvador Dalí, Henri Matisse, James Joyce, Jean Cocteau, Louis Aragon, Joséphine Baker, a vedete do Moulin Rouge que ali jantava em companhia de seu leopardo fêmea Chiquita, Pablo Picasso, a modelo Kiki de Montparnasse, que tomou banho nua em uma espécie de piscina transparente instalada no centro da sala. Entre os *habitués*, Ionesco tinha a mesa número 34, Sartre, Camus e Simone de Beauvoir, a de número 149. Ernest Hemingway, outro frequentador assíduo, em agosto de 1944 "libertou" simbolicamente o restaurante da ocupação alemã, infiltrando-se nas tropas do 2º Batalhão de Infantaria, que marchava pela região.

Ali também Man Ray foi apresentado, na noite de sua chegada à cidade, ao fundador do surrealismo André Breton e ao poeta Paul Éluard, e se tornou amante de Kiki; logo abandonou o dadaísmo pelo surrealismo e revolucionou a arte fotográfica. Tendo partido dos Estados Unidos, Ray concluiu que "Dadá não podia viver em Nova York". Seu lugar era Paris.

A *lost generation*, termo criado por Gertrude Stein para designar os artistas americanos emigrados para a França durante os anos loucos, tiveram no La Coupole um de seus quartéis-generais. Os espanhóis fugidos da ditadura franquista também.

A CHEGADA

A algumas dezenas de metros, no número 42 da Rue du Montparnasse, ficava o Falstaff, um bar especializado em cervejas que se tornou famoso em uma noite de julho de 1929, quando Hemingway foi nocauteado pelo jornalista canadense Morley Callagham em um ringue improvisado no *pub*, sob o olhar de Francis Scott Fitzgerald, árbitro improvisado para o pugilato. Completamente bêbado e entusiasmado com o massacre do amigo, o autor de O *grande Gatsby* esqueceu o cronômetro e o primeiro e único assalto do combate durou 3 minutos e 45 segundos em vez do minuto regulamentar.

Anos depois, Simone de Beauvoir, em *Memórias de uma moça bem-comportada*, descreveria as horas passadas no Falstaff com Sartre, tomando coquetéis.

Fitzgerald e Hemingway se conheceram no Le Dingo Bar, em uma pequena travessa montparnassiana, a Rue Delambre. Em *Paris é uma festa*, Hemingway conta o primeiro encontro, regado a champanhe, com Fitzgerald querendo saber, cinco minutos após a apresentação, se ele tinha transado com a mulher antes do casamento.

Hoje, o Dingo é apenas um restaurante italiano sem graça, o Auberge de Venise, mas o velho balcão de madeira continua ali, testemunha da impertinência de Scott Fitzgerald.

Em *Meia-noite em Paris*, Woody Allen escolheu o Polidor como cenário, no número 41 da Rue Monsieur le Prince, no bairro de Saint-Germain, encostado em Montparnasse. O casal Fitzgerald leva Wilson ao restaurante, onde é apresentado ao autor de *Por quem os sinos dobram*.

O Polidor é um restaurante de cozinha tradicional, que data de 1845, um dos mais antigos da cidade, que soube preservar o charme de quando era a cantina dos poetas-escritores Verlaine, Rimbaud, Baudelaire, Gide. Consta que ali Victor Hugo começou a escrever *Os miseráveis*, antes de partir para a Ilha de Guernesey.

No auge da loucura pós-guerra, em 1948, foi fundado no Polidor o Collegium Pataphysicum para a promoção da ciência das soluções imaginárias, tendo por sujeito as exceções e não as regras, porque, como dizia Boris Vian, "é a anomalia que faz avançar as ideias". Os patafisicianos apoiaram o movimento da arte bruta (termo inventado pelo pintor Jean Dubuffet para designar a produção de pessoas sem cultura artística), enquanto o primeiro vice-curador do "Colégio", Marcel Duchamp, dinamitava a estética em voga. A patafísica chegaria até nós por intermédio dos Beatles, na voz de Paul McCartney, em "Maxwell's Silver Hammer".

A primeira vez que vim a Paris, ainda estudante, fiquei hospedado em um hotelzinho de última categoria na Ilha Saint-Louis, pertinho do marco zero da cidade e de um de seus prédios mais famosos, o Hôtel de Lauzun, também conhecido como Pimodan. No número 17 do Quai d'Anjou, olhando para o Hôtel de Ville, o edifício tornou-se conhecido por abrigar o Clube dos Hashischins, criado pelo doutor Jacques Joseph Moreau, primeiro psiquiatra a trabalhar com os efeitos da droga. Uma vez por mês, os membros do clube se reuniam no apartamento do pintor François Brassard para novas experiências artístico-científicas. Durante as sessões, o doutor Moreau iniciava escritores, poetas e pintores: Baudelaire, Balzac, Flaubert, Dumas, Delacroix ali experimentaram a *dawamesk*, uma mistura de geleia de marijuana, gordura, mel, pistache, especiarias – baunilha e canela –, à qual acrescentavam ópio, conforme a receita de Charles Baudelaire em *Paraísos artificiais*. Um dos membros do clube tinha por missão permanecer sóbrio para prevenir atos de loucura. Balzac teria tentado se atirar pela janela para ir passear à beira do rio. Segundo Baudelaire, a *dawamesk* modificava a noção de tempo, as cores e o som da música.

Dizem que Jim Morrison, cantor do The Doors, símbolo sexual e poeta maldito, ficava horas parado em frente ao Hotel de Lauzun, talvez sonhando com o seleto Clube dos Hashischins.

Fui ver o túmulo de Jim Morrison, no cemitério do Père Lachaise, onde, até hoje, casais de jovens apaixonados trocam juras e fazem amor às escondidas.

Revolucionária, desmedida, ao mesmo tempo conservadora e desobediente, irreverente e nostálgica, esta é Paris. Para descobri-la é necessário ir ao seu encontro, explorá-la, devagar, com curiosidade e carinho. É preciso *flâner*, passear sem destino, sair de um jantar no Polidor à procura de uma edição de *Os miseráveis* nos *bouquinistes* à beira do Sena. Estes são adotados pela cidade. Somente os iniciados são autorizados a saborear o vinho branco da Brasserie Lipp para acompanhar as ostras descritas por Hemingway. Nem o gosto crocante da *baguette* quentinha é dado a todos. Paris se esconde na venda da esquina, no *boucher*, no *boulanger*, no *charcutier*, no *fromager*. A cidade não se mostra, não se desnuda em hipermercados. Prefere o bistrô ao grande restaurante.

"*Dieu a inventé le parisien pour que les étrangers ne puissent rien comprendre aux français.*" Deus inventou o parisiense para que os estrangeiros fossem incapazes de compreender os franceses. A frase é de Alexandre Dumas Filho, autor de *A dama das camélias*.

Aqueles que não são domados pela cidade, que não se deixam levar pelas águas do Sena, acham Paris apenas fantástica, provavelmente o lugar mais bonito do mundo, com o plano urbanístico mais visionário e onde é bom viver. É pouco. Paris são milhões de referências, é o passado onipresente. Paris é o beijo roubado de Robert Doisneau. Paris é a *Vitória de Samotrácia*, Paris é a declaração de amor de George Sand a Frédéric Chopin:

> *Je suis heureuse de vous dire que j'ai*
> *bien compris, l'autre jour, que vous aviez*
> *toujours une envie folle de me faire*
> *danser. Je conserve le souvenir de votre*
> *baiser et j'aimerais beaucoup que ce soit*
> *une preuve que je suis aimée et désirée*
> *par vous. Je suis prête à vous montrer mon*
> *affection toute désintéressée et sans calcul,*
> *et si vous voulez vraiment me voir*
> *vous dévoiler sans aucun artifice mon âme*
> *toute nue, daignez au moins venir chez moi:*
> *nous bavarderons franchement entre amis.*
> *Je vous prouverai que suis la femme*
> *capable de vous apporter l'affection*
> *la plus étroite et aussi la plus profonde,*
> *l'épouse la plus fidèle, la plus sûre*
> *que vous puissiez imaginer! Oh comme votre*
> *amour me sera doux, car la solitude qui m'habite est*
> *longue, dure et sûrement bien*
> *pénible, et mon âme est follement ébranlée,*
> *venez bien vite et vous pourrez me la faire oublier.*
> *Et à vous, je veux me soumettre entièrement.*

TRÊS PALAVRAS

Maladie Sexuellement Transmissible (MST). Três palavras que trotam na minha cabeça quando penso na chegada à França, em 26 de junho de 1978. Dia de sol, primícias de verão.

DIRETO DE PARIS

O INÍCIO DA AVENTURA

Feliz. Tinha deixado para trás uma carreira que dava seus primeiros passos promissores e ali estava eu, recém-casado, com dinheiro contado para sobreviver durante três meses e uma bolsa de estudos que pagava o estúdio do prédio de número 11 da Rue Emile Dubois, no *14ème arrondissement* de Paris: 1.700 francos franceses. O conjugado estava ocupado por Roberto D'Ávila, então correspondente da Bandeirantes, que eu conhecia do tempo de cursinho para a Faculdade de Direito – o Tolosa. Roberto e sua mulher, Denise, que trabalhava para a Globo, estavam se mudando para um apartamento de quarto e sala no mesmo prédio. Um luxo! Mas o estúdio revelou-se muito maior do que eu imaginava ao deixar o bairro da Pompeia, Zona Oeste de São Paulo: trinta metros quadrados, transformados em sala, quarto, escritório, cozinha, banheiro, *closet* e até um corredor em que cabia apertado um colchonete e que se transformou em "quarto de hóspedes". Ficava a cinquenta metros da estação de metrô Saint-Jacques, perto da estátua do leão da praça Denfert Rochereau e das catacumbas. Dava para ir a pé à Montparnasse boêmia. No mesmo prédio, na cobertura, morava Françoise Hardy, atriz e cantora de voz pequenininha e rosto lindo, cujo sucesso atravessou o Atlântico nos anos 1960-1970 e alimentou as minhas fantasias juvenis. Françoise Hardy, antiga paixão de Mick Jagger, David Bowie, Bob Dylan, do médico sul-africano Christian Barnard – pioneiro nos transplantes de coração –, vivia ali, ao alcance dos meus olhos. Vê-la pelas manhãs me dava a sensação de estar concretizando o impensável. Eu olhava para ela e a imaginava no minivestido Paco Rabanne prateado, de placas metálicas, que se tornou sua marca registrada; rememorava a cena de *Masculino, feminino*, de Godard, e de *Grand Prix*, ao lado de James Garner e Yves Montand; relia seu nome no poema de Dylan "Some other kinds of songs", na capa do álbum *Another Side of Bob Dylan*, de 1964.

for Françoise Hardy
at the seine's edge
a giant shadow
of notre dame
seeks t'grab my foot
Sorbonne students
whirl by on thin bicycles

18

> *the breeze yawns food*
> *dar from the bellies*
> *of erhard meetin' johnson*
> *piles of lovers*
> *fishing*
> *kissing*
> *lay themselves on their books. Boats,*
> *old men*
> *clothed in curly mustaches*
> *float on the benches*
> *blankets of tourists*
> *in bright red nylon shirts*
> *with straw hats of ambassador*

Em 1964, dois anos antes de seu primeiro concerto em Paris, na célebre sala Olympia (onde Elis Regina triunfaria), Bob Dylan veio à França encontrar seu amigo Hugues Aufrey. Eles tinham se conhecido e simpatizado um com o outro durante uma *soirée* organizada em Nova York pelo mítico trio Peter, Paul e Mary, intérprete de "Five hundred miles". Aufrey, que depois ficou famoso cantando músicas para crianças, tinha ido à Big Apple para se apresentar na primeira parte do espetáculo de Maurice Chevalier, o mais famoso *chansonnier* francês, notório antissemita e colaborador dos nazistas durante a Segunda Guerra. Em Paris, Dylan viu uma foto de Françoise Hardy, tirada por William Klein, na capa da revista *Vogue*. Ficou subjugado. O tempo passou, mas ele não esqueceu aquele rosto.

Em 24 de maio de 1966, todos os ícones da jovem guarda francesa – Johnny Hallyday, Eddy Mitchell, Zouzou – estavam na primeira fila do Olympia para assistir ao show de Bob Dylan, inclusive a cantora de "Tous les garçons et les filles", que tinha 22 anos quando estourou nas paradas de sucesso europeias. Françoise Hardy obteve autorização do diretor John Frankenheimer para interromper a filmagem de *Grand Prix*, em Mônaco, para ver o compositor e intérprete de "Mr. Tambourine Man". Ao final da primeira parte, Dylan chamou seu amigo Aufrey e lançou-lhe um ultimato em tom ameaçador: "Diga a ela que, se não vier imediatamente ao camarim, eu não volto ao palco."

Françoise Hardy, tremendo, foi correndo ver o ídolo, que a intimou a passar no Hotel George V, o palácio parisiense em que estava hospedado. E para lá ela seguiu, acompanhada de um bando de amigos, ao final de um show que entrou para a história como um dos piores da carreira do cantor. Além da rouquidão, ele criou um escândalo na época ao trocar o violão *folk* pela guitarra elétrica.

No hotel, Dylan levou-a para a suíte presidencial, pegou o violão e cantou "I want you" e "Just like a woman".

Foi só. Ela jura que nada mais aconteceu naquele quarto luxuosíssimo, inadequado para receber o maior representante da canção de protesto. "Nós nos despedimos e eu nunca mais o vi", disse-me Françoise Hardy em uma entrevista no saguão do prédio, onde eu pude vê-la de perto, sempre linda.

Mick Jagger, dos Stones, qualificou-a de *the ideal woman*.

Nos anos 1970, a história dessa "mulher ideal" esteve intimamente ligada à música brasileira. Após um encontro com a cantora e compositora Teca, radicada em Paris, que cantava todas as noites em um restaurante de nome evocador, La Feijoada, decidiu gravar um "disco a quatro mãos e duas vozes": *La Question*. Plagiando Pedro Almodóvar, um álbum de mulheres à beira de um ataque de nervos. A francesa estava perdidamente apaixonada por Jacques Dutronc, também ator e cantor de sucesso, que na época não retribuía a paixão (eles acabaram se casando), enquanto a brasileira tentava seduzir a italiana Ana Massari, sem sucesso.

"Nunca me orgulhei tanto de um trabalho quanto desse disco, foi o meu melhor álbum, clássico e sofisticado", disse-me Françoise Hardy, que também gravou uma versão de "A transa", de Taiguara, intitulada "Rêve", com letra de sua autoria.

> *Tu me merveilles comme un rêve*
> *qui c'est enfin réalisé*
> *et tu me fais mal comme un rêve*
> *dont il va falloir m'émerveiller*

A proprietária do estúdio da Rue Emile Dubois era uma velhota simpática, sempre muito elegante, e o zelador, torcedor fanático do Porto, era um português que quebrava todos os galhos e impunha aos habitantes do imóvel uma ordem stalinista. As regras deviam ser respeitadas à risca, sobretudo as de circulação interna. Era expressamente proibido passear pelo jardim do prédio, o que eu não conseguia entender, mesmo porque carecia de explicação. Ninguém pisava na grama sob pena de receber uma bronca lusitana.

Desde então as coisas mudaram. Em 1978, Alain Jupé, primeiro-ministro de Jacques Chirac, fez uma verdadeira "revolução cultural" ao decretar que as pessoas poderiam pisar na grama dos jardins públicos. A proibição seria exceção, devidamente assinalada por uma plaquinha: "*Interdit*".

Que alegria! Até então os franceses olhavam com inveja aqueles parques londrinos maravilhosos, cheios de crianças jogando bola, cachorros correndo, gente tirando uma boa soneca, namorados passeando de mãos dadas, beijando-se sem se preocupar com o limite, se os pés estavam dentro ou fora da zona interditada. Hoje, os franceses só invejam o inigualável gramado britânico. Nenhum no mundo tem aquele tom de verde.

Diz a lenda que o segredo do jardineiro inglês consiste em plantar a grama e cuidar diariamente durante cem anos. Simples.

Outro dia fui visitar um conhecido no prédio da Rue Emile Dubois e aproveitei para dar uma olhada no jardim, que continuava muito bem cuidado. Pena que Alain Jupé não tenha passado por ali: a mesma plaquinha "*Interdit*" de trinta e tantos anos atrás lá estava, enterrada em um canteiro florido, tão bonito quanto inacessível. Quanto ao meu amigo zelador, tinha ido embora. Deixou de ser *concierge*, comprou uma quinta e voltou para a terrinha, realizando o sonho de grande parte dos portugueses que emigraram para a França no século passado, em busca de uma vida melhor – 600 mil deles, somente em Paris.

MST

O prédio do CROUS (Centre Régional des Oeuvres Universitaires et Scolaires), onde os bolsistas estrangeiros se apresentam ao chegar a Paris, ficava na Rue de la Grange aux Belles, situada no *10ème arrondissement*, zona leste de Paris, pertinho de um dos cantos mais charmosos da cidade – o Canal Saint-Martin –, onde anos depois eu vivi e vi meus filhos nascerem. A Grange aux Belles, como o nome indica, tinha sido um lugar de prostitutas, as *belles*, que por ali vendiam sexo em um hotelzinho (*hôtel de passe*, como se diz em francês) chamado Hotel du Nord, imortalizado no filme de mesmo nome por Louis Jouvet e Arletty, grande atriz e dona de uma das vozes mais estridentes do cinema francês. A rua ia do romântico canal até o prédio do Partido Comunista Francês, projetado por Oscar Niemeyer, com uma inevitável cúpula convexa.

21

Preenchidas as formalidades, nos enviaram – os bolsistas do governo francês – a um Centro de Saúde, onde devíamos passar por um exame médico. "Exame médico" talvez seja uma expressão excessivamente pomposa para qualificar o questionário que tínhamos de responder. Como eu falava três palavras a mais de francês que os meus colegas, e o médico não sabia sequer dizer bom-dia em outra língua que não a de Molière, fui escolhido como "intérprete".

Depois de duas horas de esforço suado, chegou a minha vez. Era o último.

Nome, sobrenome, nacionalidade, data e local de nascimento, peso, altura, antecedentes médicos... Já foi operado? Sim, do quê? É alérgico?

Fui respondendo aos itens um a um, até que chegamos à questão crucial: Já teve doença venérea?

Seguiu-se o diálogo:

— Não, nunca.
— O senhor não entendeu a pergunta. Eu quero saber se o senhor já teve doença venérea, transmitida por via sexual – replicou o jovem médico, certamente ainda na residência, que ali estava para ganhar um dinheirinho extra.
— Não, nunca – repeti.
— O senhor continua sem compreender a minha pergunta: estou falando de *maladie sexuellement transmissible*, MST, por exemplo, gonorreia.
— NON, JAMAIS! – aumentei o tom de voz.
— O senhor não entendeu...
— Agora chega!

Interrompi o meu interlocutor de maneira ríspida, no que ainda me restava de "frantuguês".

— Se o senhor quer que eu diga "sim", tudo bem, eu digo, mas vai ter de me explicar o porquê da insistência.
— É sabido que todo brasileiro tem ou já teve doença venérea – vaticinou o doutor, que nunca tinha posto os pés (muito menos o sexo) no Brasil.

Eu não podia ser exceção. Logo, tive gonorreia. Sem discussão. Ficou marcado na ficha.

Minha vida francesa começou, portanto, sob o selo da doença venérea.

A CHEGADA

O PICOLÉ DE VICHY

No dia seguinte à minha chegada a Paris, 27 de junho de 1978, fui ao CROUS, o centro universitário, e, como os demais bolsistas, passei por um teste de francês. Mandaram-me para o Instituto Cavilam, em Vichy. Mandar um judeu recém-chegado para Vichy, logo Vichy, não me pareceu bom sinal. Ainda mais que minhas duas companheiras de viagem – Lisa Maria Silva e Joana Melo Bonfim, também bolsistas em jornalismo – foram enviadas para Besançon, na região da Saboia.

Mas não tinha como nem com quem reclamar. Os casais – e eu estava casado – iam para Vichy. Era o meu primeiro contato com a "simpatia" parisiense.

Passamos uma péssima noite, hospedados em um hotelzinho mambembe perto da estação ferroviária de Lyon, com banheiro no corredor, e de manhãzinha pegamos o trem: quatro horas até Lyon, troca de trem, e mais uma hora até o centro de Vichy. Na época, o trem a grande velocidade não passava de um projeto ambicioso.

Durante o trajeto, minha cabeça dava mil voltas; no meio do delírio, eu dava de cara, em uma ruela escondida, com um daqueles franceses típicos, de boina na cabeça, bigodes e baguete no sovaco, prestes a escrever uma carta anônima para denunciar o primeiro judeu que aparecesse, no caso, eu.

Vichy, de triste memória, foi durante a Segunda Guerra Mundial a capital da chamada "França Livre", que de livre só tinha o nome. Cortado ao meio, o país esteve ocupado pela Alemanha nazista na metade norte e governado por um regime submisso aos alemães ao sul, sob a autoridade do marechal Pétain e de Pierre Laval. Em 1942, mais "realistas que o rei", os franceses decidiram, contra a determinação de Berlim, enviar para os campos de extermínio crianças, mulheres e velhos judeus da França. Inicialmente, Hitler queria somente judeus adultos em condição de trabalhar, dos 16 aos 50 anos, do sexo masculino. Foi convencido por René Bousquet, chefe da polícia francesa, a aceitar também mulheres e crianças, sob o argumento de que seria "desumano" separar as famílias. O estatuto dos judeus, de outubro de 1940, foi decretado por Pétain antes mesmo das leis antijudaicas do Reich, pouco mais de três meses após ter sido nomeado. Entre 1940 e 1942, mais de cem leis antijudaicas foram adotadas pelo regime de Vichy.

Quando cheguei à França, havia um *blackout* sobre assuntos relacionados à colaboração. Vichy era tabu e a principal obra de um histo-

23

riador sobre essa época na França era de autoria de um norte-americano, Robert Paxton.

Para alívio meu, em vez de "colaboradores" encontrei uma cidadezinha bem arrumada, com canteiros floridos, o prédio branco das termas, estilo Napoleão III, um belíssimo cassino e um teatro com apresentações de música clássica e lírica nas quais as pessoas, de *smoking* e vestido longo, em um calor saariano, tomavam picolé durante o intervalo; para a minha admiração, sem deixá-lo derreter. Lambiam o sorvete com a elegância de quem come caviar.

Hoje, ninguém mais vai de *smoking* ou vestido longo à Ópera, mas o picolé do intervalo sobreviveu, bem como a *finesse* de quem os chupa.

No meu grupo do Cavilam havia um cirurgião sírio, um economista gaúcho, uma professora alemã, outra colombiana, um militar egípcio. O professor se chamava Pierre, um francês que morava na Suécia e que, durante as férias, dava aulas. Ele vivia em uma perua Kombi caindo aos pedaços, da qual muito se orgulhava. Eu entendia a metade do que Pierre dizia, pois, além do meu parco francês, sua pronúncia era esquisitíssima. Ele tinha o hábito de dizer *oui*, sim, para dentro, como se estivesse chupando manga, enquanto arregalava os olhos, surpreso sei lá eu com o quê. Era o contrário daquele *oui* de biquinho que aprendi na escola. O professor franco-sueco queria dar um tom intelectual às aulas e, para agradar aos sul-americanos da classe, organizou um colóquio sobre as influências brasileiras sobre escritores franceses: Roger Caillois, Georges Bernanos e Roger Bastide. Além de ser uma chatice, não resolveu o meu problema imediato, que se resumia à mais simples equação: entender e ser entendido.

UM PAÍS SEM JUSTIÇA

No trem para Vichy, sentado à nossa frente, estava um jovem casal vindo do Djibuti, vestindo aqueles panos coloridos, da cabeça aos tornozelos, pés descalços e os rostos marcados por profundos sulcos azulados indicando a etnia à qual pertenciam.

Achando aquilo extremamente exótico, tentei puxar conversa, trocar algumas palavras em francês, curioso de tudo. Nada, silêncio. Tentei em inglês. Ele então reagiu, dirigiu-se a ela, que traduziu para um dialeto indecifrável. Ele respondeu. Ela traduziu para o inglês, sempre olhando para ele. Era surreal.

Curiosos, disparamos – minha mulher e eu – outra saraivada de perguntas. Ela sempre traduzindo, ele respondendo, ela retraduzindo sem tirar os olhos do marido. Decidi então encurtar o circuito. Perguntei diretamente a ela. Silêncio. Insisti. Silêncio e mil interrogações caladas. Será que fiz algo errado?

Uns 15 minutos depois, o contato se restabeleceu. Eu disse que éramos brasileiros, bolsistas em jornalismo, ela traduziu no dialeto, ele respondeu, ela traduziu para o inglês. Para encurtar a conversa, minha mulher se dirigiu a ela diretamente. *Pas de problème*. Elas passaram a viagem toda conversando, sem problema nenhum. Soubemos então as razões da complicação: ela não tinha o direito de falar com estranhos do sexo masculino e ele não sabia inglês nem francês.

Pouco antes de chegar, ele me disse (através dela, é claro) que estava cursando a escola da magistratura e que um dos grandes, senão o maior problema da Justiça no Djibuti, era a falta de uma língua comum. A maioria esmagadora dos habitantes só falava o dialeto de sua região. E eram centenas de dialetos.

— E a Justiça funciona? – perguntei incrédulo.
— Não – ele me respondeu resignado.
Chegamos a Vichy.

MALDITO CONDICIONAL

Vichy, julho de 1978: eu estava com os horários totalmente atrapalhados. Não conseguia jantar em plena luz do dia e, como o sol estival se punha por volta das 11 da noite, então só as latas de conserva eram abertas. Pouco a pouco, eu descobria as "delícias" da cozinha francesa a menos de cinco francos: *cassoulet*, que se resumia a feijão branco com salsicha cozida na gordura de pato; *potée auvergnate*, carne de porco com repolho, batata, nabo e cenoura; *ratatouille*, legumes refogados com tomate; lentilhas com linguiça cozida. Tudo regado ao bom tinto Vieux Pape, ao preço módico de três francos a garrafa, menos de um euro.

Nesse ritmo, o mais difícil era acordar às seis da manhã, engolir um café instantâneo, tomar banho no chuveiro do lado de fora da casa e estar a postos uma hora depois para a primeira aula de francês. Puseram-me no grupo de nível superior, não porque o meu francês fosse excelente, mas por um erro de apreciação. No teste, começaram a conversar comigo sobre economia, já que eu havia trabalhado nas editorias de economia do *Jornal da Tarde* e da *Folha de S.Paulo*. Como os termos usados são universais, bastando trocar um *ção* por um *tion*, eu me dei "bem" no bate-papo. Inflação passou a ser *inflation* (pronuncia-se *anflacion*) e assim por diante. Mas, ao invés de me dar bem, a verdade é que me dei mal. O nível dos colegas de turma era muito superior ao meu e, durante os dois meses passados em Vichy, tive alguns problemas de comunicação. Dentre eles, um era recorrente, sempre com a dona da *boulangerie* próxima do quarto alugado no fundo de uma casa velha, cuja única vantagem era ser próxima da escola. Todo orgulhoso, cheio de coragem, esperava na fila minha vez de ser atendido e soltava o verbo, em um francês que acreditava perto da perfeição:

— Je vê ine baguette cil vu plé.

A padeira, descabelada e emburrada, pegava o pão com a mão suja e, de cara amarrada, anunciava o preço. Sem sequer uma palavra estimuladora que acariciasse o meu ego estrangeiro, tão carente, sem sequer um olhar condescendente para o meu rosto em suor, testemunha do sacrifício linguístico.

O primeiro sorriso daquela padeira eu só consegui arrancar dias antes de deixar a cidade.

— Je voudrrré ine baguette cil vu plé.

Até que enfim o senhor aprendeu francês e usou o verbo *vouloir* no condicional, como se deve – ela primeiro sorriu, depois disse essas palavras com a mesma cara feia de sempre.

Eu registrei o sorriso, deletei o resto, paguei e saí da *boulangerie* saltitante. Foi o meu dia de glória, um dos melhores pães que comi na vida, pão com gosto de orgulho.

DO CID A EMMANUELLE

Aliança Francesa, São Paulo, 1977.
Diante da possibilidade de obter uma inesperada bolsa de estudos, resolvi ter aulas de francês. Eu me inscrevi na Aliança dos Jardins, perto da

Rua Oscar Freire, e comecei praticamente do bê-á-bá. Minha professora do Colégio Dante Alighieri, Zelinda, além de ser péssima pedagoga, tinha posto na cabeça que eu nunca falaria francês, por "incapacidade intelectual". Na verdade, eu não via o menor interesse em decorar *Le Cid*, de Corneille, e recitar seus versos heroicos diante da plateia sonolenta de 52 alunos da classe do curso Clássico daquele colégio hiper-rígido. Minha reticência – o correto seria dizer resistência – quase me valeu uma segunda época (dava-se uma segunda chance ao aluno para não repetir o ano).

Mal sabia eu, ao me inscrever na Aliança, que estava condenado a ter professores de francês esquisitos. Ali não se tratava mais de conhecer Corneille *par coeur*, mas sim de cantar "Emmanuelle", canção que era o tema de um filme erótico-pornô estrelado pela esplendorosa holandesa ruiva de curvas generosas Sylvia Kristel – uma história *bon enfant* para os padrões atuais, que no máximo receberia o selo recomendável para maiores de dez anos. Na época, porém, meados dos anos 1970, o filme causou enorme rebuliço. O roteiro descrevia a iniciação erótico-sexual de Emmanuelle, na Ásia. No Brasil, o filme, apesar de proibido, circulava debaixo do pano em cópias piratas. Uma delas, aliás, acabou na sala de projeção do Senado nacional. O fato tornou-se público quando Sylvia Kristel foi a Brasília, sendo recebida com todas as honras pelos nossos ilustres congressistas, que excepcionalmente compareceram em massa à sessão, mesmo sem ganhar o jetom. Eles conheciam o corpo da atriz nos mínimos detalhes, além de seus sussurros de êxtase.

> "*Tu es si belle, Emmanuelle, cherche le coeur, trouve le pleur, cherche toujours, cherche plus loin, viendra l'amour sur ton chemin...*"

Meu professor da Aliança, um francês de 40 anos cuja principal característica física era o nariz vermelho de pinguço, nos obrigou a aprender de cor a letra da música. Esta eu confesso que aprendi, graças às explicações metafísicas do mestre, que via no longa-metragem uma obra-prima de alto voo filosófico.

Eu só veria o filme anos depois, em Paris, em um cinema minúsculo da Avenida Champs-Elysées, que durante 15 anos exibiu todos os 6 ou 7 filmes *Emmanuelle* em sessões contínuas. Graças ao meu professor, eu já conhecia todos os detalhes da heroína ruiva de mamilos rosados. Como os senadores.

Na verdade, acho que aprendi mais com as fantasias sexuais do mestre do que com os rompantes heroicos do Cid da minha pobre Zelinda, que além de tudo era feia, para infelicidade do Aristodemo, seu marido e nosso professor de latim, que fungava ao tentar, em vão, nos ensinar as bases do *qui, quae, quod*.

Emmanuelle, aliás Sylvia Kristel, morreu em 18 de outubro de 2012, aos 60 anos de idade. Ainda bela mulher. Seu desaparecimento foi manchete em todos os jornais franceses, longos artigos foram publicados na imprensa internacional, consagrando-a como ícone da revolução sexual.

Oficialmente, *Emmanuelle* foi visto por 7 milhões de franceses (um recorde na época) e 50 milhões de pessoas no mundo todo. Por baixo do pano, graças às cópias clandestinas como as dos nossos senadores, foram mais, muito mais.

MISTO? IMPOSSÍVEL

Pouco depois de chegar a Paris, em um banal bar de Montparnasse, ao lado de um dos muitos cinemas do *boulevard*, fui "vítima" de um diálogo *sui generis*:

— Por favor, um sanduíche misto.
— Misto como?
— Presunto com queijo.
— Não temos.
— Mas como não têm? Vocês fazem sanduíche de queijo?
— *Oui.*
— Fazem sanduíche de presunto?
— *Oui.*
— Logo, podem fazer um misto. É só pôr os dois juntos...
— Não fazemos.
— Olhe, eu pago como se fossem dois sanduíches, mas só quero um.
— Impossível. Não fazemos. Por favor, não insista.
— Meu amigo, eu venho de um país onde tudo é possível, pelo menos em matéria de sanduíche.
— Então, se o senhor não está contente, volte para o seu país.

Consequência: saí do bar com fome, indignado e com vontade de pegar o primeiro avião e voltar para a terrinha.

Há trinta anos, os garçons dos cafés parisienses eram assim. Como diz tão bem a expressão francesa, "acolhedores como uma porta de prisão". Verdade seja dita: mudaram muito. Mudaram eles, os garçons, e os sanduíches também. Hoje tem até *panino*, aquela espécie de misto-quente "importado" da Itália, com presunto cru, mozarela e tomate, e lugares em que se pode criar o próprio sanduíche, escolhendo-se os ingredientes e o tipo de pão. Nestes tempos de crise, os donos de bares são até capazes de deixar de lado o cardápio para fazer o sanduíche conforme o desejo do cliente, por mais exótico que pareça. Quanto à simpatia, é bem verdade que os garçons dos cafés parisienses têm um senso de humor muito peculiar, que os franceses chamam de *"pince sans rire"*, estilo Buster Keaton. Leva tempo para entender as regras do jogo. Eles não são antipáticos, ao contrário, mas isso a gente só se dá conta depois de muitos copos de vinho tinto de qualidade duvidosa, que se pede assim:

— *Un ballon de rouge, s'il vous plaît!*

Nesse caso, você poderá tomar um *vin de table*, o Sangue de Boi francês, com a certeza de ter acidez estomacal e uma bruta ressaca.

Se, ao contrário, você consegue furar o bloqueio e replicar à gracinha do garçom, que delícia!, ele é capaz de ficar horas jogando conversa fora, enquanto simultaneamente serve os clientes das mesas ao lado. O garçom de um café parisiense tem sempre mil histórias, além de ser um profissional de primeira. Onde no Brasil há dois ou três garçons servindo, o francês dá conta do recado sozinho.

Não há nada melhor em Paris que sentar em um terraço de café, em uma tarde de verão, e ficar olhando as pessoas que passam, folhear o *Le Monde* – o único vespertino importante do mundo, em que a forma literária é mais rica que o conteúdo e a análise conta mais que a informação –, bater um papinho e se distrair com a arquitetura dos prédios vizinhos. Tomar vinho, chope *demi pression*, *kir* com azeitonas ou simplesmente um *espresso serré* e ver o tempo passar. O estresse vai embora sem que a gente se dê conta.

Essa história de sanduíche me faz lembrar o Mario Alberto de Almeida, grande jornalista com quem trabalhei no *Jornal da Tarde* e que veio a Paris como correspondente da *Gazeta Mercantil* no início dos anos 1980. Nosso escritório ficava na agência UPI (United Press International), hoje desaparecida, a alguns passos do *Le Monde* e a uma centena de metros da Ópera. Ali

29

perto havia um boteco em que Guido, o teletipista, tomava as suas muitas cervejas diárias e nós comíamos de vez em quando. No cardápio constava hambúrguer, um prato que o Mario Alberto se negava a chamar pelo nome. Ele pedia sanduíche de *viande haché*, carne picada, pois, conforme dizia, as coisas devem ser denominadas por aquilo que contêm. E, no caso do hambúrguer, nem presunto (*ham*) tem.

Aliás, o hambúrguer nada tem a ver com presunto, mesmo se originalmente a carne fosse de porco, e não de boi. O nome do sanduíche se deve ao fato de ter sido criado na cidade de Hamburgo, na Alemanha.

De qualquer forma, essa mania do Mario Alberto explica por que suas matérias, por mais que falassem em superávits primários, déficits orçamentários, risco país, dívidas soberanas, balanços de pagamentos e balanças comerciais, PIB e PNB, tinham sabor e eram perfeitamente compreendidas pelos neófitos. Ele explicava, melhor que ninguém, o hambúrguer da economia.

A FRANÇA E OS FRANCESES

FRANÇA, UMA VOZ DISSIDENTE

A França gosta de caminhar na contramão do mundo. Em 1981, François Mitterrand reduziu a semana de trabalho para 39 horas; em 2000, o primeiro-ministro Lionel Jospin cortou outras quatro horas, para chegar às 35 horas semanais, certos de que seriam seguidos pelo restante do mundo. Mas, ao invés de diminuir o tempo de trabalho para combater o desemprego, os países ricos apostaram no aumento da produtividade e na modernização de suas economias, enquanto a França apostava suas fichas na divisão do bolo, na repartição solidária dos postos de trabalho. Nicolas Sarkozy bem que tentou impor o seu ideal de "trabalhar mais para ganhar mais". Quis aplicar as receitas do neoliberalismo e flexibilizar o mercado de trabalho. Estava na moda. Conclusão: não foi reeleito. Agora, o presidente francês François Hollande reduz a idade da aposentadoria para 60 anos para aqueles que começaram a trabalhar muito jovens. Ao contrário, a Alemanha e os demais países europeus elevam para 67 anos a idade da aposentadoria. Paris navega contra a correnteza.

Mas, apesar de violar a cartilha da ortodoxia econômica, a França funciona surpreendentemente bem. Na história da Quinta República, do general De Gaulle a François Hollande, nenhum presidente, tanto de direita como de esquerda (com exceção de Nicolas Sarkozy), ousou questionar o chamado "modelo social francês", que vai até mesmo além da social-democracia nórdica naquilo que se determinou chamar o "Estado do bem-estar social".

O país é líder mundial na semana de trabalho mais curta, na aposentadoria mais precoce e nas férias mais longas.

Como jornalista da Rádio França Internacional, eu tinha praticamente 3 meses de férias por ano: 5 semanas como todos, mais 3 a título de compensação pelas 35 horas semanais, uma por tempo de serviço e mais 18 dias de recuperação por trabalhar nos fins de semana e feriados. Nunca consegui tirar metade disso.

Além desses e de muitos outros benefícios, a França mantém leis estritas com relação à rescisão do contrato de trabalho e um setor público inchado. É praticamente impossível para um empregador demitir alguém sem justa causa. Na França, 57% do desempenho econômico passa por mãos estatais. Esse número é cerca de 10% mais alto que na Alemanha e recorde entre as nações industrializadas.

Apesar do peso do Estado, em 2012 os franceses elegeram o socialista François Hollande, que, em nome da solidariedade nacional, prometeu mais contratações pelo setor público – 60 mil postos na educação, financiados entre outros por um imposto de 75% sobre a renda dos mais ricos.

Não é de surpreender, portanto, que a França esteja com sérios problemas econômicos: queda no orçamento, crescimento econômico baixo ou nulo, alto índice de desemprego entre os jovens, dívida superior a 90% do PIB. O surpreendente é que os franceses estejam relativamente bem. A crise que chegou por aqui nada tem a ver com a espanhola, a italiana, muito menos com a grega. Como disse Christian Rickens, na revista alemã *Der Spiegel*, "considerando que os franceses têm sido campeões do *savoir-vivre*, enquanto os alemães têm sido cavalos de lida que se negam o prazer, a diferença da renda *per capita* entre os dois, de 8%, não parece tão absurda".

É como se na fábula de La Fontaine a cigarra pudesse continuar a cantar durante o inverno, juntinho da lareira, sem apelar para a sua "amiga" formiga.

O modelo econômico idiossincrático da França deixa os economistas ortodoxos de cabelos em pé. Para eles, a França deveria estar jogando na mesma divisão da Grécia. Mas não está, o seu desafio é acompanhar o ritmo da Alemanha. Como é possível? A primeira resposta é que a França vive daquilo que poupou durante os anos de abundância, muitos.

Outra resposta: os mecanismos que não se conciliam com a economia de mercado funcionam bem graças à onipresença do Estado. A França é o mais socialista dos países capitalistas, com exceção das pequenas nações escandinavas. Em alguns aspectos funciona até melhor que a poderosa Alemanha.

Enquanto 28% das mães alemãs são obrigadas a trabalhar meio período para cuidar dos filhos, na França elas são 18% graças às creches públicas de primeira linha.

Isso faz com que os franceses, apesar de reclamões, tenham a maior taxa de natalidade da Europa. São pseudopessimistas.

Ao contrário do restante do mundo rico, na França as empresas de maior sucesso prosperam graças à sua proximidade com o Estado.

Também é o governo francês que abre as portas para suas empresas exportarem. Os departamentos de comércio exterior das embaixadas contam cem funcionários, contra apenas três da Alemanha.

O Estado francês é mais forte e centralizador que qualquer outro no mundo e não limita seu papel aos setores tradicionais de educação, saúde, infraestrutura. Seus tentáculos são múltiplos e envolvem setores que a nossa Brasília petista privatiza, como os aeroportos.

O quadro se completa na coesão do funcionalismo público: os futuros servidores do Estado se frequentam, quando estudantes, nos anfiteatros da Sciences Po e ENA (École Nationale d'Administration), HEC (Haute École de Commerce), Normale Sup, passagens obrigatórias dos integrantes desse corpo de elite. Têm os mesmos mestres, leem os mesmos livros, dividem a mesma ideologia, são formatados no mesmo molde. Tornam-se servidores do Estado.

Por isso, entra governo sai governo, sai a direita entra a esquerda, os serviços essenciais continuam a funcionar normalmente. Os cargos não são distribuídos ao bel-prazer ou necessidade das alianças partidárias.

A França é única. Com seus acertos e erros. É um país que vislumbra caminhos diferentes da papagaiada geral do politicamente correto.

Talvez o futuro desminta, mas por enquanto a velha Gália funciona. E, dentro do possível, bem.

O BISÃO MALANDRO

Quem já ouviu falar no *bison futé*? O bisão malandro ou bisão sabido? Eu pelo menos não tinha ouvido até chegar à França e ligar o rádio: ele estava dando indicações sobre o tráfego nas estradas francesas. *Bison futé* é o nome de um índio, saído da cabeça de sei lá eu que brilhante publicitário francês, que ganhou as ondas hertzianas, em som e imagem, para nos ajudar a evitar os engarrafamentos dos fins de semana prolongados. Ele existe até hoje.

Eu vim para a França imbuído da cultura europeia, após ter feito todos os meus estudos em uma escola italiana e sonhado com Dante, Goethe, os enciclopedistas, os poetas românticos, sobretudo Rimbaud, a Revolução Francesa, a Comuna de Paris, Victor Hugo e, mais perto de nós, com Maio de 68, Daniel Cohn-Bendit e a tomada da mítica Sorbonne pelos estudantes. Vim para Paris como Mario Vargas Llosa, certo de que o ar da cidade me transformaria em intelectual. Entre Harvard e a Sorbonne, a preferência pela universidade francesa me era evidente. Ainda não existiam os *rankings* mundiais das universidades, que viriam listar a Sorbonne abaixo do centésimo lugar e as norte-americanas no topo.

As ilusões caíram por terra com o surgimento, diante dos meus olhos e ouvidos aparvalhados, do tal *bison futé*, muito apreciado na época. O bisão, com cocar e tudo, falando de trânsito no rádio e na televisão, simbolizava exatamente aquilo que eu esperava não encontrar no país de Sartre. O bisão malandro era a prova cabal de que a descrição do taxista parisiense como um intelectual hiperpolitizado, inventada nos corredores da USP dos anos 1970-1980, não passava de um conto da carochinha. Descobri, dolorosamente, que para a esmagadora maioria dos franceses existencialismo e outros "ismos" são palavrões filosóficos incompreensíveis, tão estranhos quanto seres alienígenas a bordo de óvnis – objetos voadores não identificados –, prestes a invadir o planeta Terra.

O bisão sabido marcou o fim do sonho, ele me levou a pensar na Rádio Camanducaia do início dos anos 1970, "uma rádio que fala para a cidade, cochicha para o interior", na voz "aveludada" de Odayr Baptista, dos domingos esportivos da Jovem Pan e depois da Bandeirantes. A diferença é que na França ninguém ri do índio malandro, que é levado a sério pelos automobilistas.

Nunca entendi por que um cacique desempenharia o papel do nosso jornalista de trânsito.

Outra ilusão, comparável ao bisão, foi perdida no *réveillon* de 1980, em um hotelzinho familiar da estação de esqui do Mont-Dore, na região do Maciço Central, bem no centro da França. Vejam a cena: os hóspedes, dos 10 aos 80 anos de idade (mais para os 80 que para os 10), de chapeuzinho de papel, apito, língua de sogra. Contagem regressiva: dez, nove, oito... até o zero. Meia-noite: beijos, abraços, gritos de *Bonne Année!* Àquela altura, com todo mundo suficientemente "champanizado", a vitrola começou a tocar um dos maiores sucessos do cancioneiro popular francês: a "Dança do Pato" ("La Danse du Canard"), conhecida de todos, com duas exceções, minha mulher e eu. Em fila indiana, passávamos de mesa em mesa, *bras dessus, bras dessous*, braços para cima, braços para baixo, ajoelhados, girando como cata-vento, derrubando cadeiras, sob as ordens do dono do hotel.

— C'EST SUPER CHOUETTE, C'EST EXTRA FOU!!! (É SUPERGENIAL, É EXTRAMALUCO!!!)

E assim, no ritmo dos patos, entramos em 1981. Lá fora, nevava. *Bienvenu en France! Bonne et heureuse année!*

SAUDADE DOS *CLOCHARDS*

O estúdio em que morei ao chegar a Paris ficava a dois passos do restaurante universitário da Rue Dareau, onde se podia comer, por cinco francos franceses, entrada, prato principal, queijo e sobremesa. Com direito a água da torneira e um cafezinho aguado. Considerada a relação custo-benefício, era um bandejão bastante razoável.

David, um judeu tunisiano, era nosso vizinho. Ele tinha várias namoradas ao mesmo tempo, em um desfile permanente de belas mulheres. Era um grande amigo e excelente tenista, fanático por Bjorn Borg, o impressionante sueco que massacrava seus adversários sem derramar uma gota de suor. No dia do meu aniversário, fomos comemorar. Abandonamos o restaurante universitário (um erro crasso) e fomos jantar no Chez Germaine, um bistrozinho muito bem situado, entre Saint-Germain, Montparnasse e os Invalides, quase na esquina da Rue des Sèvres com Pierre Leroux, que se gabava de ser o mais barato de Paris. Aliás, nem sequer tinha preço, só pagava quem podia, o quanto podia. De fora, a aparência era boa. Dentro eram outros quinhentos. Não me lembro do menu, somente do braço engessado da garçonete, sujo de dar nojo.

A cena, a comida, o cheiro e a sujeira me fizeram pensar no quão ridícula é aquela canção francesa "La Goualante du Pauvre Jean", de Edith Piaf, interpretada na versão brasileira por Neide Fraga: "Com os pobres de Paris, aprendi uma lição, a fortuna encontrei em meu coração, não há nada mais seguro que um amor sincero e puro pra fazer a gente feliz, com os pobres de Paris..."!

A pobreza é sempre feia, dizia o imenso jornalista Cláudio Abramo, que com muito humor brincava:

— Um dia acordo na pele do meu avô anarquista, no dia seguinte, na do meu avô aristocrata.

Mas há de se convir que, 30 anos atrás, os pobres de Paris, os mendigos de então, eram diferentes, eram os *clochards*, muitos dos quais tinham optado por viver na rua, sempre embriagados, com discursos alucinados, citando filósofos e criticando políticos. Eram pessoas informadas, alguns até com formação universitária, que viviam à margem do sistema. Não era uma fatalidade. Faziam parte do *décor*, da cidade. Alguns eram genuínos anarquistas, que em troca de um litro de *gros rouge*, vinho da pior qualidade, soltavam o verbo contra a sociedade de consumo e a direita fascistoide.

A França mudou. O número de pedintes foi multiplicado por mil, os 11% da população ativa desempregada, mais de 3 milhões de pessoas, e os próprios assalariados sem formação, que ganham tão mal a vida que não podem se dar ao "luxo" de ter um endereço fixo, passaram a ser sem-teto. São 680 mil na França, e outros 8 milhões vivendo em condições de moradia precária.

Há 30 anos, os turistas viam os *clochards* como uma curiosidade parisiense. Hoje, em regra, os mendigos são pobres-diabos que não têm onde cair mortos. Socialmente, o país piorou. Há desesperança.

Ao contrário dos orgulhosos *clochards*, seus sucessores, os novos mendigos, sentem-se humilhados pela situação de pedintes e não veem porta de saída. São iguaizinhos aos do Rio, do Recife ou de Salvador. Alguns raros já apelam para aquelas feridas horripilantes para sensibilizar os passantes à saída da missa. Outros, caneca na mão, ajoelhados, exibem uma plaquinha em que se lê "*J'ai faim*", passo fome. Não pedem mais vinho, e sim tíquetes-restaurante. Querem comer. Debaixo da Ponte dos Enamorados, entre a Rive Gauche, a margem esquerda, e a Ilha Saint-Louis, não há mais jovens apaixonados se beijando como na foto de Robert Doisneau, e sim colchões, espiriteiras e famílias inteiras apinhadas em tendas improvisadas, distribuídas por uma ONG chamada Robin Hood. Como se a rica Paris ficasse na inóspita floresta de Sherwood.

Ao contrário dos falantes e barulhentos *clochards*, os pobres de hoje vivem em silêncio. Podem passar dias falando somente com os seus cachorros, derradeira relação com o mundo dos sentimentos.

Outra face da miséria parisiense, os camelôs, antes inexistentes, agora atapetam com bugigangas as calçadas em frente à Torre Eiffel. São majoritariamente imigrantes africanos. Ali, anualmente, são vendidas trezentas toneladas de minitorres de plástico dourado, fabricadas em ateliês clandestinos por trabalhadores "sem papéis", no subúrbio parisiense pobre de Saint-Denis, pertinho do Stade de France.

Em um papo sobre as diferenças entre países ricos e pobres, um amigo disse que nos primeiros não havia camelôs nem moscas. Deve fazer muito tempo que o amigo não vai à região da torre. Quanto às moscas, elas certamente não gostam do seu sangue. Infelizmente, elas gostam do meu.

CHAPEAU!

Meus filhos dizem que às vezes exagero nas críticas aos franceses. Um ouvinte ficou possesso pela mesma razão, argumentando que eu tinha me esquecido de "como era o Brasil". Reconheço e confesso o meu absurdo sentimento antifrancês nas situações mais chulas.

Há mais de 30 anos em Paris, continuo a torcer contra a França a cada vez que sua seleção entra em campo. E isso já acontecia muito antes daqueles famigerados 3 × 0 de 1998. É realmente uma aberração! Talvez exista aí uma pitada de inveja, de complexo de inferioridade de um brasileirinho que gostaria que seu país tivesse o rosto da ex-primeira-dama Carla Bruni, cantora e modelo, e o texto de Valérie Trierweiler, jornalista, atual primeira-dama, companheira de François Hollande.

A França tem imensos méritos: a Previdência Social, cujos primórdios datam da Idade Média, com as corporações organizando a assistência aos profissionais, e a escola pública, laica e gratuita para todos, pondo lado a lado o filho do rico e o do pobre desde 1882, estão no centro do modelo, construído em cima do tripé republicano "*liberté, égalité, fraternité*". A França e os franceses têm mil defeitos, mas também mil qualidades. Um país onde TODOS têm, de direito e de fato, acesso à saúde, à educação, da escola maternal ao doutorado, e ao melhor sistema de transporte público do mundo garantido pelo Estado é um grande país. Apesar de todas as críticas que se possa fazer, inclusive aos sistemas de saúde e de educação, é de tirar o chapéu. Sobretudo nós, brasileiros, acostumados à ausência do Estado ou, de uns tempos para cá, às esmolas público-eleitoreiras. Na França, não se morre na fila da Previdência.

Pela sua própria história, na França jacobina, o Estado cumpre o seu papel. E, quando não o cumpre, é cobrado e obrigado a agir.

Meu pai costumava dizer que a escola pública era a melhor de São Paulo em sua época de estudante. Para entrar no Colégio do Estado, ele teve de passar por um exame de admissão. Filho de imigrantes judeus da Europa Central que no Brasil se tornaram vendedores ambulantes (os tais das gravatas), ele não tinha escolha: era a escola pública ou parar de estudar. Graças à rede pública de ensino, formou-se em Medicina e foi atuar na rede estatal, na Casa Leonor Mendes de Barros, onde deu plantão todas as semanas até o fim da vida. Foi a sua forma de retribuir ao Estado o que ele lhe dera.

Hoje, pelos comentários que ouço, a escola pública é de péssima qualidade. E a única chance de o aluno chegar à faculdade "gratuita" é por meio de cotas. Será que qualitativamente andamos para trás?

Em uma entrevista ao programa *Sofá Bandeirantes*, de 16 de agosto de 2009, perguntaram-me o que os brasileiros tinham a aprender com os franceses. Minha resposta foi: "cobrança". Os brasileiros tinham de aprender a cobrar respeito de seus homens públicos, a exigir respostas, ação e comportamentos dignos. Nicolas Sarkozy, por ter derrapado no quesito dignidade, amargou a derrota eleitoral e responde a processos. Chirac foi condenado.

Ninguém previa: o copo da insatisfação transbordou, como diria o ex-assessor de Lula, Ricardo Kotscho, ao jogar toda a culpa sobre Dilma Rousseff. Enfim, os brasileiros, em junho de 2013, a um ano da Copa do Mundo de Futebol, começaram a cobrança. Saíram às ruas aos milhares, sobretudo os jovens, para mostrar que exigem ser considerados cidadãos, que não aceitam mais ser desprezados por políticos que só têm olhos para o próprio umbigo e por um sistema cuja corrupção só se iguala à impunidade.

Estou convencido de que as mudanças, se mudanças houver, só serão visíveis em médio prazo. O importante agora é que o povo se mantenha atento ao seu direito mais elementar, o de ser tratado decentemente, como gente. Essa seria a minha resposta se entrevistado hoje no *Sofá Bandeirantes*.

Nas últimas décadas, o Brasil melhorou no quesito economia, sem sombra de dúvida. Enchemos a boca para gargarejar que somos a sexta economia do mundo, tendo ultrapassado a Grã-Bretanha. E que dentro de alguns anos superaremos a França. Pena que seja somente em termos absolutos e que, lidos de outra forma, da maneira correta, os números apontem uma realidade menos espetacular. Os impostos pagos no Brasil teriam de triplicar para que o Estado tivesse meios de oferecer à população um serviço público equivalente ao da França. Apesar da crise europeia, nos campos da ética, da moral, da preocupação com o bem comum, ainda estamos longe, muito longe, dos britânicos e dos gauleses e seu Estado jacobino. A bilhões de anos-luz.

Mas, como diz um amigo, *le pire n'est jamais sûr*, há sempre uma pitada de esperança.

OS PAVÕES

A transformação em Paris foi lenta, ocorreu somente após dezenas de campanhas publicitárias para que os turistas fossem mais bem tratados, sobretudo os estrangeiros de fora da União Europeia. Houve mudanças, mas, em regra, os parisienses continuam sendo um *tantinet*, um pouquinho antipáticos, ou melhor, ranzinzas. Talvez essa seja a melhor palavra para definir, por exemplo, o famoso garçom do café parisiense: ranzinza, aquele que gosta de reclamar da vida. Em francês, a palavra que define essa atitude diante da vida é *ralleur*. Não se trata de uma característica exclusiva dos garçons; os próprios franceses da Province, de fora da capital, consideram os parisienses reclamões e altivos. Certamente, herança da Revolução Francesa. Muitos parisienses ficaram tão imbuídos de jacobinismo centralizador que acreditam piamente que tudo converge para a capital, que por sua vez distribui a palavra divina para o resto do mundo. Essa Paris se considera o umbigo do planeta, como se todos os caminhos não levassem a Roma, mas à Catedral Notre-Dame, marco zero da cidade. Aliás, já ouvi de brasileiros que vivem na Itália o mesmo comentário com relação aos romanos.

É verdade que há meio século a França era a primeira potência cultural do mundo e Paris, a Cidade Luz (qualificativo que nada tem a ver com a iluminação da cidade, e sim com a época do Iluminismo, séculos XVII e XVIII, de Rousseau, Voltaire, Montesquieu, Locke, Diderot, D'Alembert). No século XVII, era a capital da maior potência política da

Europa; nos séculos XVIII e XIX, a capital da arte e do lazer, a Meca da *belle époque*. Depois se tornou o centro do modernismo. Até os anos 1950, o francês era a segunda língua mais falada entre nós, brasileiros. Nos saraus do Rio de Janeiro e de São Paulo, dos séculos XIX e XX, só se falava francês. No entanto, a partir da última metade do século passado, a França viu, impávida, passar o trem-bala do progresso, sem que ele parasse na estação Louvre. Demorou a acordar.

Apesar dos pesares, a França ainda acredita que tem lições a dar ao mundo. E tem mesmo. Por exemplo, quando do alto da tribuna da ONU (Organização das Nações Unidas), no dia 14 de fevereiro de 2003, o primeiro-ministro Dominique de Villepin (inimigo mortal de Nicolas Sarkozy) pronunciou um discurso brilhante contra a guerra no Iraque, liderada pelos Estados Unidos de George W. Bush, secundado pelo fiel escudeiro britânico Tony Blair. Bush filho tentou a todo custo convencer a França a participar da operação militar, repetindo assim a aliança formada por seu pai na Guerra do Golfo, em 1990. Enviou vários emissários para tentar convencer o Palácio do Elysée. Chirac foi firme e disse não.

Com essa atitude, Jacques Chirac, que até ali dormia em berço esplêndido, justificou seu segundo mandato.

Paris se opôs a Washington, como nos velhos tempos do general Charles de Gaulle, que em fevereiro de 1961 anunciou, em nome da soberania nacional, a retirada da França do comando integrado da Otan (Organização do Tratado do Atlântico Norte), em plena Guerra Fria. O principal argumento do general era de que a França não estava disposta a se engajar automaticamente nas guerras dos Estados Unidos.

A história se repetia com Chirac, que se declarava herdeiro de Charles de Gaulle.

O discurso de Dominique de Villepin na ONU se tornou até tema de conversa de botequim. Os franceses vibraram. Só os VI mais assanhados durante a Copa de 1998, pareciam pavões abrindo as penas para se mostrar para a fêmea antes do coito.

Por essas e outras, além de sua simpatia natural, Jacques Chirac é adorado. Os eleitores, inclusive os socialistas, sentem saudade dele.

Em dezembro de 2011, em um julgamento inédito na história da França, o ex-presidente foi condenado a dois anos de prisão com *sursis* por ter se envolvido em um escândalo de empregos fantasmas quando ainda era prefeito de Paris, nos anos 1990. Vinte funcionários, pagos pela municipalidade, trabalhavam na verdade para o partido RPR (Rassemblement pour la République), presidido por Chirac, na campanha do líder rumo ao Palácio do Elysée.

Apresentado como o rei da corrupção no programa de humor político *Les Guignols de l'Info*, no horário nobre do Canal Plus (20 horas), ele continua sendo o personagem político mais popular do país. Talvez porque, nestes tempos de crise econômica e política, os franceses sintam falta daquele que os fez se sentirem orgulhosos e pôs um pouco de simpatia no caldo.

UMA LIÇÃO DE DITADURA

A respeito de De Gaulle, enganam-se aqueles que insistem em atribuir ao general a famosa frase "O Brasil não é um país sério". Ela foi pronunciada em 1963, no auge da "Guerra da Lagosta", pelo embaixador brasileiro na França, Carlos Alves de Souza Filho, de acordo com o livro de autoria do próprio embaixador – *Um embaixador em tempos de crise* – publicado em 1979.

Em contrapartida, De Gaulle foi testemunha de outra frase histórica, porém menos famosa. Durante uma viagem à América do Sul, em 1964, recebeu do general golpista Humberto de Alencar Castelo Branco a seguinte definição de ditadura militar: "É um regime em que os oficiais tomam o poder se lamentando e o deixam com pesar ainda maior".

Pena que ele e seus amigos militares não tenham levado as sábias palavras ao pé da letra e deixado o poder antes do pesar...

1998: A OPORTUNIDADE PERDIDA

Para falar do meu episódico sentimento antifrancês, cito como exemplo o futebol, mas poderia me referir a outros esportes em que os franceses despontam, como o handebol, o judô, a natação. A questão não se limita ao fato de a nossa seleção canarinho ser o maior freguês deles. É algo mais profundo. Em regra, um imigrante, ou filho de imigrante, é visto como um estrangeiro, mesmo que tenha nascido na França ou optado pela nacionalidade francesa. Há, claro, as exceções que confirmam a regra. O franco-camaronês Yannick Noah, quando ganhou o torneio de tênis de Roland

Garros, foi festejado como um francês. No entanto, o terrorista francês Mohamed Merah, nascido em Toulouse, sudoeste do país, após ter matado três policiais, três crianças e um professor da escola judaica Ozar Hatorah, em março de 2012, foi identificado pela mídia como sendo um "indivíduo de origem argelina".

A primeira vez que me questionaram sobre as minhas origens foi ao chegar à França. Até então eu era brasileiro e ponto-final.

— Você é brasileiro? Brasileiro no duro? Mas não tem nada do tipo brasileiro, é branco, tem olhos claros... Eu quero é conhecer as suas origens – repetiam-me a cada apresentação.

Não se pode falar em racismo anti-imigrante generalizado, muito embora exista uma parcela da população racista e antissemita. Além de outros tantos que se situam na zona cinzenta, como em todo e qualquer país. Nem mais, nem menos. Nós, brasileiros, somos privilegiados, pois em regra os franceses nos adoram, sonham com o Brasil, com o sol, as praias, o Carnaval, as bundas das mulatas requebrando e, nos últimos anos, com a nossa economia florescente.

— Você é brasileiro? E o que está fazendo aqui?

Essa pergunta eu ouvi centenas de vezes. E continuo ouvindo. Eles não querem saber o que você faz realmente na França, o significado da pergunta é outro, carregado de surpresa, de incompreensão e até de incredulidade pelo fato de você estar vivendo na França quando poderia estar no Brasil tropical. Trocar o Rio, Salvador ou São Paulo por Paris é visto como um sinal de insanidade. O mesmo não acontece com outros estrangeiros *venus d'ailleurs*, vindos de lugares menos "exóticos", sobretudo das ex-colônias do norte da África.

Até um passado recente, o sentimento antifrancês era uma constante entre certas populações imigrantes.

Até a Copa do Mundo de 1998, vencida pela França por 3×0 na partida mais estranha dentre as mil já disputadas pela seleção, dando um baile no Brasil, os imigrantes, filhos e netos, torciam sistematicamente contra a *bleu, blanc, rouge*. Principalmente aqueles originários do Magreb e dos países francófonos da África Subsaariana, que trazem consigo o estigma da colonização. Reina entre eles até hoje o sentimento de que a França tem uma dívida que se nega a reembolsar. Eles se sentem explorados, e não apenas por fazerem o trabalho braçal, mais duro, que os franceses rejeitam em Paris, Lyon ou Marselha. O sentimento bate fundo, é cultural, social, econômico, político. A França não conseguiu integrar uma parte importante dos imigrantes de segunda geração, muitos dos quais, no cimento cinza dos subúrbios, se negam até a falar francês. Entre eles, a língua de comunicação é o árabe. A exemplo da maioria das favelas brasileiras, certos subúrbios são hoje zonas sem lei, onde a polícia não ousa entrar.

A seleção francesa de futebol de 1998 foi um divisor de águas. Pela primeira vez, uma equipe simbolizou a riqueza multiétnica do país.

Seu principal jogador, mestre Zidane, nosso carrasco, era argelino da Kabilia; Christian Karembeu, neocaledônio; Liliam Thuram nasceu em Guadalupe; Marcel Dessailly, em Gana; Patrick Vieira, no Senegal; Alain Boghossian e Youri Djorkaeff eram armênios; Robert Pirès, português; David Trézéguet, argentino; Bernard Lama, guianense.

Essa miscelânea fez com que, pela primeira vez, os filhos de imigrantes se reconhecessem na seleção francesa. Fato que deixou o líder da extrema direita, o neofascista Jean-Marie Le Pen, espumando de ódio. Le Pen não comemorou o título porque, para ele, Zidane e companhia não representavam a verdadeira França. "Não se pode chamar esse time de *equipe francesa*. Tem um monte de estrangeiros. São quase todos pretos ou árabes", disse ele.

O sentimento de união nacional que o título criou foi bonito, até mesmo para nós, brasileiros de ressaca. Infelizmente, o mundial se transformou na enésima chance perdida para a França apaziguar a sua sociedade. A janela de oportunidades se fechou. E os imigrantes, de segunda, de terceira geração, sentiram-se novamente estrangeiros. Os carros voltaram a queimar nos subúrbios.

Em 2001, as seleções da Argélia e da França se enfrentaram no Stade de France, em um jogo taxado de histórico nos dois lados do Mediterrâneo, anunciado como a partida da reconciliação. A tensão tornou-se palpável antes mesmo do pontapé inicial. O hino francês, a Marselhesa, foi vaiado do começo ao fim. O presidente da época, Jacques Chirac, confessaria, dias mais tarde, que quase foi embora do Stade de France. Mas engoliu em seco e ficou imóvel. Aos 30 minutos do segundo tempo, após um lance banal, o campo foi invadido, 17 pessoas terminaram detidas e duas ministras presentes na tribuna oficial – Elisabeth Guigou, da Justiça, e Marie-George Buffet, dos Esportes – foram atingidas por garrafas de água. Assim terminou o "jogo da reconciliação".

França e Argélia voltariam a se enfrentar em 2009. Dessa vez o presidente era Nicolas Sarkozy, e medidas de segurança draconianas foram tomadas. Sob pressão do Palácio do Elysée, a Federação Francesa de Futebol anunciou que puniria aqueles que desrespeitassem a Marselhesa. Advertiu que, em caso de vaia, a partida seria imediatamente cancelada e o estádio esvaziado. Claro, a medida era inaplicável, seria impossível retirar sem riscos mais de 60 mil pessoas do Stade de France.

Como previsto, o hino foi vaiado, mas quase ninguém ouviu. Os alto-falantes do estádio, com a gravação da Marselhesa, foram ligados no volume máximo enquanto o som das torcidas era cortado. Na televisão, tinha-se assim a impressão de que o estádio em peso cantava o hino. Dessa forma, evitou-se um incidente diplomático, a França salvou as aparências e Sarkozy mostrou que era "durão".

OS *CHAMPIGNONS* DA MAGINOT

A palavra *crise*, hoje onipresente no noticiário, já era a palavra da moda no início dos anos 1980, tempos de inflação de 14%, desemprego de 10% e setores da economia, que até então eram alicerces do crescimento, em plena deliquescência: mineração e metalurgia entre eles. A região francesa mais atingida era a Lorraine, no vale do rio Orne, nordeste do país, fronteira com a Alemanha. Os habitantes do vale tinham vivido do trabalho do ferro desde as épocas romana e merovíngia. Ali foi construída a primeira forja hidráulica, que se transformaria, no século XVII, na fundição mais importante da Europa. Chegou a ter oito fornos e produzir 425 mil toneladas de ferro. Vilarejos como Moyeuvre, na Meurthe-et-Moselle, se tornaram pequenas cidades; Froidcul (cu frio, na tradução literal) abandonou a agricultura para se tornar uma vila de mineradores de ferro.

Com a Primeira Guerra Mundial, os metalúrgicos italianos foram expulsos, provocando uma queda da produção. Os prisioneiros russos foram utilizados como mão de obra. Em 1940, os alemães tomaram o setor, que um ano depois se tornou propriedade de Hermann Goering.

O principal grupo siderúrgico francês, Sacilor, assumiria enfim o controle, em 1974. Tarde demais para salvar a atividade, totalmente ultrapassada pela concorrência alemã, que, como de hábito, tinha se modernizado antes da França.

Com o nosso orientador do jornal *Le Monde*, Alain Vernholes, excelente jornalista econômico, fomos – Joana Bonfin, Lisa Silva, Valter Marques e eu – visitar a conturbada região. As greves se sucediam há dez anos, com os metalúrgicos concentrando ali a insatisfação social reinante no país. Giscard d'Estaing, presidente até 1981, mostrava-se impotente. Assim, o difícil trabalho de reestruturação industrial da região ficou para os socialistas, após a vitória de François Mitterrand. Conversamos com sindicalistas, visitamos a última mina ainda em exploração, vestígios dos antigos fornos de uma época revoluta. As demissões em massa se sucediam e com elas o desespero de milhares de famílias de mineiros, que há muitas gerações só conheciam aquele mundo, feito de ferro.

Em meio aos *gueules noires*, os caras pretas, como eram chamados os mineiros do vilarejo de Moyeuvre, conheci Patrick Eifeler, com quem falei mais longamente. Ele me parecia totalmente desorientado, sem saber o que fazer da vida. Escrevi a sua história.

Retornamos a Paris com as imagens daquela região sinistra gravadas na retina.

Dois anos se passaram. Em junho de 1981, a curiosidade me fez retornar à Lorraine, em plena desestruturação, depois de Mitterrand ter dado sinal verde para o desmantelamento da siderurgia. Os metalúrgicos tinham perdido a queda de braço, e os milhares de mineiros agora viviam do auxílio-desemprego. Os sindicatos, muito menos reivindicativos após a vitória da esquerda, haviam praticamente baixado os braços e abandonado a luta.

O único lugar de Moyeuvre com sinais de vida era a feira, no centro da cidade, em frente à igreja. Ali, entre o queijeiro e um vendedor de frangos, encontrei Patrick vendendo belos cogumelos frescos a 12 francos franceses o quilo – pouco menos de dois euros. Nós nos reconhecemos. Esperei o fim da feira e fui encontrá-lo no bar para tomar um copo de vinho branco, um excelente Tokay da região. Papo vai, papo vem, ele me contou sua história... incrível.

Ao sentir que os ventos mudavam de direção, pouco depois de nos vermos em 1979, diante do futuro incerto da siderurgia, da erosão salarial e das constantes férias coletivas não remuneradas, decidiu mudar de atividade. A oportunidade surgiu quando a empresa para a qual trabalhava ofereceu 50 mil francos a todos os veteranos que quisessem se reorientar. Patrick não vacilou. Recebeu a indenização, juntou com outros 35 mil de cobertura para desemprego involuntário e partiu em busca do local ideal para cultivar cogumelos, uma antiga distração de fins de semana.

45

Durante três meses, acompanhado do manual do professor Veder, uma das maiores autoridades francesas em *champignons*, vasculhou cavernas, porões, calabouços de castelos em ruína, passou um pente-fino em todos os lugares mais lúgubres de que pudesse se lembrar. Nada. Estava quase desistindo quando, por acaso, examinando um velho mapa militar, bateu os olhos no forte Galgenberg, o "guardião da Moselle", a 30 km de Moyeuvre. Ele havia sido construído em 1932 como parte daquela que foi um dia a glória e a vergonha da França: a supostamente intransponível Linha Maginot, um enorme complexo de fortalezas militares interligadas, de centenas de quilômetros, projetada para ser uma barreira fortificada na fronteira com a Alemanha, então inimiga tradicional da França. Com ela, os franceses esperavam conter o avanço das tropas alemãs. Só que os soldados do Reich, muito mais móveis, combinando os ataques de tanques e aviões para superar as fortificações estáticas, deram a volta, contornaram a linha e invadiram a França a partir da Bélgica, onde as fronteiras eram menos protegidas.

Com o manual dos cogumelos em mãos, Patrick foi visitar os 15 túneis de 3 km de extensão da fortaleza. Constatou, para sua surpresa, que se as galerias tinham sido inúteis para impedir a invasão alemã, eram ideais para o cultivo de *champignons*.

Pegou a caneta e escreveu ao general-comandante da VI Região Militar, propondo o arrendamento daquela seção da Linha Maginot.

Os amigos o chamaram de louco; mas oito meses depois recebeu a resposta positiva, sendo convidado a comparecer ao Ministério da Defesa para assinar o contrato.

Locatário de um monumento que fazia parte da segunda maior obra de engenharia militar de todos os tempos, depois da Muralha da China, Patrick se viu às voltas com centenas de goteiras, que faziam com que os túneis fossem regularmente inundados pela chuva, transformando-se em verdadeiros rios subterrâneos. Investiu todo o seu capital na reforma e ainda teve de contrair empréstimos junto aos bancos a juros elevadíssimos; pois não podia se beneficiar dos subsídios dados aos agricultores, já que em sua carteira de trabalho era registrado como metalúrgico. Finalmente, deu início ao cultivo.

Em 1981, ele colhia seiscentos quilos de cogumelos frescos por semana, cultivados em condições ideias, à temperatura constante de 11 graus Celsius sobre piso de esterco de cavalo pasteurizado, à luz de lampiões.

Patrick foi o primeiro, mas hoje não é mais o único. O que restou das centenas de quilômetros de túneis se transformou em áreas subterrâneas de cultivo de *champignons* e grandes adegas de vinho. Graças ao uso alternativo de seus fortes, hoje arrendados, a Linha Maginot, metáfora de fracasso, outrora sinônimo de como enterrar rios de dinheiro em uma gigantesca obra militar "intransponível", agora permite a Patrick e a outros ex-metalúrgicos viver, e ainda contribui com alguns trocados para os cofres da Defesa Nacional.

A BOLA EMBOLADA

Os franceses odeiam facilitar as coisas, são inimigos da solucionática. Tudo é complicado, mesmo quando a aparência é simples. Dificilmente assumem uma posição clara, tanto no cotidiano como nas decisões políticas mais importantes. São os "tucanos" do mundo ocidental. Esse modo de ser talvez explique alguns dos absurdos que emperram a sociedade, transformando a palavra "reforma" em palavrão.

Quem disse que eles são cartesianos?

Fui um dia à Previdência Social, não me recordo exatamente para quê. Não vem ao caso. Enquanto esperava a minha vez de ser atendido, com aquele papelzinho azul na mão, de número trezentos e tantos, presenciei uma cena kafkiana: um homem negro de origem africana, por volta dos 35 anos de idade, franzino, vestindo uma túnica branca, acompanhado do cunhado, tentava explicar à funcionária, uma mulher "sem idade", que a Préfecture de Police (o comissariado-geral, encarregado da concessão da cobiçada *carte de séjour*, o documento de residência) exigia a prova da inscrição de sua esposa na Previdência Social para autorizar a sua vinda à França. No início dos anos 2000, o governo admitia o reagrupamento familiar, que ficou muito mais difícil com Nicolas Sarkozy. A funcionária da Previdência respondia que não era possível, pois precisava primeiro da permissão da Polícia. Um jogava a bola para o outro. Um não podia fazer nada sem o aval do outro, que não podia fazer nada sem o aval do um. A *carte de séjour* era imprescindível para a inscrição na Previdência e a inscrição na Securité era essencial para a obtenção do documento de residência.

A discussão, com longos momentos de silêncio, durou quase uma hora, para desespero do pobre homem, que mal falava francês, e das quase vinte pessoas que esperavam para ser atendidas. Ele e seu acompanhante, sentados em cadeiras de ferro e plástico cinza, entreolhavam-se sem entender o que se passava. Até que, ao final dos quase sessenta minutos, a funcionária teve uma ideia brilhante. Eureka!

— O senhor pode fazer um seguro-saúde privado e assim tudo se resolve.

Solícita e entusiasmada, ela deixou o guichê, pegou o telefone mais próximo e foi se informar sobre as condições do seguro-saúde privado. Voltou com o mapa da estrada e o preço da tal solução: 3 mil euros, o correspondente a mais ou menos três meses de salário do coitado.

Devagar, quase em câmera lenta, os dois se levantaram e saíram dali, em silêncio, massacrados pelo peso da incompreensão, da contradição entre leis seculares, da falta de terem à sua frente um interlocutor com algum poder de decisão.

Passada a porta, eles pararam, sem reação, incapazes de caminhar. Fui até eles, disse que tinha assistido à cena e os convidei para tomar café em um bar próximo. Apesar da desconfiança, eles aceitaram. Sentamos. Pedimos três xícaras de café e nos apresentamos. Pelo que pude entender, os dois se chamavam Mohamed, eram originários do mesmo vilarejo do norte do Mali, perto de Tombuktu, uma zona de conflito entre tuaregues e as forças de Bamako, paupérrima. Por milagre, tinham conseguido sair daquela miséria em busca de uma vida melhor, na França. Demoraram três meses para chegar a Paris, via Líbia, e com isso consumiram todas as economias: 2.500 dólares. Entraram com pedido de asilo e quase um ano depois obtiveram uma decisão positiva, provisória. Um deles trouxe rapidamente a mulher e os três filhos. O outro não, demorou um pouco mais, pois queria preparar a viagem da família em melhores condições, ter um teto para eles. Acabara de conseguir um emprego fixo, como pedreiro, em um subúrbio do norte parisiense e morava na obra. Ainda não estava, portanto, na hora de trazer a mulher e as duas filhas, mas uma carta escrita pelo sogro o convenceu a mudar os planos. Durante um ataque dos militares ao vilarejo, em que sua sogra morreu, as três haviam sido estupradas, várias vezes, durante toda uma noite. Se ele quisesse ver a mulher e as filhas vivas, tinha de se apressar.

Mohamed me contou a sua história como se fosse um episódio banal do cotidiano.

NEM COM JEITINHO

Na França, quando o jogo fica emperrado no meio-campo – o que acontece com frequência –, a decisão acaba subindo para o ministro competente ou para o presidente da República em pessoa; eles são os únicos capazes de marcar o gol ou apitar o fim da partida. Não há instâncias decisórias intermediárias, e o nosso famoso jeitinho quase nunca funciona.

Entrei na RFI (Rádio França Internacional) em 1982, quando François Mitterrand, de olho na América Latina, decidiu criar duas redações de programas: uma em português, para o Brasil, outra em espanhol, para o restante do subcontinente. Nomeou Hervé Bourges para o cargo de diretor presidente da RFI, um amigo pessoal, personalidade intelectual respeitadíssima e membro do Partido Socialista. Como diretor de jornalismo, Jean-Luc Béranger, militante comunista de carteirinha. O rapa na rádio, como em todo o audiovisual francês, foi total, não sobrou ninguém da direita para contar a história. Na época, as estações de rádio e os três canais de televisão eram estatais.

Bourges lançou um edital no jornal *Le Monde* para um concurso, a fim de contratar oito jornalistas, quatro brasileiros e quatro hispânicos. As exigências eram o domínio perfeito dos dois idiomas – francês e português, qualificação profissional e *carte de séjour* em dia, o documento de residência. Do concurso, constaram uma resenha da imprensa francesa, de cinco minutos, e um boletim informativo, de sete minutos. Para formar a redação brasileira, foram escolhidos Any Bourrier, Paulo Paranaguá, Napoleão Saboia e eu. Dos quatro, apenas a Any, casada com um francês, tinha carteira de trabalho. Visto que a RFI era estatal, que o concurso tinha seguido todos os trâmites legais e que a rádio buscava jornalistas estrangeiros, imaginava-se que a obtenção da carteira de trabalho fosse mera formalidade. Era o que o próprio Hervé Bourges imaginava. Ledo engano. Com o contrato de trabalho em mãos, fomos nos inscrever na administração responsável pela mão de obra estrangeira. Recebemos um *Niet*, um sonoro não. A RFI entrou com recurso, negativo. E assim, de funcionário em funcionário, de repartição em repartição, os dossiês aterrissaram na mesa do ministro do Trabalho, Jean Auroux, amigo do diretor-presidente da RFI, que ainda consultou o presidente da República antes de dar o seu aval. Disseram-me que Mitterrand ficou furioso.

A estreia dos programas, anunciada nas imprensas francesa e latino-americana como o prenúncio de novas relações entre a França e a América Latina, teve de ser adiada. Foi cancelada a participação do nosso principal

49

convidado, Luís Carlos Prestes, que acabara de abandonar o PCB (Partido Comunista Brasileiro) para se engajar na luta contra o pagamento da dívida externa, com apoio do governo socialista francês, e foi anulada a cobertura das eleições diretas para governadores, prefeitos, deputados, vereadores, que viriam a compor o Colégio Eleitoral, que em 15 de janeiro de 1985 se reuniu para eleger Tancredo Neves como sucessor do general Figueiredo.

O Brasil positivista copiou o modelo burocrático francês, com a diferença de ter inventado o "jeitinho" diante da necessidade imperiosa de resolver o irresolvível.

SEM DOCUMENTO, NÃO

No bairro de Les Halles, encontrava-se o antigo mercadão de Paris, com a sua belíssima estrutura de ferro criada por Gustave Eiffel, hoje instalada em Nogent-sur-Marne. Nos anos 1980, esse mercadão transformou-se em um horroroso shopping center, ponto de encontro de jovens desocupados vindos dos subúrbios mais pobres de Paris. Eles passavam o tempo bebendo cerveja e vinho barato no pátio central da galeria comercial, ouvindo *rap*, ou então na praça vizinha, em torno da Fonte dos Inocentes. Les Halles fica em um lugar privilegiadíssimo de Paris, no coração da cidade, entre a Praça do Châtelet, com seus dois teatros monumentais e a grandiosa Fonte dos Leões, o Centro Georges Pompidou, o Museu do Louvre e o bairro pitoresco de Montorgueil, com o antiquíssimo bistrô L'Escargot. Lá se podia comer excelentes lesmas à moda da Borgonha, olhando para o teto pintado com ninfas, que outrora decorava a casa da atriz Sarah Bernhardt. Ali perto também fica a tradicional loja de desratização Julien Aurouze, a mesma do filme *Ratatouille*, com seus camundongos mortos pendurados na vitrine, e a Rue des Lombards, com os melhores clubes de jazz da cidade, por onde passaram e continuam passando os maiores nomes do gênero. Isso sem falar nas *brasseries* Au Chien qui Fume (O Cachorro que Fuma), e Pied de Cochon (Pé de Porco), do prédio redondo da Bolsa de Mercadorias e do maior complexo cinematográfico da Europa. Les Halles tinha tudo para ser um lugar fantástico. Mas é apenas uma ilha de mau gosto e um dos raros lugares de Paris que o turista deve evitar à noite. Parte do tráfico de drogas se concentra na praça contígua. É uma espécie de Cracolândia parisiense.

Diante da insistência de uma amiga, Elizabeth Gillion, diretora do Centro de Aperfeiçoamento de Jornalistas, fomos jantar em um bistrozinho do bairro. Displicentemente, deixei a minha bolsa no encosto da cadeira. Na hora de pagar a conta, ela havia sumido. Fiz o *replay* da cena de um grupo de pessoas entrando na maior algazarra e percebi a minha ingenuidade. Era tarde demais. Na bolsa estavam todos os meus documentos, cartões de crédito, pouco dinheiro, chaves, talão de cheques e a agenda, que eu prometia diariamente transferir para o computador. Elizabeth pagou e seguimos para dar queixa na delegacia, que ficava a uns trinta metros dali, bem em frente ao shopping center. Fomos recebidos pelo policial de plantão com o questionário tradicional: nome, sobrenome, lugar de residência, nacionalidade, circunstâncias do roubo, lista dos objetos roubados. Meia hora depois, quando chegávamos aos "finalmentes", ele me pediu um documento de identidade. Fiquei pasmo:

— Eu acabo de dizer que fui roubado, que levaram todos os meus documentos e que estou aqui para registrar a queixa e poder substituí-los.
— Sem documento eu não registro a queixa – respondeu o policial em tom peremptório.

Eu não podia acreditar no que ouvia. Elizabeth tampouco.

— Se o senhor quiser, eu testemunho que o Milton é realmente o Milton – disse ela.
— Sem documento, não há queixa.
— Mas...
— Não é não. Eu não tenho o direito de registrar a queixa – argumentou o policial, impassível. – Quem me diz que o senhor não é imigrante clandestino? Se quiser, volte amanhã e, se o chefe aceitar, fará o necessário.

Depois de um longo diálogo kafkiano, desistimos. Fui dormir na casa dela, ali perto, e de manhã estava de volta à delegacia de Les Halles. Fui recebido pelo tal chefe, que elogiou o comportamento de seu subalterno e começou a me dar uma lição de moral pelo descuido demonstrado com os meus pertences. Não sabia ainda se poderia registrar a queixa. Precisava consultar alguém. Quem? Até hoje não sei.

51

Os policiais tinham recebido recomendação ministerial de evitar as queixas, a fim de baixar as estatísticas da criminalidade, mas exigir a prova do que me foi roubado pareceu-me um pouco demais.

Derrotado, entrei no metrô e fui para casa. Peguei a chave de reserva com o zelador e, logo ao entrar, o telefone tocou. Era a delegacia da 20ª circunscrição de Paris, que havia encontrado a minha bolsa jogada na plataforma da estação Porta de Bagnolet. Conseguiram me localizar graças aos documentos. Eu podia passar para recuperá-la. Fui correndo. Por "milagre", tinham roubado somente o dinheiro, certamente para comprar drogas. Cartões de crédito, carteira de imprensa, *carte de séjour*, estava tudo ali, até a minha querida agenda, que até hoje não transferi para o computador. Mas vou fazer isso amanhã, sem falta.

CONTRA OS POSTES DE PARIS

Jantávamos na *brasserie* Le Congrès da Porte d'Auteuil, pertinho do estádio de tênis de Roland Garros – José Roberto Guzzo, minha mulher e eu –, conversando sobre aquilo de que mais se fala em uma refeição: comida. Passamos em revista os restaurantes que frequentávamos nos primeiros anos parisienses e, relembrando o passado, saboreamos em imaginação o inigualável *filé au poivre* do Robert Vatier, o *coq au vin* do Coq Hardi, as batatas fritas do Ami Louis, o *tartare* do Bar des Théâtres, até chegarmos ao L'Escargot Montorgueil, cuja especialidade, como o nome indica, era *escargot* servido em meio a um folhado ou, melhor ainda, à moda da Borgonha, apresentado na sua concha enxertada com muito alho e manteiga, degustado com baguete crocante. Os *escargots* eram grandes e fresquíssimos. No mais típico estilo bistrô, com bancada de zinco e escada de ferro em espiral, o restaurante, de 1832, frequentado por Marcel Proust, Sacha Guitry e Jean Cocteau, também servia um divino *canard à l'orange* e a melhor *crêpe Suzette* da cidade. O L'Escargot era um dos bistrôs mais charmosos de Paris, com um teto delicadamente pintado em azul-claro, com nuvens brancas e ninfas, transferido da casa da atriz Sarah Bernhardt, "a Divina Sarah", qualificada na França de "a mais famosa atriz da história do mundo". Bernhardt, nascida Henriette Rosine, se apresentou em três temporadas no Brasil, sendo duas diante dos olhares de Dom Pedro II.

Na primeira temporada, em junho de 1886, estreou no Imperial Teatro São Pedro de Alcântara, no Rio de Janeiro, passando depois pelos teatros São José, em São Paulo, e São Carlos, em Campinas. Retornou outras duas vezes, em junho de 1893, no Teatro Politeama paulista e, em outubro de 1905, no Teatro Lírico do Rio de Janeiro, em cujo palco, segundo seu biógrafo André Castelot, sofreu o acidente que anos depois, em 1915, levaria à amputação de sua perna direita.

O L'Escargot ainda existe, no mesmo endereço – no número 38 da Rue Montorgueil, uma rua parcialmente fechada à circulação que desemboca em Les Halles, perto do Centro Georges Pompidou, repleta de bistrôs, *traiteurs*, *boucheries*, *fromagers*, *boulangeries* e tudo quanto possa dar água na boca. Mas o L'Escargot está decadente. Minha decepção foi enorme ao constatar que o teto se foi. O dono confessou que teve de vendê-lo para pagar dívidas.

Salivávamos os três só de pensar nos tais *escargots*, quando o Guzzo, sempre muito falante, silenciou durante alguns segundos antes de, muito sério, soltar uma pérola:

— Vocês já imaginaram a fome do sujeito que comeu lesma pela primeira vez? Aquele gastrópode cru, gosmento, sem alho nem manteiga?

Não conseguimos imaginar a fome do troglodita, mas caímos em boa gargalhada. Eu, que estava comendo ostras, olhei para elas com ar desconfiado.

Falamos também do Balzar, uma *brasserie* famosa da Rue des Écoles, número 47, a dois passos da Universidade Sorbonne, frequentada desde os anos 1940 pela *intelligentsia* francesa, sobretudo de esquerda. O filósofo existencialista Jean-Paul Sartre, sua companheira e escritora Simone de Beauvoir, Albert Camus, autor de *A peste*, costumavam almoçar ali: *pavé de rumsteak* com fritas, bife de fígado ou vitelo com purê de batata.

Conta a história que, em 1947, em meio à ameaça de invasão da Europa Ocidental pelas tropas soviéticas, Sartre perguntou a Camus durante o tradicional almoço no Balzar:

— O que você vai fazer se os soviéticos atacarem?
— Eu entro na resistência. Como André Malraux [intelectual e resistente francês, que se tornaria ministro da Cultura do general De Gaulle]. E você?

— Eu não, não vou atirar no proletariado – respondeu sério Jean-Paul Sartre.

Um dia, os clientes ficaram sabendo da intenção do proprietário, Marcellin Cazes, de vender a *brasserie*. Ficaram indignados. Como se fossem eles próprios os donos, foram conversar com o comprador, um homem de negócios que estava formando uma rede de restaurantes, incluindo *brasseries* famosas como Julien, La Coupole, Flo, Vaudeville, para impor as suas "condições". Ameaçaram abandonar o restaurante e manifestar publicamente seu desagravo. Foi, aliás, o que fizeram, chegando a apelar para o governo, que tomou o partido dos famosos clientes.

Sartre e seus amigos exigiam, entre outras coisas, que não se mexesse na decoração, no mobiliário, que se mantivesse o cardápio, que os garçons e o "espírito" do lugar fossem preservados. Embora a *brasserie* em si mesma nada tivesse de excepcional.

Para surpresa geral, o comprador aceitou todas as condições, a tal ponto que ainda hoje o Balzar é um dos restaurantes mais bem conservados da cidade, com exceção do "espírito" e da clientela, que já morreram. Na verdade, muito além da preservação do lugar, o que interessava Sartre e seus amigos era a polêmica, esporte popularíssimo entre a intelectualidade francesa, de ontem como de hoje.

A polêmica é um traço delicioso e onipresente da personalidade dos franceses. O importante é debater e, como eles próprios dizem, "*faire monter la mayonnaise*", algo do tipo "engrossar o caldo" em tradução livre.

Essa tendência, de polemizar, teve o seu ápice no fim dos anos 1960, época da negociação envolvendo a Balzar. Tudo era motivo para longos e acalorados debates. Não havia assunto tabu, por mais absurdo que fosse.

Em maio de 1968, durante a "revolução" estudantil, chegou-se a discutir até a questão da iluminação pública de Paris. Um grupúsculo maoísta defendeu, em assembleia geral (no estilo dos *soviets*), a eliminação dos postes de luz da cidade, que, segundo a dialética marxista, teriam como objetivo último facilitar o trabalho da polícia fascista e defender a propriedade privada. Argumentava-se que não cabia ao Estado defender os proprietários, que eram ricos capitalistas exploradores por definição. O grupelho chegou a propor uma moção, que foi apresentada "oficialmente" no anfiteatro de Nanterre e discutida pelos intelectuais engajados na luta social-libertária. Obviamente, não se chegou a nenhuma conclusão, apesar das evocações de

Gramsci, Marcuse e Foucault nesse combate contra a iluminação pública, símbolo da luta do trabalho contra o capital.

Assim, os postes capitalistas de Paris sobreviveram aos ataques revolucionários.

ONDE ANDA A *FRATERNITÉ*?

Em 2007, para ganhar a eleição presidencial, Nicolas Sarkozy não hesitou em "roubar" argumentos da extrema direita e incluir várias propostas da Frente Nacional, de Jean-Marie Le Pen, em seu programa de governo. A estratégia deu resultado, e o candidato Sarkozy colheu os votos de boa parte do eleitorado do partido neofascista, sem o qual não seria presidente.

No final de 2009, o governo deu início a uma perigosa "consulta popular" sobre a questão da identidade nacional. O debate, como era de esperar, derrapou na questão da imigração e da integração, ou falta de integração. Jogou água no moinho dos que veem por todo canto uma "guerra de civilizações". Nas discussões, os estrangeiros transformaram-se em bodes expiatórios do *mal-vivre* francês. O que devia, em tese, ser um debate de ideias, de valores, se transformou em um panfleto pró-exclusão.

A França atravessa, neste início de segunda década do século XXI, um terreno escorregadio, marcado pela chamada cultura da estatística, que em termos de imigração se traduz na fixação de cotas de expulsão de clandestinos. Em 2009, foram expulsos 29 mil "sem papéis", 2 mil além da cota estabelecida pelo presidente da República. Em 2010, 30 mil. O ministro Eric Besson, da Imigração e Identidade Nacional, foi parabenizado, quase alçado ao patamar de herói pelo Palácio do Elysée. Para alcançar esse número, Besson expulsou até refugiados do Afeganistão, país em guerra, sem se preocupar se eles chegariam vivos aos seus vilarejos. E, para inflar artificialmente o balanço, chegou-se ao ridículo de expulsar até mesmo aqueles que estavam indo embora de livre e espontânea vontade. Nos aeroportos franceses, a polícia de fronteiras recebeu ordem para prender os estrangeiros em situação ilegal que deixavam o país, levá-los aos centros de retenção e depois expulsá-los, em um vale-tudo de manipulação estatística. Em 2011, com outro ministro à frente da luta contra a imigração clandestina, Claude Guéant, um novo recorde de expulsões foi batido: 35 mil. E o combate à imigração foi reforçado, graças a leis draconianas.

A França consagra anualmente 362 milhões de euros à integração dos imigrantes e 757 milhões à luta contra a imigração irregular.

Com François Hollande, presidente socialista, haverá um pouco mais do mesmo. O número de imigrantes aceitos será fixado anualmente pelo Parlamento, para dar a impressão de democracia.

A França é um país de imigração desde a segunda metade do século XIX. No entanto, segundo as estatísticas oficiais, o número de imigrantes permanece estabilizado desde os anos 1980. Trata-se do país europeu com a menor quantidade de entrada de estrangeiros por ano: 0,3% da população. Eles representam apenas 6% da população total. No entanto, os políticos não levam isso em conta; tampouco ninguém se arrisca, temendo punição, a fazer as contas na ponta do lápis e escrever, preto no branco, a verdade: a França lucra 12,4 bilhões de euros com os estrangeiros. Segundo um estudo da Universidade de Lille para o Ministério das Relações Sociais, os imigrantes recebem do Estado 47,9 bilhões de euros em benefícios e colaboram para as finanças públicas com 60,3 bilhões.

Durante a campanha de 2012, Sarkozy, aplaudidíssimo pela sua ala direita, disse que havia um problema de excesso de imigrantes e que era preciso dividir o seu número por dois. Verdade ou não, é o sentimento que reina em parte da população. Esses franceses têm medo dos estrangeiros, como têm medo da globalização. E reagem com palavras e atos de exclusão.

É por essas e outras que muitos imigrantes, sobretudo os de segunda e terceira gerações, acabam torcendo pelo adversário a cada vez que a França entra em campo.

O ÍNDICE *JAMBON-BEURRE*

Até a virada do século XX, as refeições dos franceses eram religiosamente compostas de entrada, prato principal, queijo acompanhado de salada verde, sobremesa e, no almoço, cafezinho. Além do vinho, é claro.

Feliz ou infelizmente, essa situação não podia se eternizar. Os franceses começaram a cortar itens do cardápio. Lembro-me de uma famosa polêmica, bem ao estilo gaulês (aqui tudo é motivo para debate), alimentada pelo então respeitadíssimo crítico gastronômico do jornal *Le Monde*, La Reynière, contra a tendência de se propor nos menus a preço fixo *"fromage ou dessert"*, queijo ou sobremesa. Para La Reynière, que era capaz de escrever verdadeiros poemas sobre a estética de um *cassoulet* (e que guardava secreta a sua identidade e suas melhores receitas a sete chaves), oferecer os dois era uma regra inviolável do bem viver. Tinha de ter *"fromage et dessert"*, senão ele se levantava e saía do restaurante.

Os tempos e os hábitos mudaram, sobretudo no almoço. Quando cheguei à França, no final dos anos 1970, ele durava no mínimo duas horas. Hoje, a refeição é digerida em rápidos trinta minutos. Os menus se transformaram em prato do dia, o nosso PF, os queijos praticamente desapareceram, bem como o vinho, substituído pela *carafe d'eau*, água de torneira, que tem a dupla vantagem de ser potável e de graça. Nos melhores restaurantes, a água é gaseificada *in loco* e oferecida gratuitamente.

Com a perda de poder aquisitivo, a pressa e a exigência de produtividade, muitos abandonaram o prato quente pelo sanduíche frio, de baguete, pão de forma ou sírio, espécie de minipita. O setor do *fast food* foi um dos raros que prosperaram em plena crise financeira, com um crescimento de 10% ao ano, desde 2008.

De acordo com o bar e o bairro, o sanduíche custa de 3 a 6 euros. Foram devorados na França, em 2011, 2,02 bilhões de unidades (400 milhões a mais que no ano anterior), ou seja, uma média superior a 5,5 milhões por dia. O que significa que quase 10% da população francesa comeu um sanduíche diário. Um mercado no valor de 6,62 bilhões de euros anuais. Sete de cada dez sanduíches consumidos foram os famosos *jambon-beurre*: meia baguete com muita manteiga e uma mísera fatia de presunto.

Se os bistrôs e restaurantes continuam cheios é em grande parte graças aos turistas, que fazem de Paris a cidade mais visitada do mundo (27 milhões de turistas em 2011, dez vezes a população parisiense intramuros); os franceses, na hora do almoço, correm para as *boulangeries*, onde formam filas para comprar uma *formule*, constituída de um sanduíche de baguete, refrigerante ou suco em lata e um doce de sobremesa. Por todo canto na cidade surgiram mercadinhos especializados em saladas e comida pronta, que o próprio cliente esquenta no micro-ondas e saboreia sentado em banquinhos. Como em qualquer lugar do mundo sob influência norte-americana.

A diversidade, que era o ponto alto da alimentação dos franceses, já não é a mesma. Em 2003, os jovens consumiam 11 produtos diferentes a cada 3 dias; em 2010, apenas 9.

Mas da velha tradição gastronômica os franceses ainda têm que se orgulhar. A França é o único país ocidental em que o sanduíche nacional bate o hambúrguer... e de goleada: oito *jambon-beurre* para cada Big Mac.

À imagem do índice Big Mac da revista britânica *The Economist*, que mede o preço do produto nas grandes cidades do mundo para determinar a diferença do valor da moeda (em 2010, o Brasil tinha o quarto Big Mac mais caro do mundo, em dólares, atrás apenas da Suíça, da Noruega e da Suécia), desde 2008 um escritório parisiense de consultoria vem utilizando o sanduíche de presunto como instrumento estatístico de medida do poder aquisitivo interno. É o índice *jambon-beurre*.

Em 2011, pela primeira vez, esse índice apresentou alta de 4,76%, passando de 2,52 a 2,64 euros a unidade. Razões evocadas: o crescimento da demanda e o aumento do custo das matérias-primas: farinha, presunto e manteiga.

Se o buraco negro da dívida soberana europeia continuar, dentro em breve os franceses contabilizarão os seus salários em *jambon-beurre*.

— Quanto você ganha? – perguntará Monsieur Dupont*.
— Mil *jambon-beurre* – responderá Madame Dupont*.

Pobre gastronomia econômica, que troca o *foie gras* pelo sanduba de presunto! Nacional, *s'il vous plaît*.

*Nos manuais escolares e nas tiras em quadrinhos do repórter aventureiro Tintin, que por ironia era belga, todos os franceses se chamam Dupont. Confesso que em mais de 30 anos de Paris conheci somente um Dupont, o ex-candidato à eleição presidencial Nicolas Dupont-Aignan, além, é claro, da famosa marca de canetas e isqueiros criada em 1827 por Simon Tissot-Dupont, originário da região da Saboia, nas montanhas alpinas.

50 ANOS DEPOIS

O alto-falante anunciou: "*Attention, le train de la mémoire va partir. Destination Auschwitz*".

Eram 7 horas e 32 minutos do dia 14 de junho de 1992. Embarcamos naquele trem antigo, na plataforma número 7 da Gare de l'Est. Mesmo horário, mesmo tipo de trem, mesma plataforma de onde partiu, cinquenta anos antes, o primeiro comboio francês, com 792 prisioneiros judeus a bordo, rumo à morte em Auschwitz.

No compartimento estavam meu grande amigo Joseph Schwartz, vulgo Jojô, Adolf Schwartz, Muriel Huster e eu. Um sentimento estranho nos dominava – era a primeira vez, após o final da Segunda Guerra Mundial, que um trem fazia exatamente o mesmo trajeto entre Paris e o campo de todos os horrores. Algumas linhas férreas tiveram de ser especialmente recuperadas e reativadas para a passagem dos vagões. Jojô e Adolf, que apesar do mesmo sobrenome não eram da mesma família, tinham histórias similares.

Em 1942, o menino Adolf, franzino, muito doente, anêmico e asmático, foi internado no Hospital Rothschild, na zona leste de Paris. Ao sair, dez dias depois, não tinha mais para onde ir. Toda a família havia sido deportada. E ele não sabia sequer para onde. Ficou a par somente anos e anos depois, já adulto, quando o historiador, advogado e caçador de nazistas Serge Klarsfeld publicou a lista dos mortos de Auschwitz. A partir do momento em que deixou o hospital, a tarefa do pequeno Adolf consistiu em sobreviver.

Joseph, ao contrário, era forte e saudável, na plenitude de seus 15 anos, quando perdeu a família: pai, mãe, irmão, avó, tios e primos. Vinte e cinco pessoas no total, vítimas da operação que entraria para a história sob o nome de *Rafle du Vel d'Hiv*, literalmente a Operação do Velódromo de Inverno, de 16 de julho de 1942. Nesse dia, 13.152 judeus foram presos pela polícia francesa, 8.160 levados ao estádio dedicado ao ciclismo: 1.129 homens, 2.916 mulheres e 4.115 crianças, muitos dos quais denunciados por "amigos" ou vizinhos. Do velódromo, situado a cem metros da Torre Eiffel, eles seguiram para os campos de Beaune-la-Rolande e Pithiviers, 80 km ao sul de Paris. Ali, 3 mil crianças foram separadas de seus pais e enviadas para Auschwitz, via Drancy, o principal campo de trânsito na França. Hoje, sabe-se que as crianças, as mulheres e os velhos foram incluídos na *Rafle* por determinação do governo francês, contra a vontade expressa dos alemães, que inicialmente queriam apenas homens adultos em condições de trabalhar. As autoridades de Vichy convenceram Berlim, sob o argumento de que seria desumano separar as famílias.

Ao contrário de tantos outros, o jovem Jojô foi "salvo" de maneira romanesca. Seu pai, avisado da iminência da operação por um inspetor de polícia, escondeu-se em uma garagem Peugeot, que ficava atrás de sua casa,

Rue de la Vistule, no *13ème arrondissement* de Paris. A mãe e o irmão mais novo, de 7 anos, ficaram no apartamento, já que a princípio as mulheres e as crianças deveriam ser poupadas. Joseph foi enviado para a casa de amigos, no subúrbio de Choisy-le-Roi. No dia seguinte à operação, ele voltou para sua casa e, como ninguém respondia, dirigiu-se para a de um amigo de escola, na rua paralela. Os quatro membros da família Frenkel tinham escapado da *Rafle*, mas acabariam sendo detidos após a denúncia do dono da loja na entrada do prédio, intrigado com a chegada de um jovem de "aparência judaica". Jojô foi preso com os amigos. Milagrosamente, conseguiu fugir do hangar para onde foi levado, em um momento de desatenção dos policiais.

Nunca mais reviu seus pais, nem os Frenkel.

Aos 85 anos, Jojô tem pesadelos diários. Um dia se culpa por não ter salvado o irmão; no dia seguinte, a avó. Acorda em suor, aos gritos de "eu podia, eu podia"... Sofre da síndrome do sobrevivente.

Assim, duas crianças órfãs aprenderam a ser adultos em plena guerra. Um ficou rico, outro continuou pobre; mas os dois conservaram o mesmo senso de humor e uma invejável sede de cultura, insaciável.

Ficamos acordados a noite toda. Huster fotografava todas as estações por onde passávamos. Ninguém dormia naquele trem. Éramos quase novecentos.

Duas cabines atrás estavam três mulheres que falavam sem parar. Trocavam confidências sobre o início de seus namoros. Ali estavam três gerações: a avó, uma milagrosa sobrevivente, a mãe e a filha. Contavam histórias, riam e choravam juntas, de mãos dadas.

Michel estava de pé, perto da porta do vagão, olhando para o vazio. Era a sua primeira viagem a Auschwitz. Ele tivera poucos meses antes a confirmação de que sua mãe havia sido deportada para o campo, de onde não voltou.

— Vou enterrar minha mãe. Enfim!

Sua história, como a da maioria das pessoas que estavam naquele trem, também começou no fatídico ano de 1942, com a polícia batendo na porta das casas do 12º distrito de Paris.

— Eu ouço até hoje o barulho da porta sendo aberta...

Depois, a mãe pegando sua mão de um lado, a do irmão mais novo do outro e saindo escoltada. Eles foram levados à delegacia, onde ficaram durante horas esperando, sentados em um banco de madeira.

— Em determinado momento, minha mãe olhou para a porta, me puxou e cochichou em ídiche: "Pegue o seu irmão e fuja, não pare de correr, corra, corra, corra. Só pare quando cair extenuado. Vá, agora!".

Sem refletir, Michel obedeceu. Puxou o irmão e correu em direção à rua. E correu, correu, correu. Já ao cair da tarde, voltou para perto da delegacia, onde um ônibus superlotado partia. Sua mãe estava sentada no banco de trás, olhando pela janela. Os olhares se cruzaram. Ela sorriu, certamente triste, mas também feliz, aliviada. O ônibus desapareceu na esquina.

— Nunca mais a vi.

Ao chegarmos a Auschwitz, chovia. O lugar não merece ver o sol. Cheira a morte. Fede.

Um rabino que nos acompanhava rezou o *Kadish*, a reza dos mortos, ao lado dos fornos crematórios.

Yitgadal veitkadash shemei raba (Amen)
Bealma divera chirut'e veiamlich malchutê veitsmach purkanê vicarev meshichê (Amen)
Bechaeichon uveiomechon uvechaiê dechol bet Israel, baagala uvizman cariv veimru (Amen)

Exaltado e santificado seja seu grande nome, Amém, no mundo que Ele criou por sua vontade. Queira Ele estabelecer Seu Reino e determinar o ressurgimento da Sua Redenção e apressar o advento de Seu Ungido, Amém, no decurso de sua vida, nos seus dias e no decorrer da vida de toda a casa de Israel, prontamente e em tempo próximo. E dizei Amém.

IEHÉ SHEME RABA MEVARACH LEOLAM ULEALME ALMAYA
Itbarach, veyishtabach veyitfaar veyitromam veyitnassê veyit hadar veyithalê veyothalal shemê dekudshav berich hu (Amen)
Leela min col birchata veshiratá tushbechata venechemata daemiran bealma veimru (Amen)

Seja seu grande nome bendito eternamente e para todo o sempre seja bendito, louvado, glorificado, exaltado, engrandecido, honrado, elevado e excelentemente adorado o Nome do Sagrado, Bendito Ele, Amém. Acima de todas as bênçãos, hinos, louvores e consolações que possam ser proferidas no mundo e dizei Amém.

Al Israel veal rabanan veal talmidehon veal col talmidei talmidehon, veal col deaskin beoraita di veatra cadisha haden vedi vechol atar vaatar ieche lehon ulechon shelama raba china vechisda verachamê arichê umezonê revichê ufurcaná min codam avuhon di vishmaia vimru (Amen)

Sobre Israel, seus sábios, seus discípulos e os discípulos de seus discípulos e sobre todos os que estudam diligentemente a Lei Sagrada, neste santo lugar e em qualquer outro lugar, haja para eles e para vós grande paz, favor e misericórdia, vida longa e sustento farto, e redenção da parte do Pai. E dizei Amém.

Iehe shelama raba min shemaia vechayim tovim alenu veal col Israel veimru (Amen)

Que haja uma paz abundante emanada do céu e vida boa para nós e para todo o povo de Israel, e dizei Amém.

OSSÊ SHALOM BIMROMAV HU YAASSE SHALOM ALENU VEAL COL ISRAEL VEIMRU (AMEN)

Aquele que faz a paz nas alturas, com sua misericórdia, conceda a paz sobre nós e sobre todo seu povo de Israel, e dizei Amém.

A volta para casa foi leve, risonha, inexplicavelmente alegre. Contamos piadas de judeus e de *goys*, conversamos sobre literatura e demos boas gargalhadas com citações de Solomon Rabinovich, aliás Sholem Aleichem, escritor de língua ídiche do século XIX, autor de *Tevye the Milkman*, adaptado para o teatro como *Um violinista no telhado*. Nós nos deliciamos com trechos da *Histoire contemporaine* (1897-1901), de Anatole France, crônica das mesquinharias de uma repartição pública do interior da França no momento do julgamento do capitão Dreyfus (1897), condenado por alta traição pelo fato de ser judeu. Adolf conhecia de cor as novelas de Anatole France, Prêmio Nobel de Literatura de 1921. Ele as recitava com sabor. Adolf me falou das conferências sobre Rabelais, dadas por Anatole France no Rio de Janeiro e no Recife em 1909.

Ao chegar a Paris, fomos os quatro jantar. Não conseguíamos nos separar. Alguma coisa de extremamente forte e frágil nos unia. Um sentimento de que algo poderia se quebrar a qualquer instante, para sempre.

Quando Adolf morreu, escreveram na sua lápide apenas o nome Albert. Foi seu último pedido.

ENTREVISTAS, GRANDES ENCONTROS

EM NOME DE ALÁ

Ao contrário do Brasil, que se considerava uma ilha, a Paris de 1978-1979 era uma espécie de centro nevrálgico, um *melting pot* em que batia o coração do mundo. Tudo confluía para a cidade. Meu primeiro contato com essa realidade global me levaria até o Irã. Encontrava-se aqui, em Neauphle-le-Château, a 30 km a leste de Paris, o aiatolá Khomeini e seu séquito islâmico-revolucionário, formado por alguns dos nomes que viriam a compor o futuro governo iraniano e fundariam a República Islâmica. Dentre eles, Bani Sadr, um civil que seria eleito presidente da República antes de ser banido (como quase todos os outros) e se exilar na França. Lembro-me de sua ingenuidade, de seu biquinho na boca pequena abaixo de um bigodinho ralo, comentando:

— Nós fundaremos uma república socialista e democrática em um Irã islâmico.

Ele parecia acreditar no que dizia.

Peguei o velho Citroën azul, comprado com o equivalente hoje a quinhentos euros, e fui para a autoestrada da Normandia, A13, depois para a A86, rumo a Dreux, até a saída Neauphle-le-Château. Meia hora depois, eu estava no jardim de uma casa sem estilo, com várias tendas montadas, entre iranianos, policiais e jornalistas do mundo inteiro. Uma verdadeira Babel! Esperei por pouco menos de uma hora o momento de entrar na tenda branca, coberta com tapetes persas, que servia de centro de imprensa e mesquita. Estava ansioso e sem entender ao certo o que se passava.

Bani Sadr me servia de intérprete. Entrei enfim na tenda improvisada, montada na direção de Meca. Nesse espaço, coberto com tapetes, o aiatolá Khomeini dirigia as rezas, dava entrevistas e gravava fitas cassete com as palavras de ordem dirigidas à população iraniana, a fim de alimentar a revolução contra o regime do xá Mohammad Reza Pahlavi. Foi ali que o velho religioso me recebeu para uma exclusiva. Barbas brancas, um negro olhar profundo e frieza siberiana.

Em regra, com exceção de pessoas absolutamente geniais, como Orson Welles, que se tornou capa da revista *Visão*, e de histórias únicas como a de Artur e Lise London, uma entrevista vale por uma ou duas declarações. O resto são banalidades, coisas já ditas, reditas e sabidas. Foi assim com o aiatolá, líder daquela que seria qualificada de a "maior revolução da segunda metade do século XX" e que, em determinado momento, sabe-se lá por quê, sentiu-se à vontade para falar. No final da entrevista, 15 minutos após ter repetido o que já dissera dezenas e dezenas de vezes a outros jornalistas, batido e rebatido na tecla dos ataques ao xá, recheados de citações do Alcorão, ele olhou nos meus olhos, passou a mão na barba e, em uma fala pausada e solene, declarou:

— Nós não estamos apenas transformando o Irã, não estamos só fundando uma República Islâmica, estamos mudando o mundo. Conosco o islã irá se tornar a religião global. A Revolução Islâmica está destinada a ter um "*caráter universal*", a se alastrar para muito além das fronteiras iranianas, para os países muçulmanos, obviamente, mas também para o resto do mundo. A existência de um "*califado planetário*" está prevista no Alcorão [pelo menos na versão khomeiniana]. Caberá a nós construí-lo, em nome do profeta, "*por todos os meios*". Alá é grande!

Quatro expressões – revolução islâmica, caráter universal, califado planetário e por todos os meios – me deram calafrios, muito embora eu fosse incapaz de compreender a força do que ele me dizia. Não podia alcançar, nem intuir, a dimensão das suas ameaças. Estava longe de imaginar que naquele instante, naquele vilarejo perdido de Neauphle-le-Château, debaixo de uma tenda desconfortável na direção de Meca, o meu gravador de fita cassete estivesse registrando uma estratégia geopolítica expansionista e sangrenta, que entraria pelo século XXI, para germinar a *jihad*, a guerra santa islâmica.

A BACANAL DE COBERVILLE

A primeira vez que o vi pessoalmente foi em fevereiro de 1982, no Chez Benoit, um bistrô tradicional situado perto do Hôtel de Ville, a prefeitura, fundado há um século e que foi o quartel-general gastronômico de Carlos Lacerda em Paris. Ele estava sentado, o rosto praticamente mergulhado em uma *salade de boeuf*, comendo gulosamente. Esperei que terminasse a entrada e, depois da tigela raspada, eu me aproximei timidamente. Ele abriu um largo sorriso. Apresentei-me como jornalista brasileiro e perguntei se aceitaria me dar uma entrevista. Meu coração estava disparado, totalmente descontrolado, minhas pernas tremiam. Eu já havia entrevistado Mitterrand, Chirac, Rabin, Sartre, o rei Juan Carlos, Chagall, Ionesco, Kundera, Claude Lévi-Strauss, Edgar Morin, Friedrich von Hayek, Elie Wiesel, e nunca tinha tido essa sensação. Ali era diferente, pois se tratava de um mito que eu considerava inatingível, desde a adolescência. Com a maior naturalidade, ele respondeu que sim e marcou para o dia seguinte, às 16h, no Hotel Meurice, onde estava hospedado.

Como entrevistar um mito?

Ao contrário dos meus atrasos habituais, cheguei meia hora antes e fiquei esperando no saguão daquele palácio da Avenida Rivoli, onde também costumava ficar Salvador Dalí. Às 16h em ponto me dirigi à recepção e pedi para falar com o senhor Welles, Orson Welles. O *concierge* ligou para a suíte e me mandou subir.

Outra vez começou a tremedeira. Pensei até em abandonar a empreitada para não dar vexame. Mas segui em frente, bati na porta e entrei. Ali estava ele, de pé, todo vestido de preto, olhando pela janela, em direção ao

Jardim das Tulherias, com seu indefectível charuto havana. Imenso. Eu me senti pequeno, como nunca.

— Então você é brasileiro... Sabia que eu já filmei no Brasil? Foi em 1942. Recebi uma encomenda da RKO e financiamento do governo americano e de Nelson Rockefeller para filmar o Carnaval carioca. Era uma encomenda destinada a consolidar a amizade entre os Estados Unidos e a América do Sul. Mas, em vez de fazer um filme publicitário sobre o Carnaval, como me pediram, decidi contar três histórias: a do samba, a dos animais sendo abençoados e outra baseada na epopeia verídica de quatro pescadores nordestinos miseráveis que percorreram 2.500 km de jangada, até o Rio de Janeiro, para levar ao ditador Getúlio Vargas uma carta pedindo justiça social. O problema é que o dinheiro acabou, as pressões políticas brasileira e americana foram enormes e a filmagem parou depois que o chefe da expedição, Jacaré, morreu afogado. *Four Men on a Raft* tornou-se um filme maldito. Eu já havia rodado trezentas bobinas, mas não pude terminá-lo. O filme desapareceu.

As trezentas bobinas só seriam encontradas por acaso nos arquivos da Paramount em 1985. Oito anos depois foram transformadas no filme *It's All True*, restaurado e montado por Richard Wilson, companheiro de Welles; um filme em três atos: *My Friend Bonito*, *The Story of Samba* e *Four Men on a Raft*.

Olhar profundo, palavras entremeadas de longos silêncios, o monstro sagrado estava salvando a minha entrevista, sem que eu tivesse de fazer nenhum esforço.

Falamos, é claro, de cinema, de *Cidadão Kane* e "Rosebud", mas, ao saber que eu trabalhava em rádio, enveredou para sua verdadeira paixão: o som.

— O cinema – ele me disse – é muito próximo da música. O som e o ritmo do som têm de ser justos, pois a imagem por si só não salva o filme. Sempre errei ao escolher meus atores pelo físico, e não pela voz. A audição é o sentido humano essencial, não a visão. É a voz que prima, a voz que determina tudo no cinema. As imagens são impostas pelo ritmo da voz. Quando o som é justo, a imagem também o é. Por isso, eu quase sempre dirijo de costas.

E já que o assunto era som, enveredamos pela *Guerra dos mundos* e a invasão da Terra pelos marcianos, na mais famosa produção radiofônica de todos os tempos, que deixou os ouvintes dos Estados Unidos em polvorosa.

Eu estava fascinado, totalmente subjugado pelo charme daquele homenzarrão, que dirigia a entrevista com uma batuta invisível. Foi então que Orson Welles deu uma boa gargalhada, antes de ficar circunspecto e se declarar culpado. De quê? De não ter seguido a carreira política. Em um francês perfeito, confessou:

— O presidente Franklin Roosevelt foi o primeiro a me encorajar. Tive várias oportunidades de me lançar, mas a melhor delas foi quando me apresentei à eleição no meu estado natal: Wisconsin. Na época, fizemos um estudo sobre a poderosa indústria leiteira local, que era extremamente reacionária, e ficou claro que eu não venceria. Eu era um *gauchiste*. Na verdade, fui covarde, embora acreditasse ter boas razões para sê-lo. Em primeiro lugar, eu era divorciado em um estado conservador. Em segundo, pensei que nenhum ator poderia vir a ser presidente dos Estados Unidos, que era o meu objetivo último. Foi um erro trágico. A triste conclusão dessa história é que o republicano que venceu a eleição foi Joseph McCarthy. Se eu tivesse me apresentado e ganhado, talvez o macarthismo não tivesse existido.

Após um longo momento de silêncio, a entrevista desviou para um tema mais ameno: a festa brasileira do Castelo de Coberville, nos arredores de Paris, oferecida por Assis Chateaubriand, em presença da primeira-dama dona Darcy Vargas e de sua filha Alzira, no dia 3 de agosto de 1952, e que ficou conhecida no Brasil como "A bacanal de Coberville" ou "A festa de Cr$ 6 milhões".

Pelo que eu tinha lido, havia dúvida sobre a presença de Orson Welles no evento, cujo objetivo oficial foi um desfile de modas para apresentar os tecidos de algodão brasileiro da fábrica Bangu utilizados pelo costureiro francês Jacques Fath, o "rei da alta costura internacional", um dos três estilistas mais influentes do pós-guerra, ao lado de Christian Dior e Pierre Balmain.

Orson Welles não apenas me confirmou que esteve entre os 3 mil convidados dessa festa (da qual participaram também Clark Gable, Danny

Kaye, Paulette Godard, entre outros), como tirou do baú um fato para ele inesquecível: ter dançado samba e xaxado com Ginger Rogers, ao som da Orquestra Tabajara, de Severino Araújo, e seus dois *crooners* – Jamelão e Elizeth Cardoso –, além do sanfoneiro Zé Gonzaga, irmão do Luiz Lua. "*Inoubliable!*", inesquecível, foi o que me disse Welles.

Outro ponto alto da festa, aliás registrado em uma foto histórica que está nos arquivos da agência Magnum, foi a performance de Jean-Louis Barrault, ator e mímico francês, apaixonado pelo Brasil, que passou a noite dançando com duas passistas, dando um verdadeiro show de frevo.

A respeito disso, o cantor Jean Sablon (de sucessos como "C'est si bon" e "Ma vie"), que deixou a França pelo Brasil na época da Segunda Guerra Mundial, me contou que o frevo foi levado de Pernambuco para o Rio de Janeiro por Jean-Louis Barrault nos idos dos anos 1940. O ritmo era praticamente desconhecido no sul do país e a dança jamais tinha sido vista. Foi após uma de suas muitas passagens pelo Nordeste que o ator e mímico, professor de Ricardo Bandeira e Tônia Carrero, decidiu levar o som do frevo aos cabarés do Rio de Janeiro, deixando os cariocas extasiados com o balé de guarda-chuvas coloridos.

Na "bacanal de Coberville", que começou às 21h e acabou após o café da manhã, teriam sido consumidas 1.400 garrafas de uísque, 2 mil de champanhe e 100 de pinga. Consta que a festa foi aberta por Assis Chateaubriand vestido de vaqueiro nordestino, montado em um cavalo branco, seguido de 10 personalidades do *jet set* internacional, fantasiadas, também a cavalo, com belas mulheres na garupa (dentre as quais "Maria Bonita", aliás Danuza Leão), em meio a uma queima de fogos.

Pela primeira e única vez, Chatô recebeu aplausos de um de seus críticos mais vorazes, Oswald de Andrade.

Mas a presença da dona Darcy, esposa de Getúlio Vargas, e de Alzira, filha do casal, no baile do Castelo de Coberville, contra a vontade do presidente, foi pretexto para vários artigos assassinos de Carlos Lacerda, dando início à série de ataques viperinos do jornalista e político carioca, que só terminaram com a morte de Getúlio.

Ao me despedir de Orson Welles, ganhei um forte abraço e, de quebra, um charuto Cohiba.

STALIN, UM MACBETH SEM REMORSOS

Desde a leitura do texto de *Rhinocéros* – Rinoceronte (uma metáfora da ascensão do totalitarismo à véspera da Segunda Guerra Mundial) –, eu vivia a contradição entre a fascinação pelas peças de Eugène Ionesco, pai do teatro do absurdo, e a rejeição do dramaturgo franco-romeno, taxado pela esquerda de anticomunista visceral e por isso boicotado nos teatros de vanguarda de São Paulo. Nos idos dos anos 1970, entre aqueles que como eu faziam política universitária na Faculdade de Direito do Largo São Francisco, quem não era de esquerda era inimigo, ou amigo da ditadura, o que dava na mesma; na época era preto ou branco, como se os milhões de matizes de cinza não existissem. Sartre era um gênio; Raymond Aron, um *salopard*, desclassificado; Aragon era maravilhoso; Ionesco, intragável; Herbet Marcuse, o guru; Milton Friedman, um explorador da miséria alheia. As posições eram peremptórias; as linhas, bem demarcadas. Não se aceitavam questionamentos.

Embora atenuado, o maniqueísmo político-ideológico me acompanhou até a vinda a Paris. Aqui chegando, imbuído de certezas, fui assistir a uma conferência de Aron na École des Hautes Études en Sciences Sociales (EHESS), no Boulevard Raspail. Só para conferir. Descobri um mundo novo. Entendi então o meu engano, pois estava diante de um monstro de inteligência e lucidez, capitalista, democrata e republicano.

Na terra da Revolução de Maio de 1968, da Comuna de Paris, da Frente Popular, havia espaço para uma direita civilizada. E para uma esquerda também. O que era evidente se tornou óbvio (mesmo se para muitos, no Brasil, não ser petista seja sinônimo de fascista).

Pouco tempo depois dessa ducha de água fria, eu me senti pronto para assistir às peças *A cantora careca* e *A lição*, portas de entrada do universo ionesquiano, em um teatro de bolso de menos de 50 lugares – Théâtre de la Huchette, situado em uma ruela apenas para pedestres no bairro de Saint-Germain-des-Prés. As duas peças estavam em cartaz no mesmo palco, de maneira ininterrupta, desde 1957. E lá continuam até hoje, batendo todos os recordes mundiais de longevidade.

Foi um segundo tapa na cara.

As duas peças representam, sem dúvida, o apogeu do teatro do absurdo, com textos de grande *finesse* mostrando o vazio das conversas mundanas e a superficialidade das relações humanas. As frases correm soltas e se transformam em um *nonsense* sofisticado, para o prazer dos espectadores, imersos em um mundo insolente e não conformista. Ionesco diria kafkiano.

Decidi entrevistá-lo para a *Visão*. Após alguns minutos de insistência ao telefone, consegui marcar um encontro. Nós nos vimos em seu apartamento parisiense, à luz de um simples abajur de mesa entre duas poltronas, desenhos de Miró e Max Ernst e milhares de livros cobrindo as paredes. Depois de me receber friamente, pôs-se a falar, cigarro na mão, um atrás do outro. Suas frases eram pontuadas por longos silêncios, que pareciam expressar a angústia existencial do escritor que se autointitulava um "intérprete da consciência humana", em contraposição ao modelo da consciência social reinante na intelectualidade parisiense da época.

A entrevista começou pelo começo, ou seja, pelo seu nascimento, que ele considerava o primeiro absurdo:

— Foi em Slatina, na Romênia, em uma sexta-feira, 13, do mês de novembro de 1909, dia de sorte para uns, de azar para outros. Mas na verdade não sei se nasci no dia 13 ou 26. É 13 se levarmos em conta o antigo calendário ortodoxo, e 26 após a reforma. É um dilema para o horóscopo. Dependendo do meu humor, escolho sagitário ou escorpião. Chegaram a dizer que eu nasci em 1912. Mas reconheço que essa foi uma invenção minha para rejuvenescer, depois que o crítico literário Jacques Lemartin me incluiu, ao lado de Samuel Beckett, no grupo de jovens autores promissores.

— Como foi a descoberta do surrealismo?

— Durante a adolescência eu morei na Romênia, em Bucareste. Um dia, o professor de literatura leu em voz alta poemas de Aragon e de Tristan Tzara. Seu objetivo era mostrar a incoerência dos versos, que na sua opinião não tinham nenhum valor, a não ser o de servirem de antiexemplo. Fascinado, corri à primeira livraria e comprei uma antologia de poetas contemporâneos e um livro de poemas de Tzara. Meu outro grande mestre foi Franz Kafka. A não ser que ele tenha sido influenciado por mim.

No seu início como dramaturgo, Ionesco foi aplaudido pela *intelligentsia* de esquerda, que insistia em ver seu teatro como uma crítica da sociedade burguesa. Ledo engano. Ele era "apenas" um crítico implacável da condição humana. Em Paris, frequentou André Breton, Luis Buñuel, Boris Vian, Jacques Prévert, Marcel Duchamp, Michel Leiris.

— O que eu quis expressar em minhas primeiras peças? Em *A cantora careca*, por exemplo? Quis mostrar simplesmente a estupefação diante do mundo e das pessoas que falam, falam para não dizer nada. Por isso as ponho em um espaço limitado, em que se movimentam e se expressam no vazio. Na medida em que o espectador se põe ante o incompreensível, ele começa a se aproximar da compreensão.

Eugène Ionesco, ao lado de Max Ernst, que pintou o *décor* de *Rhinocéros*, de Miró, Breton, Buñuel, Magritte e tantos outros, integrou a vanguarda europeia. Mas, talvez por causa de suas origens romenas, não era de esquerda, ao contrário da maioria esmagadora dos artistas (com exceção de Salvador Dalí, admirador do franquismo). Na contramão, ousou não gostar de Picasso. Visionário, denunciou antes de todos e publicamente os horrores do stalinismo. Costumava dizer "Stalin é um Macbeth sem remorsos". No final dos anos 1960, chegou a ser taxado de fascista.

— Eu não sou nem nunca fui contra o comunismo. Sou, isto sim, alérgico a todas as ditaduras e ditadores. Não sou um anticomunista primário, como dizem. Sou adepto da criação de uma máquina cibernética socialista que substituiria o Estado. O problema é que em nome da revolução, da liberdade, da justiça, as pessoas instauram a ditadura. E o ditador é o ser mais abjeto que existe. Ao contrário do criminoso comum, ele não tem remorsos, porque encontra na ideologia uma justificativa para os seus atos. As ideologias pouco têm a ver com a política. Via de regra, servem de álibi para a sede de poder de alguns, o desejo de dominação, de justificativa para crimes, genocídios, perseguições, repressões. As ideologias permitem aos políticos fazer o mal mantendo boa consciência.

Foi na relação com os políticos que encontrei o Ionesco mais cáustico.

— Todo político é paranoico; a partir do momento que tem um mínimo de poder, por menor que seja, se afasta das pessoas, e aí começa a loucura. É a razão pela qual eles não nos entendem e nós não os entendemos. Há um descompasso. Os políticos brincam com a miséria humana, com as nossas angústias, sejam eles de direita ou de esquerda, pouco importa. São duas faces da mesma moeda. Aliás, é interessante notar que um ditador de direita se entende maravilhosamente bem com um ditador de esquerda, eles se apreciam mutuamente.

Sua aversão pelos políticos provavelmente explique por que Ionesco se manteve afastado do movimento de maio de 1968, ao contrário da maioria esmagadora da intelectualidade francesa, que mergulhou nos intensos debates, totalmente subjugada pela efervescência da época.

— Para mim - comentou -, Maio de 68 não foi uma revolução, foi apenas uma turbulência. Não se pode tampouco falar em movimento da juventude, já que havia movimentos diversos e motivações contraditórias coexistindo, exprimindo-se simultaneamente. Uma enorme cacofonia! Ninguém sabe realmente o que foi Maio de 68, pois as suas lideranças não se interessavam pelo poder, queriam outra coisa. Toda revolução tem por objetivo tomar o poder. Maio de 68 não. O que eles queriam? É sintomático o fato de que as manifestações tenham terminado no início das férias de verão, pois foi um movimento de jovens ricos, filhinhos de papai, que não sabiam o que queriam. A juventude dura 48 horas. Nesse caso, durou vinte dias.

Na verdade, Eugène Ionesco nunca acreditou em movimentos de massa. Sempre detestou passeatas, *slogans*, protestos de rua. Para ele, todas as verdadeiras mudanças se operam no âmbito interno, a partir de revoltas mentais permanentes, que modificam nossa maneira de pensar e de ver o mundo. Definia-se como um personagem revoltado exclusivamente contra a condição existencial do homem, contra o destino inadmissível do ser humano, nunca contra a sua condição social. Em *Le Roi se meurt* (*O rei está morrendo*, na péssima tradução brasileira), o velho monarca de um país imaginário, que acreditava possuir o poder eterno, vê a sua vida emborcar ao ter de aceitar o inelutável e absurdo encontro com a morte. O rei se recusa a admitir a realidade, pois ainda não está decidido a morrer.

Como todo e qualquer homem, Eugène Ionesco morreu, em 28 de março de 1994, em Paris.

Com falsa modéstia, ele me disse:

— Lamento não ser Deus.

Nossa entrevista durou pouco mais de uma hora, até que educada, mas tão friamente quanto na chegada, ele disse *ça suffit*, um basta seguido de um *au revoir*.

Salvador Dalí dizia de Ionesco que ele não era inteligente, mas sim intuitivo. Mesmo sem concordar com muito do que me disse o criador do absurdo em cena, saí daquele apartamento escuro e asfixiante com a sensação de ter conhecido um homem de uma lucidez à beira do insuportável.

CHAGALL, O POETA DA COR

Havia 15 anos que Marc Chagall, aliás Moïshe Zakharovitch Chagalov, não dava entrevistas. Negava-se a receber jornalistas. Naquele início de julho de 1982, eu tinha ido ver os Miró e os Giacometti da Fundação Maeght e estava tomando um aperitivo nos jardins do La Colombe d'Or, hotel em Saint-Paul-de-Vence, com o diretor do museu, Jean-Louis Prat. Então ele apareceu e se sentou à nossa mesa: Marc Chagall em pessoa, cabelos despenteados, paletó de veludo marrom, olhos vivos, às vésperas de seu 95º aniversário. Ele costumava sair pouco, andar pelas ruelas daquela cidadezinha provençal entre Nice e Cannes, local eleito por ele como seu lar francês. Andava com dificuldade. Não sei por que, ele me achou simpático. Eu estava diante de um dos maiores gênios artísticos do século XX; e ele, diante de um jovem embevecido, totalmente subjugado. Acompanhei-o até a sua casa. Na porta, ele me perguntou se eu não queria entrar para continuar o papo. Queria conversar. Eu estava louco para entrevistá-lo, mas, se dissesse que era jornalista, certamente sua mulher, Valentina Brodsky, me poria para fora. Os "abelhudos da imprensa", como ela dizia, não eram bem-vindos. Era ela quem impunha as regras da casa e tinha fama de durona. Sua missão era proteger o marido, missão que cumpria à risca, de maneira radical. Por isso, passei por mero admirador, tentando não trair o repórter. Chagall estava com vontade de falar e o bate-papo informal, com duração de uma hora, se transformou em depoimento na revista *Visão*, com data de 12 de julho, que começou assim: "Apesar das mãos trêmulas, ele continua pintando. 'Eu preciso do cheiro da tinta como o diabético de sua dose diária de insulina.'"

Chagall me falou de sua infância no vilarejo judaico de Vitebsk, na Bielorrússia, "um lugar sem pintura". Filho de peixeiro, aluno medíocre, preferia ficar quieto no seu canto, com cara de emburrado, a brincar com seus nove irmãos. "Provavelmente eu nunca deixei de ter 10 anos", confessou, com um grande sorriso infantil.

> — A pintura melhora com a idade... É como o bom vinho, que se bonifica com os anos. A pureza cresce à medida que o pintor envelhece. Só os velhos e as crianças são diretos, carecem de explicações. A pintura de um velho é menos racional, ela corre como as águas de um rio, é como as flores de Renoir, é como Monet.

Para Chagall, Claude Monet foi o grande mestre da pintura moderna, o único a possuir a "química da cor", o segredo absoluto da pintura.

> — Se você tem essa química da cor pode fazer o que quiser, até pintar de pernas para o ar. Na pintura, o essencial é a cor, como na música é o som. Ouça Mozart, Debussy, Isaac Stern, Rostropovitch. Há neles uma sonoridade que não deixa ninguém insensível.

Marc Chagall via ainda outra enorme vantagem em ser velho: poder pintar a sua história do começo ao fim, do nascimento à morte.

> — Minha pintura é tirada da memória milenar. Ataco o branco, sujo o azul, embebedo o vermelho, mancho o amarelo com mil pensamentos, trabalho a pintura até a psique penetrar na cor, até a alma entrar na tela. No meu universo, as leis são proibidas.

Ao contrário de Picasso – o único antes dele a ter uma exposição de suas obras no Museu do Louvre –, Chagall não buscou o erotismo para fugir à decrepitude física, voltou-se para um diálogo com Deus.

> — Para mim, pintar a Bíblia tem o mesmo sentido que pintar um buquê de flores. A Bíblia é a poesia da tragédia humana em estado puro... é um maravilhoso conto de fadas para todas as idades.

Apesar dessa fascinação, Chagall não se considerava religioso, muito embora se sentisse atraído pelo misticismo. Adorava pintar templos e vitrais.

Os vitrais da capela de Zurique e seu Museu da Mensagem Bíblica, em Nice, são duas preciosidades.

Mas aos 95 anos, seu assunto preferido era a infância. O pai, a mãe, o tio, o professor.

— Minha mãe, que conheci grávida, era bela, calorosa, digna de um Renoir. Meu pai, em seu silêncio patético, folheava o Talmude com as suas mãos enrugadas, cheirando a arenque. Na época, eu não conhecia Giotto, mas foram cenas como as pintadas por ele que preencheram o cotidiano da minha infância.

Na casa de seus pais não tinha espaço para quadros e nas ruas as únicas cores eram o marrom-avermelhado da terra batida e o cinza das fachadas. Nessa cidade sem cores, Chagall se tornou pintor graças ao desafio de um colega de classe.

— Eu era mau aluno e não tinha o direito de me aproximar dos primeiros da classe. Mas um dia, vendo um papel rabiscado na mão do queridinho da professora, ousei perguntar o que era aquilo. Ele me chamou de imbecil e disse que era um desenho, copiado na biblioteca da escola. Algo que eu certamente seria incapaz de fazer.

O pequeno Moïshe Chagalov foi à biblioteca e copiou o desenho. No final, coloriu, pôs emoção no desenho, transformou-o, virando-o de pernas para o ar. Levou a maior gozação do colega, mas descobriu seu caminho. Desde então, continuou invertendo as coisas e colorindo o seu mundo.

— Eu só sei viver e pintar os meus sonhos. Eles são o que sou, e eu sou o que eles são. Quando se forem, morrerei.

Ainda queria falar da amizade que o ligou ao jovem Frans Krajcberg, que chegou a Paris em 1947, sem um tostão, e a quem Chagall ajudou, primeiro dando-lhe morada durante três meses, depois financiando sua viagem para o Brasil. Mas ele estava cansado, precisava dormir.

Marc Chagall deixou de sonhar no dia 28 de março de 1985, beirando os 98 anos de idade, na sua Saint-Paul-de-Vence, um vilarejo como ele, cheio de cores.

DIRETO DE PARIS

O FRANCÊS QUE ENSINOU O BRASIL A TORTURAR

— Figueiredo? Simpaticíssimo, atlético, boa-pinta, sedutor, um bom amigo.
— Geisel? Um moderado de profunda moralidade cristã.
— Médici? Passamos bons momentos juntos.

O homem que conheceu de perto três dos quatro presidentes dos anos de chumbo é o general francês Paul Aussaresses, um criminoso da Guerra da Argélia reconvertido em instrutor de oficiais latino-americanos na década de 1970, a quem ensinou a prática da tortura, servindo como adido militar na embaixada da França em Brasília, na pior fase da ditadura brasileira.

Aussaresses chegou ao Brasil em outubro de 1973, três semanas após a queda de Salvador Allende e a instalação de Augusto Pinochet no Palácio da Moneda, três meses após o golpe de Juan María Bordaberry, no Uruguai, dois anos depois da ascensão do coronel Hugo Banzer ao poder na Bolívia. Era uma época de ouro para esse *expert* em inteligência, anticomunista visceral, ex-responsável pelo esquadrão da morte na Argélia, formador, nos anos 1960, das forças especiais norte-americanas (os boinas-verdes), em Fort Bragg, na Carolina do Sul, e do centro de treinamento de guerra contrarrevolucionária e psicológica em Fort Benning, na Geórgia.

Paul Aussaresses, conta a jornalista Marie-Monique Robin no documentário *Escadrons de la Mort: l'école française*, divulgado na França pelo Canal Plus em 1º de setembro de 1983, ensinou aos americanos as técnicas da Batalha de Argel (1957), assentadas no tripé prisões maciças, informação e tortura sistemática da população civil, amplamente aplicadas no Vietnã. Foi o inspirador da tristemente famosa Operação Fênix, em que 26.369 vietcongs foram massacrados e outros 80 mil, presos e torturados.

Especialista em tortura, o general francês ensinava: "Na guerra revolucionária, o inimigo é a população". Ou ainda: "As vítimas de tortura devem ser executadas".

Cinicamente, costumava dizer:

— Sou pessoalmente contra a tortura, a não ser quando ela é necessária, indispensável para salvar vidas de mulheres e crianças.
— E ela era necessária e indispensável na Argélia?
— A prática foi legítima e inevitável.

— E na América Latina?
— Totalmente justificada.

Após sua passagem pelos Estados Unidos, Aussaresses foi promovido ao grau de coronel e chefiou a seção francesa do estado-maior da Aliança Atlântica. Foi então que lhe propuseram um posto de adido militar, à escolha entre Tchecoslováquia, Iugoslávia, Grécia e Brasil. Em razão da dimensão do país e de sua proximidade ideológica com os militares do regime, optou pelo Brasil.

Logo após o documentário de Marie-Monique Robin, em 1984, eu o entrevistei em sua casa em Selestat, na região da Alsácia, extremo leste da França, a 50 km de Estrasburgo, para a *Visão* e a Rádio França Internacional. Em um francês recheado de palavras em português, caprichando na pronúncia, o ex-membro do serviço secreto, então com 65 anos de idade – falecido em 4 de dezembro de 2013 –, relembrou momentos partilhados da nossa história e fez revelações.

Ao chegar ao Brasil, Paul Aussaresses encontrou vários ex-alunos de Fort Bragg, que tinham se tornado comandantes de unidades militares ou até chefes do estado-maior de regimentos brasileiros, com quem reatou o contato. Foi graças a eles e ao recém-nomeado adido militar chileno em Brasília, Umberto Gordon, também seu ex-aluno e futuro chefe da Dina (Direção de Inteligência Nacional, a polícia política de Augusto Pinochet), que ficou a par da participação do governo de Emilio Garrastazu Médici no golpe que derrubou Salvador Allende. Via Gordon, o Brasil, segundo Aussaresses, pôs à disposição dos golpistas aviões de transporte de tropas e caças equipados com armas francesas da Thomson, empresa para a qual trabalharia mais tarde como vendedor de armas e intermediário na construção de duas usinas de fabricação de nitroglicerina no Chile.

— Foi uma verdadeira ponte aérea – comentou.

No dia 11 de setembro, o ministro da Defesa, Orlando Geisel, enviou um avião lotado de oficiais brasileiros do serviço de inteligência que ajudaram os policiais chilenos a prender e a reagrupar os opositores no estádio de Santiago.

Aussaresses levantou a informação segundo a qual o nosso governo agiu de maneira similar no Uruguai, onde teria colaborado com os militares, antes mesmo da Operação Condor, na luta contra o grupo Movimento de Libertação Nacional-Tupamaros, de extrema esquerda.

79

Paralelamente ao seu trabalho na embaixada, Aussaresses dava aulas sobre a batalha de Argel na Escola Militar de Brasília e no Centro de Instrução de Guerra na Selva, em Manaus, que era uma cópia de Fort Bragg, e formou oficiais brasileiros, chilenos, argentinos, venezuelanos e bolivianos. A cada dois meses, Umberto Gordon enviava os membros da Dina à Amazônia para aprender técnicas de tortura.

O Centro, criado em 1964 por decreto do marechal Castelo Branco, único do gênero na América Latina, teria formado os quadros das ditaduras do Cone Sul. Ali nasceu a rede Agremil, contração de Agregados Militares, para facilitar a troca de informações entre latino-americanos, que se tornou o núcleo da Operação Condor, formalizada em agosto de 1975 e responsável pela execução de "subversivos" dentro e fora do continente latino-americano. Condor contou com a participação efetiva dos Estados Unidos e a cumplicidade da França. Os militares argentinos instalaram Condor-Europa, em março de 1977, em um anexo da embaixada, no número 83 da Avenida Henri Martin, quase colado à subprefeitura da 16ª circunscrição de Paris. Os serviços secretos franceses não podiam ignorar. Durante algum tempo preferiram fechar os olhos.

A influência francesa foi tanta entre os militares das ditaduras latinas que o general Bignone, último chefe da junta militar argentina, na época adjunto do general Rafael Videla no Estado-Maior do Exército, chegou a comentar que a batalha de Buenos Aires foi a cópia fiel da batalha de Argel, ensinada por Aussaresses em Manaus e nos Estados Unidos.

O grande amigo do adido militar francês nos três anos em que permaneceu no Brasil foi o então coronel João Batista de Oliveira Figueiredo, chefe do SNI (Serviço Nacional de Informações), tido na época, nas palavras do próprio Aussaresses, como um dos dirigentes dos esquadrões da morte, que tinha no delegado Sérgio Fleury seu principal adjunto.

> — De origem francesa, Fleury tinha péssima reputação junto à população, desde que solucionou o sequestro do embaixador dos Estados Unidos e acabou com a guerrilha marxista. Nosso embaixador, Michel Legendre, detestava-o. Em contrapartida, Figueiredo foi um dos meus melhores amigos – disse-me Aussaresses. — Eu o encontrei no clube dos paraquedistas da guarda presidencial pouco depois da sua nomeação como chefe do SNI. Ele conhecia bem a França e tinha participado da campanha na Itália, nas tropas do

marechal Juin. Figueiredo comandava uma companhia de infantaria da FEB [Força Expedicionária Brasileira]. Ele vinha sempre às recepções na embaixada. Tínhamos o hábito de cavalgar juntos e, como eu era um bom cavaleiro, ele me emprestava o seu cavalo alazão Comanche. O que não fazia com mais ninguém. Era uma grande prova de amizade e confiança. Nessas ocasiões, trocávamos experiências sobre a luta contra a subversão. Em termos profissionais, Figueiredo não tinha nada a aprender, conhecia todas as técnicas de combate aos esquerdistas subversivos e fazia muito bem o seu trabalho.

Através do chefe do SNI e de Sérgio Fleury, Paul Aussaresses foi informado sobre o que se passava nos bastidores da guerra suja. Soube, por exemplo, por meio de Fleury, de detalhes sobre a morte de Carlos Marighella, no bairro dos Jardins, em São Paulo, em um ato de legítima defesa, segundo o adido militar francês. Em sua versão, que coincide com a oficial, Aussaresses afirma que Marighella, cercado, tentou sair do carro em que se encontrava e fez menção de atirar nos policias. "Infelizmente foi morto." Mas "por sorte" estava com a sua agenda, uma mina de informações, com nomes e endereços que permitiram libertar o embaixador americano sequestrado pelo grupo e acabar com as redes guerrilheiras.

— Os terroristas foram encontrados, um a um, graças à famosa agenda, e executados sem processo por Sérgio Fleury e seus homens.

Após o sequestro do embaixador, o SNI e a polícia tinham recebido ordem de neutralizar Marighella, *a qualquer preço*. O que na linguagem contrarrevolucionária significava sinal verde para uma operação que não devia se preocupar com "detalhes" do tipo respeito à Convenção de Genebra.

Certo dia, contou-me Aussaresses, a embaixada recebeu uma mensagem do Quai d'Orsay, o Ministério das Relações Exteriores, pedindo informações sobre um cidadão francês desaparecido no Brasil – ele não se lembrava do nome. Nem os consulados nem a embaixada estavam a par.

Paris insistia. Laurent Schwartz, matemático e humanista judeu, ex-trotskista, professor da Sorbonne e uma das vozes mais ouvidas da *intelligentsia* francesa, viajou ao Brasil a fim de se encontrar com o embaixador e obter

81

uma explicação. Segundo Schwartz, o jovem tinha ido provavelmente para a Argentina ou o Uruguai com o objetivo de se juntar ao Tupamaros, passando pelo Brasil. O embaixador Michel Legendre, por sugestão do adido militar, convidou João Batista Figueiredo para um jantar. Ao final, expôs o problema ao chefe do SNI. Figueiredo respondeu que, se o francês estivesse na Argentina, os brasileiros não poderiam ajudá-lo – a Argentina na época era governada pelos peronistas. Mas insinuou que "o mais provável" é que o jovem tivesse sido preso durante uma ação do Tupamaros e talvez, quem sabe, estivesse morto.

No livro-entrevista *Je n'ai pas tout dit: ultimes révélations au service de la France*, de 2008, Aussaresses conta que Figueiredo prestou a ele um grande serviço ao prender uma mulher que foi ao Brasil especialmente para espioná-lo. Figueiredo chamou-o às pressas a Manaus para mostrar-lhe a tal mulher, ou o que tinha sobrado dela, totalmente desfigurada pela violência da tortura. Depois, informou-o sobre a sua morte no hospital.

Aussaresses considerou o assassinato dessa mulher um ato de "legítima defesa".

O adido militar ainda aproveitou sua estada no Brasil para manter contatos com seus pares em outros países do subcontinente. Visitou quase todos. Frequentou assiduamente La Paz, onde tomou café com o criminoso de guerra nazista Klaus Barbie, vulgo Altmann, intermediário na venda de armas francesas à Bolívia. Inteirou-se das circunstâncias que cercaram a morte de Ernesto Che Guevara, que, segundo ele, teria sido traído pelos homens de Fidel Castro, especialmente enviados à selva boliviana para vigiar o revolucionário argentino.

Em duas ocasiões, os deputados "verdes" de Paris tentaram criar uma CPI sobre o papel da França no apoio às ditaduras militares latino-americanas, entre 1973 e 1984. Em vão. O Parlamento e os sucessivos governos preferiram não mexer no vespeiro.

Após a publicação de *Services spéciaux: Algérie 1955-1957*, em 2001, pela editora Perrin, Paul Aussaresses foi processado por crimes de tortura, mas o Tribunal de Justiça rejeitou a acusação sob o argumento de que esses crimes, cometidos durante a Guerra da Argélia, haviam sido anistiados.

Foi condenado por apologia de crimes de guerra a 7.500 euros de multa e aposentado por decreto do presidente Jacques Chirac. O único caso de punição administrativa de um oficial de alta patente conhecido na França até hoje.

DO ENCONTRO EM PRAGA AO DESENCONTRO EM PARIS

Para festejar meu aniversário, no dia 15 de fevereiro de 1984, recebi no apartamento do Canal Saint-Martin alguns amigos próximos, dentre os quais o casal Amado – Jorge e Zélia –, e Lise London, também aniversariante, acompanhada do filho Michel. Talvez Françoise, a filha mais velha dos London, também lá estivesse, não me recordo. Artur, o marido dela, não, pois raramente saía de casa, debilitado pela tuberculose. Fui apresentado à família London por minha segunda mulher, que os conhecia de longa data através do padrasto, que com eles haviam compartilhado o sonho comunista. Logo senti uma grande empatia com Lise, que adorava contar histórias de sua própria e rica história. A reunião em casa não foi propriamente uma festa de aniversário nem um encontro fortuito de velhos amigos, mas sim um reencontro organizado por mim, sem o aval dos principais interessados, com o intuito de tentar reaproximá-los e acabar com o que eu acreditava ser meros mal-entendidos.

Lise e Artur London tinham conhecido Jorge e Zélia em 1949, em Praga, durante o exílio do escritor brasileiro. Depois de ter seu mandato de deputado federal cassado, em 1948, Jorge Amado se mudou para Paris. Zélia Gattai e o filho do casal, João Jorge, juntaram-se a ele em seguida. Mas, alguns meses depois, também expulso pelo governo francês, foi obrigado a deixar a França, transferindo-se para Praga, na antiga Tchecoslováquia comunista – hoje dividida em República Tcheca e Eslováquia –, indo se instalar com a família no Castelo dos Escritores, antiga residência aristocrática transformada em sede da intelectualidade comunista nacional e internacional. Ali desfrutava, dentre outras, da companhia do poeta chileno Pablo Neruda e de sua companheira Matilde Urrutia, conhecidos de longa data. Foi no Castelo dos Escritores que a trilogia *Os subterrâneos da liberdade* começou a ser escrita, no início da década de 1950.

Ali, Jorge e Zélia tornaram-se muito próximos do casal London, e durante um ano foram grandes amigos.

Artur, nascido em Ostrava, filho de uma família judia de artesãos, acabara de ser nomeado vice-ministro das Relações Exteriores, em 1949, após uma longa carreira revolucionária. Aos 14 anos, tornou-se secretário regional da Juventude Comunista. Após várias passagens pelas prisões tchecas, refugiou-se em Moscou, onde conheceu a futura mulher. Engajou-se nas Brigadas Internacionais e combateu até a queda da Catalunha. Com Lise, tentou deixar a Espanha e fugir para longe, até para a América do Sul, tendo visto recusado pela Argentina, do conservador Roberto Marcelino Ortiz, e pelo Brasil de Getúlio Vargas, em pleno Estado Novo. Não teve outra saída senão retornar à França. Após atravessar os Pireneus, voltou a se engajar, entrou no movimento da Resistência aos ocupantes nazistas, em agosto de 1940, tornando-se chefe do MOI (Main-d'Oeuvre Immigrée), um grupo armado vinculado ao Partido Comunista Francês. Preso, foi deportado para o campo de Neue Bremm e depois transferido para Mauthausen, onde dirigiu a resistência interna até a libertação, em 1945.

Lise trabalhava na Rádio Praga e, além do francês, língua materna, falava bem espanhol, graças aos pais aragoneses; serviu como tradutora para os brigadistas republicanos em Albacete, durante a Guerra Civil Espanhola, na luta antifranquista, antes de também se engajar na Resistência francesa contra as tropas de Hitler. Chegou ao posto de capitã, que ocupou até ser presa pela polícia francesa, em agosto de 1942, entregue aos alemães e deportada para Ravensbrück, o maior campo de concentração exclusivamente feminino do Terceiro Reich, e depois Buchenwald. Na libertação, foi para Praga.

Na época em que os casais se frequentaram, Jorge escrevia *Agonias da noite*, misturando a greve dos estivadores do porto de Santos à Guerra Civil Espanhola.

No enredo, o capitão brasileiro Apolinário Rodrigues, lutando ao lado dos republicanos espanhóis, aguardava ansiosamente notícias sobre a greve no porto de Santos, onde estivadores se negavam a embarcar café em um navio nazista destinado a abastecer as forças falangistas, de Franco, que tinham o apoio de Hitler e Mussolini. Após uma batalha em que a brigada da qual fazia parte o brasileiro conseguiu deter um ataque falangista, Apolinário foi levado a um republicano de outro destacamento, um estrangeiro, o sargento tcheco Franta Tyburec. A cena termina com o sargento fazendo um brinde ao sucesso, à coragem dos operários brasileiros e "à memória dos que tombaram nessa greve".

No romance panfletário, Jorge Amado cria um eixo comunista que vai de Santos a Praga, passando pela Espanha, na mais pura versão do internacionalismo proletário defendido pelos London.

A geografia ideológica, a facilidade de comunicação e os interesses comuns aproximaram os casais. Tudo parecia uni-los.

Mas, desde que a conheci, nos anos 1980, Lise não se conformava com a atitude distante dos Amado. Havia mágoa nas suas palavras a cada vez que o assunto girava em torno do escritor baiano e de sua companheira Zélia, o que acontecia com frequência, sempre por insistência sua. Artur London não se pronunciava, preferindo o silêncio. Era um homem muito bonito, de poucas palavras, circunspecto.

A manipulação stalinista

Nas longas conversas que tínhamos na casa de campo de Moret-sur-Loing, perto de Paris, ou no apartamento de Françoise e Pierre Daix – crítico de arte, comunista, colaborador de Louis Aragon, resistente deportado para Mauthausen, onde conviveu com o futuro sogro –, Lise sempre falava de Jorge e Zélia com um rancor profundo e antigo que datava do Processo Slansky, nome do secretário-geral do Partido Comunista da Tchecoslováquia. Artur foi um dos 14 acusados. À força de tortura física e psíquica, após ter passado dias e mais dias sem dormir, acabou confessando sua participação em uma conspiração contra o Estado, que se revelaria totalmente falsa. Fabricada de A a Z pela polícia política do regime, havia sido manipulada pelo Kremlin, então dirigido por Josef Stalin. Dos 14 acusados, 11 foram condenados à morte, todos judeus. Artur foi o único réu de origem israelita a escapar à pena capital, condenado à prisão perpétua por atividade sionista, trotskismo e titoísmo. Os dois outros foram condenados a trabalhos forçados à perpetuidade.

O processo, considerado o mais importante da história tcheca, foi também o mais expeditivo: durou apenas sete dias, aberto em 20 de novembro de 1952 e encerrado no dia 27, com um veredicto de tal severidade que a própria assistência, apesar de ter sido escolhida a dedo pelo regime, ficou atônita, sem reação, deixando a sala do tribunal em silêncio sepulcral.

O calvário de Artur foi contado em *L'Aveu* (*A confissão*), publicado em 1968 na França pela editora Gallimard, em plena Primavera de Praga. O livro teve o efeito de uma bomba, foi um choque nos meios de esquerda. Transformado em filme com direção de Costa Gavras, teve Yves Montand inesquecível no papel de Artur e Simone Signoret soberba na interpretação de Lise.

O processo forjado contra o seu amigo Artur e posteriormente o Relatório Kruschev sobre os crimes de Stalin fizeram Jorge Amado abandonar a militância comunista, sem contudo deixar oficialmente o PCB (Partido Comunista Brasileiro).

Na ocasião, Lise sentiu-se abandonada pelos amigos, que, diz ela, mudavam de calçada à sua passagem. Além disso, vivia um sentimento contraditório. Ao mesmo tempo que acreditava piamente na inocência do marido, não conseguia aceitar a tese da manipulação por parte do todo-poderoso Partido Comunista, infalível e justo por definição. Pelo menos até o que sei, ela nunca conseguiu se desfazer completamente desse sentimento amargo.

Lise continuou comunista

Após a prisão do marido, Lise London escreveu para Klement Gottwald, presidente da República, e ao comitê central do Partido. Não obteve resposta. Foi proibida de assistir ao processo.

Fora criada na crença dogmática de que o Partido era Deus, e que Deus não erra. Mas seria o seu marido culpado? Não, impossível.

Jorge e Zélia continuaram em Praga por algum tempo, sem se manifestar, segundo Lise. Naquele momento, ela teria até tentado compreender a atitude de certas pessoas próximas, como os Amado e os Neruda, que talvez tenham ficado estupefatos e se feito as mesmas perguntas que ela. O Partido podia estar errado? O Partido poderia estar mentindo? Afinal de contas, ela mesma chegou a acreditar na culpabilidade do marido ao ouvi-lo pelo rádio reconhecer as acusações de traição.

Lise London nunca deixou o ideal comunista. Nos bate-papos na casa de campo, confessava não ter abandonado "a causa" em nenhum momento e manter vínculos com membros do PCF (Partido Comunista Francês).

Em 1950, portanto após a condenação de Artur, intermediou a criação de uma rede de agentes na França, a serviço de Praga. A pedido do Partido Comunista da Tchecoslováquia, ajudou a manter contatos clandestinos com militantes da Europa Central na França.

Graças à fidelidade ideológica e à força de muita insistência, acabou obtendo uma intervenção do PCF (na época o partido mais forte da esquerda francesa) junto à cúpula tcheca, para enfim obter a libertação do marido da prisão de Pankrac, em 1956. Reabilitado sete anos depois, Artur emigrou para Paris. O casal pensou que ali teria o apoio dos velhos amigos. Mas não.

Jorge e Zélia viviam entre Paris e Salvador, tinham um apartamento no bairro do Marais, em frente ao Sena, perto da Praça da Bastille; um lugar em que os London jamais poriam os pés.

Os brasileiros não tocavam no assunto e, na única vez que os questionei a respeito, desconversaram.

Lise reclamava, mas ela também parecia incapaz de dar o passo para revê-los, talvez com medo de abrir feridas que demoravam a se fechar. Parecia clamar em surdina por solidariedade. Até o que sei, ou seja, até a morte de Jorge em 2001, ela não foi ouvida.

Lise e Artur e Jorge e Zélia me deram amizade e belos depoimentos. Minha ingênua tentativa de reaproximá-los foi provavelmente uma forma de retribuir, mas o reencontro não passou dos abraços iniciais e de um sorriso pouco convincente de Lise. Foi um encontro formal, sem dia seguinte.

A publicação do livro *Jardim de inverno*, de Zélia Gattai, em 1988, sobre o período passado pelos Amado em Praga, somente piorou esse sentimento de abandono de Lise, que considerou o espaço dado pela autora a Artur e a ela insuficiente. Sentiu-se menosprezada pela amiga.

Acredito que ela precisava de uma prova de fidelidade, depois de ter sido abandonada por uns e acusada por outros de trair o marido e privilegiar o Partido. Tinha necessidade de reconhecimento.

Por isso, sem dúvida, também ficou tão furiosa com outro personagem famoso: Yves Montand. Em 1º de junho de 1990, após a Revolução de Veludo, foi exibido pela primeira vez em Praga o filme de Costa Gavras, adaptado do livro de Artur. Para a pré-estreia de *A confissão*, foram convidados Montand, Jorge Semprun, o roteirista, também companheiro de Artur no campo de Mauthausen, e Lise London, única testemunha e parte viva da história. Para ela, era a grande oportunidade de retornar à Tchecoslováquia, então livre, e falar publicamente do passado. Deviam viajar juntos, mas o ator decidiu antecipar sua ida e chegou antes à capital tcheca, deu inúmeras entrevistas, pôs-se na pele de Artur London e apareceu na mídia como se tivesse participado pessoalmente do Processo Slansky e sido vítima da esmagadora máquina stalinista. Aproveitou ainda para se lançar como a voz da consciência universal ao denunciar as ditaduras latino-americanas, sobretudo a de Augusto Pinochet, no Chile. Além de grande ator e cantor, Yves Montand era sem dúvida um verdadeiro defensor dos direitos humanos, mas também um grande cabotino. Seu ego extravasava. Em Praga, roubou a cena, e quando Lise chegou só lhe restou assistir ao filme e se calar, com um nó na garganta. Ninguém mais queria ouvi-la, como se tudo já tivesse sido dito. Foi como se lhe tivessem usurpado a própria história.

Artur London morreu em Paris, em 1986. Lise, em 31 de março de 2012, aos 96 anos de idade. Semanas antes, o jornal espanhol *El País* publicara uma longa entrevista com ela, em forma de homenagem àquela que foi "a última brigadista".

DIRETO DE PARIS

A PIOR ENTREVISTA

Ali estávamos, um dos maiores repórteres do jornalismo brasileiro, Reali Júnior, e eu, sentados em frente a Sylvie Vartan, uma loira platinada. Cantora da época do iê-iê-iê, misto de Wanderléa e Rosemary, era mais conhecida por ter se casado com Johnny Hallyday, ícone do rock francês, do que por suas passagens pelo *hit parade*. Verdade seja dita: lá pelos idos dos anos 1960, seus discos chegaram a ser tocados até no Brasil.

Naquele ano, 1985, Sylvie Vartan, búlgara naturalizada francesa, ia representar a França na entrega do tradicional Prêmio Molière aos melhores do teatro brasileiro. A Air France, patrocinadora do evento, havia convidado Vartan e nos escolhido para entrevistá-la. Como nem sabíamos ao certo do que se tratava, não tivemos a menor preocupação em preparar a entrevista. Da entrevistada sabíamos apenas que tinha nascido na Bulgária, que fora casada com Johnny, que sofrera um acidente de automóvel e tinha passado por várias cirurgias plásticas. Nada mais. Não conhecíamos suas canções. Feitas as apresentações de praxe, começou a entrevista propriamente dita. Usamos nossos parquíssimos conhecimentos para fazer duas questões óbvias sobre a viagem, nossas "qualidades jornalísticas" para fazer mais uma sobre seu ex, nossas tripas para uma quarta sobre o Brasil, e o silêncio constrangedor se instalou por intermináveis minutos. Não tínhamos mais nada a perguntar e ela não tinha mais nada a declarar.

A diretoria de comunicação da Air France havia previsto uma hora de entrevista. Não chegou a dez minutos. Não tínhamos matéria, ou melhor, tínhamos duas linhas anunciando a ida de Sylvie Vartan ao Brasil para a entrega do Molière, acompanhada de uma citação ridícula posta entre aspas.

Foi a pior entrevista da minha vida. Um verdadeiro vexame.

Sylvie Vartan viajou, cantou no Teatro Municipal do Rio de Janeiro e, no dia seguinte, recebeu uma espinafrada da imprensa carioca. Os críticos não gostaram de suas músicas, nem de sua voz, nem de seu conjunto Dior e muito menos de seu penteado imitando Marilyn Monroe.

Quanto a nós, Reali e eu, nunca mais fomos convidados pela Air France para uma "exclusiva" e perdemos o direito a *upgrade*, na época concedido quase sistematicamente aos jornalistas.

POLÍTICOS I

DE CAFAJESTE A COMPANHEIRO, OU LULA MACUNAÍMA, UM HERÓI SEM CARÁTER

O ex-presidente Lula disse repetidas vezes que nós, brasileiros, tínhamos a obrigação de falar bem do Brasil, sobretudo no exterior. Segundo ele, toda opinião crítica pronunciada fora das nossas fronteiras era um ato condenável porque antipatriótico. Desde os tempos de "Brasil, ame-o ou deixe-o", da ditadura militar de 1964, não ouvia tal rompante de autoritarismo. Apesar de racionalmente saber que se tratava "apenas" de um comentário para uso interno, já que Lula passou os oito anos de seus dois mandatos em campanha eleitoral (e continuou depois, atuando diretamente da sede *bis* do Planalto, em São Bernardo do Campo), não pude evitar ficar preocupado e ferido. Absurdamente, eu me senti atingido.

É óbvio que o fato de ser brasileiro e morar no exterior não tira o direito do cidadão de pensar, muito menos de se expressar, de dizer o que pensa, mesmo que seja politicamente incorreto ou vá de encontro à maioria dos brasileiros. Ao contrário, a distância lhe dá a capacidade de ver o Brasil de outra forma, com recuo, de comparar o país com outros mundos, de tirar suas próprias conclusões. No meu caso, como acredito ser o de todos, algumas comparações são favoráveis ao nosso país, outras não. A visão de mundo do correspondente internacional, e sobretudo a respeito da inserção do Brasil no mundo, é necessariamente diferente daquela do jornalista que vive o dia a dia no caldeirão de Brasília, de São Paulo ou do Rio de Janeiro. E é nisso que reside o interesse em ser um correspondente no exterior. Ter uma visão crítica é, para mim, além de um dever pessoal, uma obrigação profissional. Com relação ao Brasil, como a zona que cubro diariamente, e ao resto do mundo.

Como judeu laico que sou, quero o bem de Israel. Mas isso não significa falar bem de Israel de maneira sistemática, menos ainda elogiar o governo israelense. Querer o bem é dizer o que se pensa ser a verdade.

Revolta-me saber que os palestinos residentes no sul de Hebron, na Cisjordânia, vivem com cinco vezes menos água que o mínimo recomendado pela Organização Mundial da Saúde, vinte vezes menos que os colonos judeus seus vizinhos, e que as cisternas dos palestinos são demolidas pelo exército israelense. Quando o primeiro-ministro Bibi Netanyahu anuncia a construção de novas colônias nos territórios palestinos da Cisjordânia e de Jerusalém Oriental, critico. Ao fazê-lo, solapa a única solução possível – dois povos, dois Estados –, isso me deixa indignado.

Salomão Ésper, que todo dia está do outro lado da linha no *Jornal Gente*, da Bandeirantes, sempre que pode me provoca. Com profissionalismo e respeito. Com frequência, nossas análises coincidem.

Há tempos, militei no movimento "Paz Agora" e critiquei muito a política israelense. Hoje, como espectador engajado, reafirmo as minhas posições, obviamente sem avalizar a postura, que se tornou moeda corrente, de jogar sobre o povo judeu, inclusive da diáspora, a culpa do que se passa na Cisjordânia e em Gaza. Isso tem nome, é antissemitismo. Em contrapartida, considero inadmissível o comportamento de uma parcela da comunidade judaica que trata outras etnias e religiões de maneira discriminatória, esquecendo-se de que até um passado recente esteve no papel da vítima. Logo após o *affaire* Mohamed Merah, jihadista que matou sete pessoas em Toulouse, no sul da França, em março de 2012 – sendo três militares e quatro judeus, três crianças e um professor da escola Otzar Hatorah –, recebi um e-mail lamentando que o presidente Sarkozy não tivesse poderes para expulsar todos os muçulmanos da França, muito embora fosse amigo dos judeus. É o típico exemplo do amálgama intolerante, discriminatório, racista.

Reivindico o direito de crítica com relação às ditaduras africanas, a Cuba, à Coreia do Norte, ao Irã, à Venezuela, às violações dos direitos humanos em Guantánamo e, com muito mais razão, ao meu Brasil.

Não se trata apenas de um direito, mas sim de um dever moral que temos todos, o de conservar um mínimo de capacidade de indignação. *Indignai-vos* é o título de um livreto publicado pelo francês Stéphane Hessel, ex-resistente da Segunda Guerra Mundial falecido em 2013, aos 94 anos, que participou da redação da Carta Universal dos Direitos Humanos. Ele escreveu: "enquanto me indignar, estarei vivo", frase que inspirou o movimento dos indignados, nascido em Madri, em 2011, o qual se tornou mundialmente conhecido na versão americana Occupy Wall Street.

O erro de Hessel consistiu em considerar Luiz Inácio Lula da Silva uma espécie de timoneiro da indignação.

Antes de se tornar presidente, de passagem por Paris, Lula se encontrava com os correspondentes brasileiros para longos bate-papos informais. Lembro-me de um jantar no Candido, um restaurante na Avenida de Versailles que tinha uma excelente *paella* preparada pelo próprio dono, um espanhol de cabelos negros engomados, pele alva e paletó branco, que tinha uma pronúncia quase incompreensível. Ficava perto da Maison de la Radio, onde eu trabalhava. Lula estava abatido após a derrota para Fernando Collor de Mello, cabisbaixo, falando do choque que teve naquele célebre debate na Rede Globo, em que surgiu a história sórdida de sua filha. Lembro-me perfeitamente dele, quase aos prantos, chamando o presidente eleito de "cafajeste". Quase não tocou na *paella*. Durante a sua presidência, no entanto, Lula não poupou ataques a nós, da imprensa, qualificada de golpista por seus amigos. Enquanto Collor de Mello, o "cafajeste", se tornava um sujeito respeitável, "companheiro" e cabo eleitoral. Como Paulo Salim Maluf, a quem abraçou diante das câmeras.

O melhor exemplo de como Lula presidente tratou os jornalistas brasileiros em Paris (com o máximo desprezo) ocorreu em meio ao conturbadíssimo episódio do mensalão, em 2005, no Ano do Brasil na França.

Um dia depois de ter assistido ao desfile do 14 de Julho da tribuna oficial, montada na Praça da Concorde, ao lado de Jacques Chirac, Lula recebeu no Hotel Marigny, residência oficial dos visitantes estrangeiros, ao lado do Palácio do Elysée, uma "jornalista" brasileira: Melissa Monteiro, desconhecida em Paris, para uma exclusiva de 37 minutos. A entrevista foi dada nos jardins de Marigny, ao meio-dia, enquanto do lado de fora, querendo falar com o presidente, estavam Mario Sergio Conti, Reali Júnior, uma jornalista da Rádio França Internacional, outra da BBC, além dos enviados especiais. Lula se negou a conversar conosco, alegando falta de tempo. Mas, entre duas audiências – com o primeiro-ministro Dominique de Villepin e com o primeiro secretário do Partido Socialista, François Hollande –, aceitou dar uma exclusiva a uma *freelance* de uma obscura produtora independente chamada Melting Pot, que havia negociado com meu amigo Rodrigo Baena Soares, então responsável pela comunicação da Presidência da República. Pedro Luis, o assessor de imprensa da embaixada, sequer estava a par da entrevista, que finalmente iria ao ar no domingo, dia 17, no *Fantástico*.

> — Pois é, eu não podia nem imaginar... de repente pintou a entrevista e o *Fantástico* quis – disse-me Melissa, alegando ter ficado tão surpresa quanto nós.

De acordo com a sua versão, ela preparava um especial sobre o presidente para o canal francês de televisão France 2. A fala de Lula devia ser inserida nesse documentário, que nunca foi ao ar.

Reproduzindo a tese oficial, Reali Júnior, no seu livro *Às margens do rio Sena*, disse que Baena foi enganado por ela. Tenho sérias dúvidas. Se você me ouve daí de cima, eu lhe digo: ingenuidade, meu querido e saudoso Reali, houve armação, isso sim. Lula sabia perfeitamente para quem estava dando a entrevista, ou seja, para a Rede Globo, para o Brasil. Quero crer que nessa história o nosso Rodrigo tenha sido um mero intermediário inocente, usado pelo Planalto.

Melissa fez ao presidente sete perguntas, em uma das entrevistas políticas mais vergonhosas da história da imprensa brasileira. Eis algumas delas:

> — Infelizmente o Brasil atravessa uma nova crise política. Nós já atravessamos outras crises no passado, ligadas à corrupção. Quando é que o Brasil vai se livrar definitivamente dessa doença, qual é a cura definitiva?
> — O senhor acredita que há males que vêm para o bem?
> — O senhor estima que tem alguma culpa nessa crise do PT e do país?

Em linguagem esportiva, diríamos que Melissa, com a sutileza de um caminhão "fenemê", levantou a bola para Lula cortar, deu de colher. E o presidente, que oficialmente foi "pego de surpresa", porque não esperava ser questionado sobre o escândalo, repetiu exatamente os mesmos argumentos e palavras utilizados na véspera pelo publicitário Marcos Valério (então benquisto do poder) e pelo tesoureiro do Partido dos Trabalhadores, Delúbio Soares, envolvidos no esquema do mensalão. Segundo os três, o PT apenas repetiu aquilo que os outros partidos políticos brasileiros fizeram de maneira sistemática durante anos, ou seja, usar o artifício do caixa dois para financiar a campanha. O mensalão não passava, portanto, de uma farsa inventada pela oposição, em uma tentativa sorrateira de dar um golpe para tirar o povo do poder.

Quanto ao presidente, obviamente nada sabia do que se tramava na sala contígua à sua, no Palácio do Planalto.

Sete anos depois, 12 de dezembro de 2012, o mesmo cenário: ali estava eu no Hotel Marigny. A presidência francesa havia instalado uma sala de imprensa para os jornalistas brasileiros, em um dos muitos salões daquele palácio, para que pudéssemos trabalhar enquanto Dilma Rousseff e François Hollande se reuniam no Palácio do Elysée, do outro lado da rua, a portas fechadas. Era a primeira visita de Estado da presidenta, mas a nossa preocupação estava voltada sobretudo para o seu mentor, Lula. O jornal *O Estado de S. Paulo* publicara em manchete, naquele dia, denúncias de Marcos Valério (condenado a mais de 40 anos de prisão no processo do mensalão), segundo as quais teria pagado gastos pessoais de Lula, em 2003, no valor de 100 mil reais, utilizando fundos do mensalão. Valério também teria participado de uma reunião, no Palácio do Planalto, acompanhado de José Dirceu e Delúbio, em que o presidente deu o "OK" ao esquema do mensalão.

Por coincidência, Lula também estava em Paris para o primeiro encontro do Fórum do Progresso Social sobre a crise, organizado pelo Instituto Lula e pela Fundação Jean Jaurès, aberto no início da tarde por Dilma e Hollande.

Durante todo o dia, o ex-presidente fugiu da imprensa, limitando-se a divulgar uma nota, através de sua assessoria, dizendo que não faria nenhuma declaração a respeito das denúncias. Mas o cerco apertou e, no início da noite, questionado sobre se Marcos Valério estava mentindo, apesar de afirmar que as provas das denúncias haviam sido entregues, Lula acabou soltando três palavras:

— Pergunte para ele.

O ex-presidente, convidado de honra de Hollande para o jantar no Palácio do Elysée, anulou sua participação, oficialmente por estar com dor de garganta. Um lugar na mesa principal ficou vazio. Perdeu deliciosas vieiras marinadas no limão e *tartare* de salmão defumado com pimenta rosa, acompanhadas de um vinho branco da Borgonha – Puligny-Montrachet Premier Cru "Les Folatières" 2008; *tournedos* de frango da região de Bresse (produtora das aves mais saborosas do mundo) com parmesão gratinado, *marbré* de batatas e cenoura, regado a um tinto Saint-Esthèphe 2ème Grand Cru Classé Château Cos d'Estounrel 1995; e, para terminar, um *lingot* de chocolate servido com champanhe Philipponnat Cuvée 2003, saída da adega mais rica da França.

Lula, que comemorou o final de sua campanha de 2002 e a virtual eleição degustando um Romanée-Conti (o vinho mais caro do mundo, a 20 mil dólares a garrafa), teria se deliciado com o jantar no Elysée.

A respeito do Romanée-Conti, consta que Napoleão Bonaparte, ao partir rumo à campanha da Rússia, obrigou suas tropas a prestar continência ao vinhedo, em sinal de respeito àqueles quase dois hectares míticos, produtores das 5.500 garrafas mais cobiçadas do mundo.

Consta ainda que Lula, quando do midiático abraço ao antigo rival Paulo Maluf, cobrou: "Ô, Maluf, quando é que você vai me convidar para tomar um Romanée-Conti?".

É verdade que o ex-governador poderia ter degustado uma garrafa com o ex-presidente para selar a aliança política; pois, afinal, ele tem uma das melhores adegas do Brasil.

Parece que até Aubert de Villaine, proprietário do vinhedo, convidado para um jantar na mansão de Maluf, em 1993, ficou impressionado com a adega do ex-governador e com a quantidade e a variedade de vinhos ali reunidos.

Felizmente, graças sem dúvida a um remédio milagroso, a dor de garganta sumiu e, no dia seguinte, Lula pôde fazer um discurso caudaloso, dedicado à sua glória. O restante do tempo passou a fugir da "imprensa golpista", sedenta por uma reação a tantas e graves acusações.

Dias antes, ele havia repetido as mesmas palavras pronunciadas em 2005, referindo-se ao esquema do mensalão:

— Sinto-me traído, apunhalado pelas costas.

Só que, dessa vez, em alusão ao indiciamento por formação de quadrilha, corrupção, falsidade ideológica e tráfico de influência de sua amiga íntima, Rosemary Nóvoa de Noronha, chefe de gabinete da Presidência da República em São Paulo, nomeada por ele e mantida por Dilma.

Primeiro, disse que não sabia de nada, que ficou surpreso; depois, em uma rápida passagem pela Alemanha, disse exatamente o contrário, que não ficou surpreso. No dia seguinte, aqui na França, optou pelo silêncio absoluto.

Incrível a quantidade de traições e de punhais plantados em suas costas! Dignos de Brutus e César.

Durante os três dias em Paris, Lula entrou por portas laterais, em uma cena mais condizente com Groucho Marx, refugiou-se na cozinha de um hotel, fechou-se durante mais de uma hora em uma sala situada ao lado do auditório em que acontecia o Fórum, recusou o convite do presidente da França, foi "protegido" da "perigosíssima" mídia, armada de gravadores e celulares, por uma dezena de brucutus, e o que é pior: dessa vez não teve nenhuma Melissa para socorrê-lo.

Ao fechar os debates do Fórum, Lula deu uma aula magna aos franceses sobre como combater a crise. Em um exercício de uma hora e meia de duração e mil conselhos, recomendou que a política se globalizasse e que os políticos mudassem de comportamento, passando a cumprir promessas e a dizer a verdade, como ele teria feito em cada instante dos oito anos de seus dois mandatos.

Portanto, para que a crise se transforme em marolinha, nada mais simples: franceses, europeus, façam como o Lula. Cumpram as promessas de campanha e não mintam, assumam pessoalmente os acertos e joguem a responsabilidade dos erros (se é que eles existiram) sobre a mídia e a elite.

Durante os 90 minutos improvisados, o ex-presidente contou à plateia, entre aplausos e gargalhadas, a sua vida de operário até chegar à Presidência da República e, como de hábito, travestiu a história, afirmou ter sido o responsável pelo combate à inflação, deu a entender que o Brasil não existia antes dele. Ao se travestir em militante ecologista, repetiu sua versão sobre a causa do aquecimento climático (a Terra é redonda e gira) e criticou, em tom irônico, as prospecções da Petrobras. O mesmo Lula que, com tanto estardalhaço, assumiu a paternidade do pré-sal quando estava na presidência...

— A empresa brasileira está perfurando a 7 mil metros de profundidade para buscar petróleo. Imaginem o que vai acontecer se o Japão fizer o mesmo... Um dia desses a Petrobras vai pescar um japonesinho! [risos e aplausos]

Que trapaceiro!

RELAXA E GOZA

Ao reclamar da falta de patriotismo dos brasileiros que vivem no exterior, Lula não foi inocente; pois o ex-presidente, apesar de suas aparentes gafes verbais, é mestre em passar recados, ele domina a palavra como poucos. É um orador nato. Quando diz uma besteira, sabe exatamente o que diz e sobretudo por que diz. Faz parte de sua estratégia, desde os tempos de sindicalismo em São Bernardo, dividir, jogar uns contra os outros, com inegável sucesso.

Isso dito, uma de minhas idas ao Brasil coincidiu com o acidente do avião da TAM no Aeroporto de Congonhas, no dia 17 de julho de 2007, em que morreram as 187 pessoas que se encontravam a bordo. A situação, além de trágica, era revoltante. Primeiro por causa das péssimas condições das recém-reformadas pistas do aeroporto, que talvez não tivessem sido responsáveis diretas pelo acidente, mas que deixavam em risco diário milhares de pessoas; segundo, pelo descaso das autoridades. Dias antes do acidente, a ministra brasileira do Turismo, Marta Suplicy, referindo-se ao caos aéreo que afetava inclusive a segurança, havia declarado em tom debochado:

— Relaxa e goza...

Ao ouvir essa pérola de indecência, achei que estava alucinando. Parecia-me inimaginável uma ministra dizer "relaxa e goza", deixando assim tão clara a sua incompetência, impotência, desprezo e falta de decoro, em meio à indiferença geral.

Contudo, o que mais me chocou, além do acidente do voo JJ3054 da TAM em si mesmo, foi o silêncio dos membros do governo, da Anac (Agência Nacional de Aviação Civil) e, sobretudo, do presidente da República, que naquele momento dramático brilhou pela ausência, saiu do ar, prosseguiu seu giro pela América Central como se nada tivesse acontecido. A repórter Sonia Blota, da TV Bandeirantes, que acompanhava a comitiva presidencial, comentou comigo que nem os jornalistas de Brasília entenderam a atitude de Lula, que se negou terminantemente a retornar ao país, como se esperaria do chefe da Nação.

Dias depois, fui visitar os amigos da Band e acabei participando do *Jornal Gente*, da Rádio Bandeirantes, diretamente do estúdio do Morumbi, Zona Oeste de São Paulo. Ali estavam o saudoso Joelmir Beting, Salomão Ésper, José Nelo Marques e o âncora José Paulo de Andrade, que me fez a inevitável pergunta:

— Então, Milton, como você encontrou o Brasil?
— Apesar do bom comportamento da economia, mal – respondi.

E comentei, tomando a França por referência, a atitude que considerava irresponsável e indigna das autoridades governamentais, do presidente em particular, que naquela hora, a meu ver, deveria estar na linha de frente, solidarizando-se com os familiares das vítimas do acidente da TAM, ao lado delas, comprometendo-se a investigar com transparência as causas do desastre etc. É assim que se comportam os responsáveis políticos na França, na Alemanha, no Reino Unido e até mesmo na bordélica Itália. Eles assumem o papel de pais da Nação, transformam-se em pastores cuidando de seus rebanhos.

O próprio Nicolas Sarkozy, longe de ser um presidente exemplar, deu provas de como se comportar no trágico acidente do Airbus da Air France que caiu perto de Fernando de Noronha, matando 228 pessoas, em 31 de maio de 2009. O presidente francês esteve onipresente, reconfortando as famílias e dirigindo as operações.

Pensei que estivesse dizendo algo trivial, extremamente lógico, óbvio. Nunca me passou pela cabeça que aquilo pudesse ser interpretado como uma injúria aos brasileiros. Mas, para minha surpresa, houve uma enxurrada de telefonemas à rádio, protestando e me "convidando" a nunca mais pôr os pés no Brasil.

Recebi e-mails de ouvintes raivosos desejando a minha morte. Um deles dizia: "Você faz parte da imprensa golpista... Espero que você morra logo, antes de ver a transformação deste país; afinal, seria como cagar uma

97

melancia ou uma jaca inteira e talvez você não gostasse". Outro ouvinte internauta tirou Hitler do baú para lamentar que o *Führer* não tivesse "terminado o trabalho".

Como "estrangeiro", eu não tinha o direito de "falar mal" do Brasil. Tinha de achar tudo formidável. Para alguns, talvez muitos, estava claro que, ao criticar a atitude do presidente, eu dava provas de não querer o bem do país.

A equação fascistoide, no caso, se resumia ao velho adágio da ditadura militar: "Ame-o ou deixe-o". Quem não for meu amigo é meu inimigo.

Mantive a troca de e-mails com um de meus ouvintes antissemitas, que durou até o momento em que fiz um comentário sobre o seu sobrenome, Oliveira, de cristãos-novos, ou seja, de judeus convertidos ao catolicismo, perseguidos pela Santa Inquisição. Ele tinha, portanto, origens judaicas. Se Torquemada tivesse sido tão "eficiente" quanto Hitler, talvez ele não tivesse nascido.

Desde então não sei por onde anda o meu ouvinte, talvez eu o tenha perdido... Para sempre?

A HERANÇA MALDITA

Após a transmissão do cargo e da faixa verde e amarela ao presidente eleito Luiz Inácio Lula da Silva, no dia 1º de janeiro de 2003, Fernando Henrique Cardoso veio a Paris a fim de descansar e começar a refletir sobre a nova vida de ex. Dias depois, fomos jantar – FHC, Reali Júnior, Mario Sergio Conti e eu – no Bar Le Passage, o bistrô do Lucas Carton, na Praça da Madeleine. Foi um papo agradável, descontraído, dominado pelo bom humor do ex-presidente e pela excelente cozinha do *chef* Alain Senderens, criador da *nouvelle cuisine*. O ex-presidente nos falou de sua vontade de escrever e, quem sabe, se tornar articulista. Tinha recebido algumas propostas de jornais brasileiros e estrangeiros, sobretudo norte-americanos. Estava pensando a respeito. Brincalhão, pediu algumas dicas e disse que iria se espelhar no Mario Sergio, que na época publicava uma coluna semanal na *Folha de S.Paulo*.

Durante o jantar, que começou com um inesquecível *macarron de foie gras poelé et son velouté à l'orange*, falou muito, com orgulho e emoção, da transmissão do poder para Lula. Fernando Henrique comentou que aquela era a primeira sucessão pacificada no Brasil, um dos momentos de construção democrática mais importantes da história do país; ele nos contou detalhes sobre como ela foi organizada, com a participação de uma equipe indicada por Lula atuando junto aos seus ministros. FHC via a transmissão do cargo como uma de suas grandes contribuições à democracia brasileira.

Ele tinha certeza de que, a partir daquela data, as coisas seriam diferentes e que os políticos brasileiros conviveriam uns com os outros de maneira mais "civilizada", que o nível do debate público seria outro, sem ataques desnecessários e desgastantes para a Nação. Esse talvez fosse, a seu ver, o seu maior legado.

Errou. Lula e o PT não pouparam críticas ao seu governo, afirmaram ter assumido uma "herança maldita" e inventaram a maior mentira da nossa história, ao instituir o 1º de janeiro de 2003 como o dia do nascimento do Brasil potência. Bateram e rebateram na tecla "nunca antes neste país"...

Não havia limite para os ataques. Este eu ouvi, estava presente: em um debate no Centro da Imprensa Estrangeira, na Maison de la Radio, em junho de 2007, Valter Pomar, secretário de Relações Internacionais do PT e secretário executivo do Fórum de São Paulo, entidade que reúne as esquerdas latino-americanas, acusou os criminosos do PCC (Primeiro Comando da Capital) de serem cabos eleitorais do PSDB de Fernando Henrique, de estarem mancomunados.

Durante a visita a Paris, em dezembro de 2012, Lula contou à plateia do Fórum do Progresso Social que foi o responsável pelo fim da inflação, que batia na casa dos 80% ao mês quando assumiu a presidência. Pulou os mandatos tucanos, dois. O segundo, obtido graças à polêmica mudança da Constituição.

Anos depois daquele jantar, novamente na capital francesa, o ex-presidente tucano confessaria, em uma conversa *off the record*, ter se enganado. Não entendeu a atitude de Lula, que fez tudo para apagar o nome dele da história. Magoado, chamou o presidente de eleitoreiro, acusou-o de fazer política com p minúsculo, de usar métodos stalinistas como estratégia de poder. Estava visivelmente com Lula entalado na garganta. Sem dúvida amargurado, e não apenas com Lula e o PT, também (e talvez até ainda mais) com o seu partido – o PSDB –, que não defendia o seu legado.

Hoje, sou obrigado a reconhecer: na comparação, Lula tem a vantagem, sobre FHC, de ter respeitado a Constituição e não ter tentado a reeleição para um terceiro mandato. Não precisou, portanto, "comprar" votos de parlamentares.

Em 2003, Fernando Henrique parecia acreditar que José Serra pudesse suceder a Lula. Comentou conosco:

— O grande desafio de Serra será unir o partido e indicar uma direção. Se conseguir impor sua liderança, terá grandes chances de ser eleito presidente. Caso contrário...

Serra não conseguiu unificar o PSDB; o partido se perdeu na estrada, e ele não se elegeu. Em 2012, nem para prefeito!

POLÍTICO NÃO MORRE, RESSUSCITA

Eu ainda estava no *Jornal da Tarde*, recém-transferido para o prédio da Marginal, quando Celso Ming me chamou para uma reunião com o doutor Rui Mesquita, o deputado João Cunha, dos tempos do MDB (Movimento Democrático Brasileiro) oposicionista, e Carlos Alberto Sardenberg, jornalista do *Estadão*, que havia escrito a matéria denunciando o escândalo Lutfalla, um dos primeiros escândalos da ditadura a ser publicado na imprensa. A partir daquele momento, eu ficaria encarregado exclusivamente da cobertura do caso. As famílias Mesquita e Maluf-Lutfalla se odiavam. Eu teria carta branca, todo o espaço necessário. Pela primeira vez não teria de brigar por espaço, tema de fricção permanente entre repórteres e editores, entre editores e secretários de redação. O escândalo era um típico *affaire* de tráfico de influências envolvendo dona Sylvia, esposa de Paulo Salim Maluf, o próprio e o presidente Geisel, em benefício da família Lutfalla. O governo decretou a intervenção do BNDE (atual BNDES) na Fiação e Tecelagem Lutfalla, à beira da falência, mas tudo não passava de um esquema muito bem montado, em que o dinheiro do banco ia para empresas em nome da esposa de Maluf, dona Sylvia Lutfalla Maluf. Na Lutfalla havia todo tipo de sonegação.

Nos anos seguintes, Maluf teve os bens confiscados, mas não respondeu por crime de enriquecimento ilícito porque todas as iniciativas esbarraram na omissão do Ministério Público, suscetível à crescente influência política do apadrinhado do general.

O caso ficou conhecido como Escândalo Lutfalla.

Alimentado pelo deputado e por outras fontes que foram surgindo durante a cobertura, escrevi vários artigos assinados, atitude que merece ser interpretada como temerária ou imbecil, sem dúvida ambas as coisas. Era óbvio que o anonimato se impunha e que a responsabilidade editorial, em plena ditadura, deveria ser do jornal. Mas, quando se é jovem repórter, a assinatura é quase tão importante quanto o conteúdo da história. A sensação que se tem ao ver o nome impresso é orgasmática.

Ao assinar uma das minhas primeiras matérias, recebi um enorme abraço do Fausto Silva, na época repórter esportivo da Jovem Pan e do *Estadão*, mais tarde o Faustão da TV. Entusiasmado, ele me dizia:

— É isso que vale, Milton, o papel fica para sempre. A televisão e o rádio são passageiros, desimportantes.

"Quem te viu, quem te vê"... Mas Fausto Silva estava em boa companhia, pois Jean-Paul Sartre disse o mesmo. Um dia entrou no teatro em que estava sendo ensaiada sua peça *Huis Clos* e jogou o livro recém-publicado no palco. Era a sua forma de declarar a palavra impressa maior que a encenação.

Eu não conhecia o governador Maluf pessoalmente, até que um dia, na cobertura de um evento, ele se aproximou do grupo de jornalistas em que me encontrava; sorridente, veio na minha direção, estendeu a mão e disse:

— Tudo bem, Milton?

O cumprimento não era inocente.
João Cunha comentava com frequência:

— Depois dessa o Maluf está politicamente morto.

Ledo engano. Depois dessa, e de tantas outras, Maluf foi governador, prefeito eleito, reeleito deputado federal pelo voto popular. Sempre com votações estrondosas. Enquanto isso, João Cunha desaparecia.

NUNCA se pode dizer que um político profissional está morto antes do enterro. E, mesmo assim, ainda há aqueles que ressuscitam...

Paulo Maluf não precisou ressuscitar, pois nem chegou a morrer. Sabia tudo do modo antigo de fazer política, de acariciar o ego das pessoas para ganhar os apoios necessários na hora certa.

No final do ano, por exemplo, costumava vir a Paris, hospedando-se no Hotel George V ou no vizinho, Prince de Gales, palácios situados no chamado triângulo de ouro da cidade, entre a Avenida Champs-Elysées e o Sena. Maluf não vinha passear, vinha fazer política. Trazia na mala uma longuíssima lista de pessoas "importantes" – prefeitos e vereadores de cidadezinhas do interior, juízes de comarcas afastadas, militantes de base, jornalistas, delegados de polícia, até zeladores de prédios e, é claro, seus familiares. Para todos enviava, da então longínqua e para muitos ainda inacessível Paris, um cartão-postal de boas-festas, com uma palavrinha gentil, devidamente assinado de próprio punho.

A glória para aquele que recebia a lembrança do doutor Paulo... de Paris!

Em uma dessas ocasiões, nos anos 1980, eu o entrevistei para a Rádio França Internacional. Para destacar a importância de sua viagem, disse que o objetivo era manter contatos com altas personalidades europeias e se posicionar diante das grandes questões mundiais, com vistas a um "destino nacional". Tradução: serei candidato à Presidência da República.

Naquele momento, discutia-se a instalação dos mísseis nucleares soviéticos SS20 na Europa Central e do Leste, aos quais Washington ameaçava responder com os mísseis Pershing na Europa Ocidental. Estávamos em plena corrida armamentista, em meio à Guerra Fria, a situação era delicada.

Já que Paulo Maluf tinha vindo a Paris, segundo suas palavras, para discutir as grandes questões do mundo, questionei-o a respeito disso, sabendo de antemão que essa era a última de suas preocupações. Um tanto surpreso, ele pegou no meu braço e respondeu:

— Meu filho, eu sou contra os mísseis. Você já imaginou se um desses foguetes cai em Paris e destrói a Torre Eiffel? Esse monumento da humanidade? Não pode, meu filho, não pode.

Realmente, doutor Paulo, o senhor tem toda a razão. Não pode.
Mesmo porque, pequeno detalhe, um míssil SS20 destruiria toda a cidade de Paris e não apenas a Torre Eiffel...

A implosão

Em plena cobertura do Caso Lutfalla, fui demitido do *Jornal da Tarde*. Nas semanas que antecederam a demissão, recém-casado, eu havia recebido telefonemas anônimos ameaçadores para que parasse de publicar matérias sobre o escândalo. Estava apreensivo ou, confessando, morrendo de medo. Não acredito que tenha havido nenhuma pressão externa para que eu fosse mandado embora; pois, afinal, como já disse, a família Mesquita, na época dona e controladora do jornal, era "inimiga mortal" dos Maluf.

Era com indisfarçável prazer que o doutor Rui, seus filhos e sobrinhos seguiam a cobertura. Por conta dela, houve até uma briga entre os jovens Maluf e Mesquita em uma boate da moda, em São Paulo. A razão oficial para a minha demissão era a necessidade de corte de pessoal por motivos econômicos. A editoria de economia, a única que o editor-chefe, Murilo Felisberto, não conseguia controlar (ele era um artista, autor das capas mais geniais da imprensa brasileira, porém totalmente alérgico a números), foi desintegrada. Celso Ming, o editor, entregou o cargo. Aqueles que não eram amigos pessoais do Murilo no jornal foram levados de roldão, caso do Moacir Japiassu. Seu maquiavelismo era diretamente proporcional à sua magreza e aparente fragilidade.

Meu salário tinha mais que dobrado dois meses antes, o que serviu de argumento para a demissão. O doutor Rui me chamou no seu escritório, prometeu todo o apoio do jornal no caso das ameaças telefônicas e prometeu que eu voltaria a trabalhar no grupo na primeira oportunidade. Com efeito, anos mais tarde eu seria contratado pela Rádio Eldorado como correspondente em Paris, pelas mãos do meu amigo Marco Antônio Gomes, então diretor de jornalismo da emissora. Nem sei se o doutor Rui ficou a par e se ainda se lembrava da promessa. Afinal, é sabido que promessa só engaja aquele que a ouve. Confesso que até hoje me pergunto o que ele quis dizer com "apoio do jornal". Comentava-se que o *Estadão* da era Mesquita tinha uma regra sacrossanta, a de sempre proteger os seus jornalistas.

Dois dias depois da demissão, eu estava trabalhando na *Folha*, que atravessava uma fase de "abertura política", apesar da fama de não "peitar" a ditadura na hora H. A respeito, ali eu vivi a substituição do Cláudio Abramo por Boris Casoy na direção do jornal, imposta pelos militares.

Cláudio tinha levado para a *Folha* um time de jornalistas e articulistas de primeiríssima linha: Newton Rodrigues, Alberto Dines, Gerardo Mello Mourão, Oswaldo Peralva, Glauber Rocha, Flávio Rangel, Eduardo Suplicy,

Paulo Francis, Newton Carlos, que vieram se somar a Perseu Abramo, Antônio Pimenta Neves, Roberto Muller, Washington Novaes, Ruy Lopes, Alexandre Gambirasio.

Foi, nas palavras do atual diretor de redação do jornal, Otavio Frias Filho, a Primavera de Praga da *Folha*.

Durou até o dia 1º de setembro de 1977, quando o cronista Lourenço Diaféria publicou "Herói. Morto. Nós", em que exaltava um sargento que morreu ao pular em um poço de ariranhas para salvar um menino. Um trecho do texto deixou o ministro do Exército, Silvio Frota, representante da linha dura do regime, furioso:

> Prefiro esse sargento ao duque de Caxias. O duque de Caxias é um homem a cavalo reduzido a uma estátua. Aquela espada que o duque ergue ao ar aqui na Praça Princesa Isabel – onde se reúnem os ciganos e as pombas do entardecer – oxidou-se no coração do povo. O povo está cansado de espadas e cavalos. O povo urina nos heróis de pedestal.

Silvio Frota, aproveitando a ocasião para avançar peões na briga pela sucessão de Ernesto Geisel, informou ao ministro da Justiça, Armando Falcão, que havia aberto inquérito e determinado a prisão de Diaféria no dia 15, enquadrado na Lei de Segurança Nacional.

No dia seguinte, a *Folha* publicou a notícia da prisão em primeira página; no lugar da coluna, deixou um espaço em branco e, na página 3, um artigo de Fernando Henrique Cardoso, "A sucessão e o percurso".

O *publisher* da *Folha*, Octavio Frias, recebeu um telefonema do seu amigo, general Hugo Abreu, ministro-chefe da Casa Civil, ameaçando fechar o jornal. Consta que Hugo Abreu se apresentou nos seguintes termos:

— Aqui quem fala não é o amigo, mas o ministro.

Frias entendeu o recado, chamou Cláudio Abramo, que se demitiu do cargo de diretor da redação e pediu para Boris Casoy, que passava férias em Araxá, assumir. Boris, que apoiara o golpe de 1964 e tinha trânsito entre os militares, aceitou.

Cláudio foi dirigir a *Folha da Tarde*, depois integrou o projeto do *Jornal da República*, de Mino Carta (que sonhava em repetir o sucesso do jornal romano de centro-esquerda *La Repubblica*), voltou para a *Folha* em 1979 como correspondente em Londres, depois em Paris, substituindo João Batista Natali.

Quanto ao material do Caso Lutfalla que eu ainda tinha em mãos, e que no *JT* teria merecido umas cinco páginas, valeu quarenta linhas. Espaço determinado pelo próprio Boris Casoy. Foram as quarenta linhas mais enxutas e densas que escrevi em toda a minha vida. Na época, o Grupo Estado não publicou nem mais uma palavra sobre o caso.

POLÍTICO COM P MAIÚSCULO

Outro político "das antigas", que sabia acariciar egos como poucos: o mineiro de Conceição do Mato Dentro, José Aparecido de Oliveira, cujo currículo incluiu o cargo de secretário particular de Jânio Quadros, deputado pela UDN (União Democrática Nacional), governador do Distrito Federal, ministro da Cultura de José Sarney, embaixador em Portugal, conselheiro em relações internacionais de Itamar Franco.

Em fevereiro de 1990, ainda ministro (deixaria a pasta em março), José Aparecido esteve em Paris. Era meu aniversário e fomos comemorar, 15 amigos, em um restaurante típico do sudoeste – Auberge Landaise – especializado em comidinhas "leves" do tipo *confit* de pato, *foie gras*, *magret*, aliás o melhor de Paris, e *cassoulet*, a feijoada francesa, feita com feijão-branco e carnes de porco e pato cozidos na gordura do ganso, um dos pratos preferidos da Amelinha, a "mulher de verdade do Reali". José Aparecido também veio, embora conhecesse somente três ou quatro pessoas. A comida estava ótima, o vinho excelente, o papo melhor ainda. Entre o prato principal e a sobremesa, o ministro bateu com a faca no copo, sinal de silêncio, e pediu a palavra. Começou, então, uma aula magna de profissionalismo político. Em menos de duas horas de conversas cruzadas, sem perder uma palavra, dirigindo os papos como quem nada quer, ele havia conseguido reunir quantidade suficiente de informações sobre os companheiros de mesa. Estava pronto para se lançar. Dono de uma memória invejável, dirigiu-se a cada um pelo nome, contando histórias acontecidas com os amigos novos. Ninguém ficou de fora. Como aniversariante, fui o último. Eu havia cruzado com o José

Aparecido em duas ou três rápidas ocasiões, mas ele parecia saber tudo sobre mim; falou da minha carreira, do meu filho recém-nascido e até dos meus pais. Depois, com um grande sorriso de quem cumpriu sua missão, brindou.

Se houvesse eleições no dia seguinte, teríamos todos votado nele. Até mesmo a dona do restaurante, que recebeu um beijo do ministro na sua bochecha vermelha. Estávamos *sous le charme*.

José Aparecido de Oliveira era conhecido como "Zé de todos os amigos". Esse caso foi lembrado por mim em um bate-papo na BandNews FM, com Ricardo Boechat, um dos muitos "amigos do Zé".

SOB O GUARDA-CHUVA DO PMDB

Tinha encontro marcado em um café com Severo Gomes, que após ter deixado o Ministério da Indústria, no governo do general Figueiredo, tinha se filiado ao PMDB (Partido do Movimento Democrático Brasileiro), tornando-se uma das figuras de proa da oposição moderada. Ele chegava de Londres, cidade a que ia regularmente comprar sapatos Clark's, "com garantia vitalícia", costumava dizer, e reformar os pares mais antigos em uma sapataria especializada.

— Eles saem dali como novos – comentava, apontando para os pés.

Qual não foi a minha surpresa quando Severo Gomes chegou de braço dado com Leonel Brizola, que na época tentava recuperar a sigla PTB!

— Então governador, o PTB sai ou não sai? – perguntei.
— Sai sim, meu filho – respondeu Brizola.
— Mas sob o guarda-chuva do PMDB – acrescentou Severo Gomes.

Acabava de ganhar de colher o *lead* (abertura da matéria) e um título genial: "PTB sai sob o guarda-chuva do PMDB".

Na época, 1979, havia um debate público no Brasil sobre a oportunidade de criação de novos partidos políticos ou fortalecimento da oposição em uma única sigla. Severo Gomes achava que, com o fim próximo da ditadura, o partido do doutor Ulysses (Guimarães) estaria em condições de eleger o futuro presidente. Era preciso, portanto, aglutinar forças. Trabalhava para isso. A democratização no Brasil balbuciava. Brizola considerava-se o herdeiro histórico do PTB de Getúlio Vargas e reivindicava a recuperação do partido trabalhista.

O papo continuou, de maneira informal, deixando claro que havia uma tentativa de negociação para aproximar os dois partidos, ou pelo menos para aproximar aqueles dois homens, que a princípio só tinham em comum o desejo de ver o fim do regime militar e o amor por Paris. O que naquela época já era mais que suficiente.

É verdade que os dois tinham evoluído na mesma direção, a do centro. E que o ex-esquerdista revolucionário Leonel Brizola começava a se mostrar encantado por um tal "modelo australiano", que ele nunca explicou e cuja tradução até hoje permanece misteriosa.

O encontro foi manchete no DCI *(Diário Comércio e Indústria)* e houve uma saraivada de telefonemas de coleguinhas para a minha casa. Sem saber, eu havia infringido a regra de base número 1 dos correspondentes brasileiros em Paris: compartilhar a informação sobre a presença de nossos políticos na França. Na época, a concorrência se fazia através do conteúdo das matérias. Ora, ninguém sabia que Severo Gomes e Leonel Brizola tinham se encontrado em Paris. Tentei explicar que eu tampouco sabia de antemão, que eu tinha marcado um simples café com Severo Gomes. Mas não teve jeito, fiquei na geladeira por algum tempo, louco para que alguém dividisse comigo uma informação.

No final das contas, foi uma "gelada" por nada. Leonel Brizola não conseguiu o que queria, recuperar o PTB histórico. Em 1980, perdeu a disputa no Tribunal Superior Eleitoral para Ivete Vargas, sobrinha de Getúlio e antiga presidente do PTB paulista, em uma aparente manobra do general Golbery do Couto e Silva para enfraquecer o grupo do ex-governador gaúcho, que acabou fundando o PDT (Partido Democrático Trabalhista).

Severo Gomes nos diria adeus em 12 de outubro de 1992, ao lado de sua esposa Ana Maria Henriqueta Marsiaj, do doutor Ulysses e Mora Guimarães, em um acidente de helicóptero, que caiu no mar em Angra dos Reis.

Naquele tempo, os correspondentes brasileiros na França ocupavam o segundo lugar em número de profissionais, perdíamos somente para os norte-americanos. *Globo, Jornal do Brasil, Estadão, Folha de S.Paulo, Gazeta Mercantil*, DCI, *Veja, IstoÉ, Zero Hora*, redes Globo e Bandeirantes mantinham correspondentes em Paris.

Hoje, o Brasil é muito mais importante na cena internacional, mas nós, jornalistas brasileiros, somos menos numerosos e menos coesos.

Correspondente se tornou bicho raro, e a troca de informações ainda mais.

UM DITADOR EM PIGALLE

O objetivo político da viagem do general-presidente João Batista de Oliveira Figueiredo a Paris, de 28 a 30 de janeiro de 1981, era obter o apoio de Valéry Giscard d'Estaing ao processo de abertura do país, em um momento de dificuldades econômicas. O fardo da dívida externa brasileira emperrava o desenvolvimento. Entrava ano, saía ano, o Brasil renegociava a sua dívida. "Empurrava com a barriga", dizia Delfim Netto. A França tinha, por ser presidente, um papel importantíssimo no Clube de Paris, que anualmente reunia os nossos credores institucionais no Centro Internacional de Conferências da Avenida Kléber, a cem metros do Arco do Triunfo, para as renegociações. Desde o tempo da famosa frase, erroneamente atribuída ao general De Gaulle, de que o Brasil não era um país sério, as relações bilaterais estavam complicadas, com altos e baixos. Naquele período, fim dos anos 1970, a reputação do Brasil não era das melhores. Nossa embaixada ganhara o apelido de "embaixada dos x%", em alusão à porcentagem cobrada nas negociações de alguns contratos, graças ao Relatório Saraiva. Delfim Netto tinha retornado havia pouco a Brasília, para o comando da economia. O ex-ministro das Relações Exteriores, Luiz Gonzaga do Nascimento e Silva, assumia o cargo de embaixador em Paris.

No entanto, essa viagem vinha cercada de bons augúrios, com promessas de acordos no valor de 600 milhões de dólares nos setores de carvão, reatores nucleares, usinas termoelétricas e espacial.

Giscard d'Estaing – cuja partícula indicando nobreza havia sido obtida pela compra do Castelo d'Estaing, em parceria com seu irmão Olivier, e não fruto da herança familiar – era tido no Itamaraty como um "bom amigo do Brasil" desde que visitou a exposição industrial de São Paulo, em 1971, então como ministro francês das Finanças. Já presidente da República, havia recebido o general Ernesto Geisel e retribuído. Seu irmão, Olivier, tinha negócios no Brasil. Aliás, era frequentador de uma boate paulistana da moda.

O Palácio do Elysée tinha previsto três encontros protocolares entre Giscard e Figueiredo, mostrando assim a importância que o Executivo francês dava àquela visita.

Um incidente, porém, viria a jogar por terra todos os esforços diplomáticos dos negociadores que prepararam a viagem. O general Figueiredo deveria participar de um banquete em sua homenagem no palácio presidencial, oferecido por Giscard d'Estaing. Mas, após a programação do dia, o presidente brasileiro decidiu anular a recepção, argumentando que estava indisposto. Graças a jornalistas franceses que cobriam a visita e a indiscrição de elementos do Palácio do Elysée, ficamos sabendo que Giscard ficou furioso, considerando a atitude do seu homólogo profundamente indelicada, para não dizer grosseira. Um verdadeiro acinte. As coisas podiam ter parado por aí, que a gafe já estava de bom tamanho. Mas não. Por volta da meia-noite, aparentemente recuperado e de bom humor, o general-presidente decidiu sair por Paris. Pegou o carro oficial com alguns membros da comitiva e foi para o bairro de Pigalle, famoso pelo Moulin Rouge, onde se concentravam os cabarés, os *sex shops* e as prostitutas. Longe dos olhares dos jornalistas, que, como eu, dormiam.

A nossa imprensa só ficou sabendo dessa história no dia seguinte, depois de ser maltratada pelos seguranças franceses, que estavam exaustos após uma noitada improvisada no bairro *chaud* de Paris. Foram eles que nos "deram o serviço", infelizmente sem entrar em detalhes. A noitada, que de indigesta não teve nada, foi confirmada, quase às gargalhadas, por membros da equipe presidencial brasileira, que aparentemente consideraram a "fugidinha" um ato banal.

Ao que consta, Valéry Giscard d'Estaing, extremamente elegante, não disse uma palavra e deixou o restante da visita transcorrer de maneira normal. Mas a impressão que se tem, *a posteriori*, é de que, a partir daquela noite, as relações bilaterais se deterioraram e as negociações com o Clube de Paris ficaram mais duras, varando várias madrugadas.

Os contratos milionários foram adiados às calendas gregas.

DIRETO DE PARIS

O DESPREZO DO SILÊNCIO

Se aqui em Paris o general Figueiredo se comportou de maneira "cavaleiresca", típica de alguém que, como ele, preferia "o cheiro de cavalo ao cheiro do povo" (frase de sua autoria), outro presidente brasileiro teve uma atitude digna, que passou quase despercebida e que, no entanto, teve igualmente consequências negativas nas relações bilaterais: José Sarney, por quem não tenho nenhuma simpatia particular. Era o tempo das mordomias, e o presidente brasileiro chegou a Paris com uma monstruosa comitiva, a maior delegação das 32 presentes depois da norte-americana, para participar das comemorações do bicentenário da Revolução Francesa, orquestradas por François Mitterrand. Mais de 150 pessoas foram convidadas pelo Planalto, com tudo pago. Até mesmo Jorge Amado e Zélia Gattai entraram na festa. Amigos do presidente, eles deixaram Paris, onde estavam morando, para ir ao Brasil a tempo de pegar o "avião da alegria". Como outros membros da comitiva, ficaram hospedados no Saint James, um dos hotéis mais elegantes da cidade, enquanto o apartamento em que viviam, perto da Bastilha, à beira do Sena, estava vazio.

Os jornais estavam interessados somente em denunciar, e a cobertura se limitava à mordomia. O resto era acessório. Com certa razão, já que o Brasil estava em plena moratória da dívida externa, devendo 800 milhões de dólares ao Clube de Paris e com um papagaio vencendo em setembro junto aos bancos internacionais, de 3,7 bilhões de dólares.

Talvez isso explique por que o episódio em questão passou em branco.

Para fechar os festejos, Mitterrand organizou dois banquetes no Hotel Crillon, em plena Praça da Concorde, para seus convidados. Na sala principal, situada no primeiro andar, em frente ao obelisco de Luxor, ficariam os chefes de Estado e de governo do G7, o grupo dos sete países mais ricos do planeta (a Rússia, na época, não fazia parte). Em outra sala, situada na parte de trás do prédio, ficariam os demais presidentes, da América do Sul, da África, enfim, do Terceiro Mundo. François Mitterrand, que já havia abandonado seu socialismo de fachada, jantaria com os ricos e iria à mesa dos pobres para um brinde, no final.

Ao ficar sabendo da organização do jantar, Sarney sentiu-se humilhado e decidiu não ir. O lugar do Brasil à mesa ficou vazio. Era a segunda vez que um presidente brasileiro não comparecia a um banquete oferecido pela presidência francesa. Mas essa foi pela boa causa.

François Mitterrand nunca perdoou José Sarney. Não perdia uma oportunidade para falar bem de Tancredo Neves, que recém-eleito passou uma noite na casa de campo dos Mitterrand, em Latché, deixando uma forte impressão. Danielle Mitterrand gostou tanto dele que pendurou uma foto sua com Tancredo na sala de jantar da casa. Em contrapartida, o casal não dizia uma palavra sobre Sarney. François Mitterrand, mestre em vingança, nutriu pelo presidente brasileiro, até o fim da vida, o desprezo do silêncio.

O BATUQUE DO SARNEY

Em 1998 – portanto depois de ter terminado seu mandato presidencial –, José Sarney voltou a Paris, só que dessa vez como escritor, para participar do Salão do Livro. O Brasil era o país homenageado e Sarney um dos principais convidados, ao lado de Jorge Amado, Chico Buarque (conhecido graças a "Essa moça tá diferente", trilha de uma propaganda de refrigerante) e o inevitável Paulo Coelho, à frente de quem se formavam filas imensas, que chegavam a cem metros, em busca de dedicatórias. O estande do "mago" ficava na frente do de Milan Kundera, vazio. A organização brasileira foi péssima, a ponto de os livros só começarem a chegar após a abertura do Salão. Mesmo assim, o interesse despertado foi grande, sobretudo pelos shows de música, debates e pela presença do autor de O alquimista, considerado na época uma espécie de guru. Paulo Coelho era tão popular na França que no último dia de 1999 foi chamado a intervir ao vivo, como principal convidado da televisão francesa, para falar sobre o que seria o ano 2000 e o século que se anunciava. O apresentador Jean-Marie Cavada, hoje deputado europeu, deixou para o brasileiro o privilégio de fechar o programa, que contou com intelectuais da estirpe de Pierre Bourdieu, para que os franceses pudessem assim ficar com as palavras de um "sábio".

Eu tive a prova de que Paulo Coelho é, sem dúvida, um ser privilegiado, que domina o marketing como poucos. Em 1994, quando da publicação da tradução francesa de O alquimista, que liderou a lista de livros mais vendidos durante meses, veio me ver na redação da Rádio França Internacional para pedir o nome de uma pessoa que pudesse acompanhá-lo e servir de intérprete. Não falava uma palavra de francês, mas percebeu que seu sucesso internacional estava em jogo em Paris. No ano seguinte, de volta, já falava um francês perfeito, no qual se detectava apenas uma leve pronúncia estrangeira, necessária à imagem.

Terminado o Salão, as homenagens continuaram. Sarney foi para Marselha participar do lançamento do livro de poemas de seu ex-ministro da Justiça, José Saulo Ramos, inédito no Brasil – *Fora da Lei: obra poética* seria publicado somente em 2012. Apenas os amigos, dentre os quais me incluía, sabiam que Saulo era um grande poeta, capaz de rompantes de romantismo tão profundos quanto os seus pareceres jurídicos. Foi a única pessoa que conheci capaz de falar com a mesma paixão de sua mulher e do último processo ganho na Justiça. O poema "A primeira vez", dedicado a Eunice, sua mulher, é primoroso:

> Afinal deu-se comigo:
> nasceu a orquídea no velho tronco,
> floriu a hera no muro antigo.
> Nem o pavor de ser ridículo
> impede-me de amar,
> pois é a primeira vez que amo
> porque sinto o desassossegado susto
> da primeira vez que amei.
> Amar pela primeira vez agora
> é igual a qualquer primeira vez antiga,
> mas esta primeira vez, no fim da vida,
> é a primeira vez mais querida,
> parece mais primeira do que as outras
> e, pela primeira vez,
> tenho a certeza, que me faltou antes,
> a de ser esta a última primeira vez.

Depois do lançamento, fomos jantar em um bistrô na zona do porto. O dono era conhecido do jornalista Napoleão Saboia, cuja família era próxima do clã Sarney e que tinha sido assessor do presidente para assuntos internacionais ao mesmo tempo que o advogado-geral da União. Lá pelas tantas, apareceu Maria d'Aparecida, uma cantora brasileira relativamente conhecida na França, companheira de copo de Saulo Ramos dos velhos tempos de boemia, no Jogral, bar de Luís Carlos Paraná na Rua Avanhandava, bem em frente ao Gigetto, centro de São Paulo. Foi a festa. Papo vai, papo vem, lembranças e risos, até que ela decidiu presentear o amigo com uma música. Cantou uma, das antigas, duas, três... sempre *a cappella*. Bela voz. Até que o dono do bistrô resolveu trazer maracas, um violão, um bumbo, e distribuiu os instrumentos em volta da mesa. Éramos vinte. O violão ficou a cargo do cônsul do Brasil em Marselha, Antenor Borgéa, que passava o tempo fazendo música, as maracas passavam de mão em mão, enquanto o bumbo ficou com José Sarney, o personagem mais sem ritmo que vi em minha vida. Sem ritmo e, ainda por cima, dono de um vozeirão desafinado. Ele atravessava o samba sem o menor escrúpulo. Enquanto Sarney assassinava a "Saudosa maloca", de Adoniran Barbosa, já na alta madrugada, os últimos bares iam fechando e o bistrozinho começou a ficar cheio de curiosos e bêbados.

Em determinado momento ouvi o casal francês que estava na mesa do lado, meio atônito e aparentemente com os ouvidos doloridos, chamar o dono e perguntar:

— Quem é esse pessoal?
— Aquele ali, o do vozeirão desafinado, é o presidente do Brasil – respondeu orgulhoso.

O casal deu uma risadinha meio sem jeito, pagou a conta e saiu. Não sei se acharam que o dono do restaurante era louco ou o Brasil. Certamente os dois.

JOGARAM O SARNEY NO LIXO

Era o ano de Copa do Mundo na França, 1998. Os amigos Antonio e Martina D'Avila iam jantar na casa de conhecidos franceses, na Rue Vanneau, no bairro elegante do 7ème *arrondissement*, onde fica o gabinete do primeiro-ministro. Ao chegar, encontraram na porta do prédio duas pilhas de livros intactos, novinhos em folha, à espera da passagem do lixeiro. Curiosos e papívoros, foram dar uma olhadela para ver se achavam algo interessante. E os olhos bateram logo em um livro aparentemente nunca folheado, que se encontrava no alto da primeira pilha: a versão francesa do livro de poemas *Os marimbondos de fogo*, escrito em 1978 por José Sarney, que contribuiu para que, dois anos depois, o autor se tornasse "imortal", eleito para a Academia Brasileira de Letras. Antonio não hesitou, pegou o livro do ex-presidente, traduzido como *Capitaine de la mer océane*, publicado pela editora Hachette, em 1997, e, quando abriu para ler a "orelha", deparou-se com a seguinte dedicatória: "Para o grande amigo Claude Perdriel, com um abraço". Assinado: José Sarney.

Claude Perdriel, diretor do semanário *Nouvel Observateur*, jogou fora o livro do "grande amigo" da Academia Brasileira de Letras, aparentemente sem ter lido nem ao menos o prefácio de Jorge Amado. Não se via sequer aquelas dobrinhas feitas no alto das páginas para marcar o ponto da leitura. Ao abandonar *Os marimbondos* na calçada, Perdriel parecia dar razão ao Millôr Fernandes, que se referia à obra como "um livro que, quando você larga, não consegue mais pegar".

Só que, em vez de ir parar no lixão e ser reciclado, o livro ganharia uma segunda vida, contrariando a predição do Millôr. Martina e Antonio o levaram para casa.

Durante algum tempo, a versão francesa de *Os marimbondos de fogo*, presente de Sarney a Perdriel, serviu para calçar o aparelho de som do casal D'Avila. Após reclamações do vizinho do andar de baixo, eles decidiram colocar o aparelho em cima de um "tapete" de livros, para abafar o som. *Capitaine de la mer océane* foi um dos escolhidos e prestou bons serviços. O vizinho nunca mais reclamou e o casal pôde ouvir sossegado a voz rouca de Nina Simone, uma de suas paixões.

Durante um show em Paris, quando toda a sala cantava, Nina Simone parou a música, apontou para o Antonio e, em meio ao silêncio constrangedor, fez um "não" com o dedo indicador. Por causa de seu ouvido absoluto, ela não podia suportar tamanha desafinação. Apesar da humilhação, ele continuou fã da diva.

Tempos depois, em um jantar na casa de Fernando Pedreira, embaixador do Brasil na Unesco, Martina se sentou ao lado de José Sarney e, como não podia deixar de ser, lembrou-se do episódio. Viu-se tentada a contar o caso ao seu vizinho de mesa. Mas, sabiamente, calou-se. Apenas sorriu.

Martina e Antonio retornaram ao Brasil, abandonando *Os marimbondos*, que hoje hibernam em um porão escuro do 16ème *arrondissement* à espera, quem sabe, de uma nova vida... ou do lixão.

VEADO, NÃO

Em 1989, Fernando Collor de Mello, recém-eleito presidente da República, veio a Paris descansar após a "extenuante" campanha em que foi propulsado pela Rede Globo, de Maceió a Brasília. A imagem vendida aos brasileiros era de um homem preparado, poliglota, bem-educado, apesar da baixaria do último debate com seu oponente, Luiz Inácio Lula da Silva. Quando governador, Collor ganhou fama de caçador de marajás, funcionários que acumulavam empregos públicos em Alagoas.

Ao chegar à França, tirou a máscara.

Para ser mais exato, o presidente eleito vinha das Ilhas Seychelles, no Índico, para onde fora de jato privado, um Falcon, oficialmente para refletir sobre a formação do futuro governo. Apesar de o arquipélago ser considerado paradisíaco, não gostou. Encurtou as férias, inicialmente previstas para durar uma semana, e, dois dias depois, voou rumo a Paris.

Collor, que se dizia bilíngue, "falava" um francês pior que macarrônico, de iniciante.

Após um breve encontro com o primeiro-ministro da época, Michel Rocard, ainda no pátio do Hotel Matignon, sede do governo, conversou rapidamente conosco e ensaiou uma entrevista para o único jornalista francês ali presente, da AFP (Agência France Presse). O coitado do repórter fez duas perguntas, gravou as respostas do nosso presidente eleito e depois veio nos pedir ajuda para que traduzíssemos o que Collor havia dito. Era impossível, pois ele não dizia coisa com coisa. Nem nós fomos capazes de entender. Fizemos um *briefing* para o colega, que assim pôde escrever sua nota. Para os brasileiros, ele falou da simpatia do chefe do governo francês, da *entente* entre os dois e da promessa de excelentes relações bilaterais. Em outras palavras, nada. Ao ser questionado sobre os nomes do futuro gabinete, virou as costas e se foi, sem nem mesmo um *au revoir*.

Collor saiu às compras com a mulher, Roseane, seguidos por um séquito de jornalistas. (A respeito disso, acho que no mundo somente a imprensa brasileira trabalha desse jeito, com a missão de descrever cada gesto e palavra, por mais insignificante que seja, da pessoa que é alvo da cobertura.) Roseane queria saber se ali, na Rue du Faubourg Saint-Honoré, a rua dos perfumes e cosméticos de Paris, tinha produtos "Rafi Lóri". Queria também comprar uma "pistola", o que nos deixou preocupados, até entendermos que a futura primeira-dama estava à procura de uma "estola" de *vison*. Provavelmente para usar no inverno siberiano do Nordeste brasileiro ou enfrentar o vento polar que sopra no Planalto Central.

O casal estava hospedado no hotel-palácio Ritz, da Praça Vendôme, e tinha dado ordens expressas para que nenhum membro da imprensa entrasse. Mas, apesar da interdição, uma jornalista brasileira conseguiu furar o bloqueio e chegar perto de Collor, sendo respeitosamente recebida com um pisão no pé, seguido de um poderoso empurrão presidencial, que a levou direto para a porta de saída.

Fernando Collor de Mello foi visitar o Vale do Loire, talvez o lugar no mundo com a maior concentração de castelos várias vezes centenários. Elegeu como base o majestoso Castelo D'Artigny, de pedras brancas, perto da cidade de Tours, o único castelo *fake* da região, construído nos idos de 1960 pelo "*parfumeur*" François Coty, imitação do estilo *belle époque* do século XVIII. Um castelo de mentirinha, de A a Z, bem ao gosto do recém-eleito chefe da Nação.

Os jornalistas brasileiros se hospedaram no mesmo hotel para seguir os passos e o ritmo acelerado do *jogging* matinal do presidente, na tentativa de extrair duas palavras e descrever os seus hábitos alimentares. Ficaram todos extenuados e sem matéria. Collor não disse uma palavra sobre a composição de seu gabinete. Somente correu e comeu.

Foi assim que o correspondente da TV Globo, Silio Boccanera, quase perdeu o emprego. Ele disse no ar que Fernando Collor de Mello tinha comido, e com gosto, veado selvagem ao molho acidulado. Coisa que macho alagoano não faz de jeito nenhum. O presidente eleito chiou e a Globo aquiesceu.

Talvez tivessem preferido que Silio se referisse ao animal como um "mamífero da ordem dos artiodátilos pertencente à família *Cervidae*, ou dos cervídeos". Vulgo, veado.

HISTÓRIA DO FOLCLORE PARISIENSE

Em 1977, o então embaixador do Brasil em Paris, Antonio Delfim Netto, abalado pelo Relatório Saraiva sobre a corrupção reinante na representação diplomática brasileira, recebeu a visita de Paulo Maluf, que costumava vir várias vezes por ano à França. Ao final de sua estada, Maluf quis agradar o embaixador e ofereceu à sua esposa um casaco de pele.

O motorista da embaixada levou Maluf e dona Sylvia ao aeroporto. Uma vez em Orly, Maluf seguiu direto para o guichê da alfândega para entregar o formulário da *detaxe*, que lhe daria o direito de receber de volta, em uma conta bancária, a quantia relativa ao imposto sobre circulação de mercadoria e serviço, aqui na França chamado TVA. Os estrangeiros de passagem têm o direito de recuperar essa taxa à condição, claro, de que a mercadoria saia efetivamente do país, regra que existe até hoje. É uma forma de estimular o turista a comprar. Portanto, Maluf não tinha direito à *detaxe* por um produto, o tal casaco de pele, que havia sido dado à embaixatriz e que estava destinado a permanecer em solo francês.

Como de praxe, o responsável da alfândega pediu para ver o casaco. Não havia como mostrá-lo, pois o dito-cujo estava em Paris. Maluf não se fez de rogado. Chamou o motorista e mandou que retornasse à embaixada. Não estava disposto a perder alguns milhares de francos, mesmo sabendo que isso, além de ilegal, não o deixaria mais rico nem mais pobre, fazendo-o simplesmente passar por um muquirana de primeira. E assim foi: o motorista retornou à embaixada, que fica no centro de Paris, praticamente em frente à Torre Eiffel, na outra margem do Sena, pegou o casaco e voltou a Orly. A pele foi devidamente mostrada na alfândega e retornou a Paris, para ser devolvida à sua proprietária.

Moral da história: Maluf, que nem sempre respeitou o dinheiro alheio, mostrou que não desdenha um tostão, mesmo que ganho ilegalmente. Ele é a versão brasileira do Tio Patinhas.

ENTROU POR UMA PORTA...

Nos primórdios da televisão brasileira, ao final de cada capítulo do *Sítio do Pica-pau Amarelo*, Júlio Gouveia olhava para sua mulher, a autora Tatiana Belinky, e para a boneca Emília, interpretada por Lucia Lambertini, e dizia:

— Entrou por uma porta, saiu pela outra, quem quiser que conte outra.

Um episódio pondo em cena o ex-presidente Jânio Quadros e sua esposa, dona Eloá, não foi escrito por Monteiro Lobato nem teve Saci-Pererê ou Visconde de Sabugosa, mas mereceria a frase de Gouveia.

DIRETO DE PARIS

O casal estava em Paris, na Praça da Concorde, despedindo-se de alguns jornalistas. Iam pegar um táxi. Havia um parado praticamente em frente ao Hotel Crillon, um dos palácios parisienses. Depois dos últimos apertos de mão, Jânio entrou no carro. Dona Eloá deu ainda um dedo de prosa com uma coleguinha e, quando se curvou para entrar no táxi... cadê o Jânio? Ele tinha simplesmente entrado por uma porta e saído pela outra. Estava andando pela Concorde, entre os carros que buzinavam, perdido em seus pensamentos.

O PRESIDENTE E O ANALISTA

O episódio do ex-presidente perdido em seus devaneios em plena Praça da Concorde, em Paris, me lembrou outra história, contada pelo psicanalista Bernardo Blay Neto durante uma viagem a São Paulo, posteriormente confirmada, no essencial, por José Aparecido de Oliveira, ex-secretário particular de Jânio Quadros.

Eleito o 22º presidente do Brasil em 3 de outubro de 1960, aos 44 anos de idade, Jânio da Silva Quadros teve, após a proclamação do resultado, uma aparente crise de pânico. Telefonou para o seu psiquiatra-psicanalista, Bernardo Blay Neto, e conversou longamente com ele. Acalmou-se. Nessa ocasião, pela primeira vez, levantou a possibilidade de nomear o médico para ocupar o Ministério da Saúde. Blay Neto recusou o convite, alegando razões deontológicas e éticas. Não podia ser membro do governo, o que aliás não o interessava, e ao mesmo tempo terapeuta presidencial. Era uma coisa ou outra, as duas ao mesmo tempo não era possível. Nas semanas seguintes, até a formação do gabinete, foram incontáveis os telefonemas para o analista e um balé de carros oficiais à porta da casa na travessa da Avenida Faria Lima, confluência com a Rebouças, Zona Oeste de São Paulo. Jânio insistiu, primeiro com um convite formal, depois apelando até para a chantagem. Chegou a dizer que só iria para Brasília, que só assumiria o cargo máximo da Nação, se o analista o acompanhasse. Ele despacharia ao lado da sala do presidente. Bernardo Blay Neto não arredou pé.

Enfim, o escolhido para ministro da Saúde foi Edward Cattete Pinheiro, responsável pela primeira campanha nacional de vacinação contra a poliomielite, organizada junto com Albert Sabin, o descobridor da vacina, que viajou para o Brasil para supervisionar aquela que foi, na época, a maior operação do gênero em um país subdesenvolvido.

A sequência todos sabem: menos de sete meses depois de assumir, no dia 25 de agosto de 1961, Jânio Quadros renunciava, vítima das tão faladas "forças ocultas", que o psicanalista provavelmente conhecia melhor que ninguém. A renúncia abriu caminho para um período de instabilidade, que desembocou na ditadura militar.

Pelo que sei, os destinos de Jânio e de Blay Neto nunca mais se cruzaram. O ex-presidente aparentemente não perdoou o médico, talvez porque pensasse que, com ele ao seu lado, tudo teria sido diferente. Jânio sentiu-se traído, como Júlio César por Brutus, aos pés da estátua de Pompeu.

A tragédia shakespeariana, que levou o Brasil de roldão, acompanhou os dois homens. Ao renunciar à presidência, Jânio Quadros cometeu o quase suicídio político mais espetacular da nossa história, evitado *in extremis* graças aos paulistanos, que se gabam de ser os mais politizados do país – eles o elegeram prefeito no final da vida.

Quanto a Bernardo Blay Neto, transformou-se em manchete de jornal, na coluna policial: "Famoso psicanalista assassinado". Em 1993, ele foi morto a tiros por uma paciente psicótica, de 72 anos de idade. Marília Gonzaga Aranha Campos o esperava, escondida em um lance da escada do consultório médico, e, ao vê-lo sair, disparou vários tiros à queima-roupa. Foi julgada esquizofrênica pela 5ª Câmara do Tribunal de Justiça e, portanto, penalmente irresponsável. Não chegou a cumprir a pena de três anos em um manicômio judiciário. Ficou apenas alguns meses internada em uma clínica particular. No momento em que escrevo, ela está viva, com mais de 90 anos, livre e pinel.

COM LULA TUDO É POSSÍVEL

Uma das características de quem vive fora do país natal há muito tempo, como eu, é a mudança na tábua de valores, na forma de pensar, como se misturássemos realidades. A pessoa começa a enxergar as coisas de maneira diferente, por vezes imaginando que o óbvio em um lugar também o seja no outro. Ledo engano.

DIRETO DE PARIS

Excelente papo, grande conhecedor da música popular brasileira e profissional de primeira linha, o advogado Edgard Vincensini, franco-corso-brasileiro conforme sua própria definição, foi um dos contratados para defender Cesare Battisti no recurso impetrado pelo governo italiano junto ao STF (Supremo Tribunal Federal). A Itália reclamava a extradição do terrorista condenado à prisão perpétua, à revelia, por quatro assassinatos cometidos nos idos dos anos 1970 em nome do PAC (Proletários Armados pelo Comunismo), principal grupo armado das Brigadas Vermelhas. O então ministro brasileiro da Justiça, Tarso Genro, havia concedido a Battisti o estatuto de refugiado, dando-lhe, portanto, asilo político e, assim, provocando enorme polêmica na Itália, cuja classe política unânime se rebelou contra a decisão do governo Lula. A Europa em peso criticou a posição brasileira, com exceção de alguns raros intelectuais engajados e amigos do ex-terrorista convertido em escritor de romances policiais. Parentes das vítimas se manifestaram publicamente, o Parlamento Europeu votou uma resolução reclamando a extradição, Tarso Genro foi acusado de agir por ideologia, virando as costas aos tratados internacionais.

No Brasil, o PT apoiava Battisti. O senador Eduardo Suplicy havia se tornado uma espécie de porta-voz do terrorista, lendo seus recados em plenário. Após longas deliberações, enfim o Supremo Tribunal Federal decidiu a favor da extradição. A Itália, exultante, comemorou. Mas havia uma ressalva: a decisão final ficaria nas mãos do presidente da República, Luiz Inácio Lula da Silva.

A leitura dos juristas italianos era a seguinte: o presidente, salvo fato novo, não poderia assumir uma posição diferente do Judiciário, que tinha se manifestado através de seu órgão máximo. Lula não passaria por cima do Supremo, devendo portanto seguir a linha traçada pelos ministros e executar a sentença de extradição. Afinal, o Brasil era uma democracia em que se respeitava a separação dos poderes. Pelo menos era o que eles acreditavam. Por isso, a Itália comemorou a decisão do STF. Juristas brasileiros, com quem conversei, dentre eles o ex-ministro Francisco Rezek, disseram o mesmo.

Encontrei no Ladurée da Avenida Champs-Elysées, que tem os melhores *macarons* de Paris, meu amigo Edgard Vincensini, que retornava do Brasil. Ele estava de ótimo humor, não parecia de maneira alguma abalado pela sentença desfavorável. Edgard estava cem por cento certo de que Lula não podia se subtrair à extradição de Battisti, muito embora fosse contra, por acreditar na sua inocência. Se o Supremo decidiu, o Executivo devia executar. Do ponto de vista estritamente jurídico não havia outra possibilidade. Mas ao final da conversa, entre sorrisos, ele argumentou:

— Miltinho, parece até que você não é brasileiro. Você está se esquecendo do essencial, de que no Brasil tudo é possível. Tudo.

Com efeito. No último dia de seu mandato, o presidente brasileiro, através de um exercício de contorcionismo jurídico digno do homem-borracha do Circo de Pequim, confirmou o estatuto de refugiado concedido a Cesare Battisti. Para tanto, tirou do fundo do baú vazio um argumento *sui generis*: na interpretação lulística, o terrorista correria risco de morte se fosse extraditado.

Edgard Vincensini me ligou para desejar feliz Ano-Novo e comentar, em tom irônico:

— Eu não disse?

No dia 9 de junho de 2011, após a decisão do Supremo Tribunal Federal de não reexaminar o mérito do novo recurso italiano reclamando a extradição, e considerando assim a decisão de Lula conforme ao tratado entre os dois países, telefonei para o amigo advogado, que deu uma sonora gargalhada.

Sem comentários.

No Brasil, tudo é possível. Eu tinha esquecido...

POLÍTICOS II

TRISTE FINAL FELIZ

Ano de 1985: a França havia deixado para trás a euforia da vitória "socialista", de maio de 1981, para cair na real, quando François Mitterrand pegou o supersônico Concorde rumo ao Brasil e à Colômbia, acompanhado de sua esposa oficial, Danielle, do *flamboyant* ministro da Cultura, Jack Lang, de seu ministro das Relações Exteriores, Roland Dumas, de Régis Debray, ex-guerrilheiro companheiro de Che Guevara, reconvertido em conselheiro do Palácio do Elysée para assuntos latino-americanos. A inflação estava na casa dos 14%, o desemprego caminhava para os 10%, a política econômica tinha dado, dois anos antes, uma espetacular guinada para a direita. Mesmo assim, a nossa esquerda tupiniquim ainda olhava para Paris como se fosse La Havana. O objetivo da visita oficial do presidente francês era resgatar o prestígio da França nessa parte do mundo, onde até os anos 1950 sua influência era enorme. A tal ponto que a alta burguesia brasileira tinha o francês como segunda língua, falada em todos os salões VIPs de São Paulo e Rio de Janeiro. Era a língua da cultura e do prestígio. Mitterrand, com seu perfil de intelectual, apostava na exportação da cultura francesa para recuperar o brilho do passado e, a partir daí, fazer bons negócios. Era a estratégia inversa de seu predecessor, Valéry Giscard d'Estaing, que desdenhou o impacto cultural da França para tentar vender tecnologia. Quebrou a cara. O presidente cor-de-rosa estava disposto a investir pesado, sem poupar esforços nem dinheiro. Além do Concorde oficial, o Palácio do Elysée encheu outro supersônico com jornalistas para atravessar o Atlântico. Mas, apesar dos esforços, esse não foi o sonhado "reencontro": transformou-se em mais uma ocasião perdida em uma série de mal-entendidos.

O périplo começou em Brasília. A desorganização da recepção no Palácio do Itamaraty deixou furioso o presidente francês, que teve de intervir várias vezes, pessoalmente, para pôr os membros de sua comitiva para dentro do prédio. Depois, foi a palavra infeliz – mas quão correta! – do então ministro das Relações Exteriores do governo José Sarney, Olavo Setubal.

François Mitterrand queria que essa viagem aumentasse ainda mais a sua aura na América Latina, transformando-o em uma espécie de herói revolucionário do século XX, capaz de combater o todo-poderoso Tio Sam. O discurso de Brasília, no Congresso, deveria ser o segundo ato da luta pela independência latina com relação a Washington. O ato inaugural datava de outubro de 1981, com o discurso terceiro-mundista e desenvolvimentista que Mitterrand pronunciou em Cancún, no México, e que se tornou "a referência". O presidente francês apelava para todos os grandes líderes revolucionários da região, de Zapata a Pancho Villa, para propor aos latino-americanos uma aliança estratégica anti-imperialista:

> *Jadis, alors que les défenseurs de Puebla étaient assiégés par les troupes de NAPOLEON III, un petit journal mexicain, imprimé sur deux colonnes, l'une en français, l'autre en espagnol, s'adressant à nos soldats, écrivait: "Qui êtes-vous? Les soldats d'un tyran. La meilleure France est avec nous. Vous avez NAPOLEON, nous avons Victor HUGO". Aujourd'hui, la France de Victor HUGO répond à l'appel pour défendre le droit des peuples.*

> Outrora, enquanto os defensores de Puebla estavam sitiados pelas tropas de Napoleão III, um pequeno jornal mexicano, impresso em duas colunas, uma em francês outra em espanhol, endereçando-se aos nossos soldados, escrevia: "Quem são vocês? Os soldados de um tirano. A melhor França está conosco. Vocês têm Napoleão, nós temos Victor Hugo". Hoje, a França de Victor Hugo responde ao apelo para defender o direito dos povos.

Il n'y a et ne peut y avoir de stabilité politique sans justice sociale. Et quand les inégalités, les injustices ou les retards d'une société dépassent la mesure, il n'y a pas d'ordre établi, pour répressif qu'il soit, qui puisse résister au soulèvement de la vie...

Não há nem pode haver estabilidade política sem justiça social. E, quando as desigualdades, as injustiças ou os atrasos de uma sociedade ultrapassam o aceitável, não há ordem estabelecida, por mais repressiva que seja, que possa resistir à revolta da vida...

Salut aux humiliés, aux émigrés, aux exilés sur leur propre terre qui veulent vivre et vivre libres.
Salut à celles et à ceux qu'on bâillonne, qu'on persécute ou qu'on torture, qui veulent vivre et vivre libres.
Salut aux séquestrés, aux disparus et aux assassinés qui voulaient seulement vivre et vivre libres.
Salut aux prêtres brutalisés, aux syndicalistes emprisonnés, aux chômeurs qui vendent leur sang pour survivre, aux indiens pourchassés dans leur forêt, aux travailleurs sans droit, aux paysans sans terre, aux résistants sans arme qui veulent vivre et vivre libres.
A tous, la France dit: Courage, la liberté vaincra.

Saudações aos humilhados, aos emigrantes, aos exilados em suas próprias terras que querem viver e viver livres.

Saudações àquelas e àqueles que são amordaçados, perseguidos ou torturados, que querem viver e viver livres.

Saudações aos sequestrados, aos desaparecidos e aos assassinados que queriam apenas viver e viver livres.

Saudações aos padres brutalizados, aos sindicalistas presos, aos desempregados que vendem seu sangue para sobreviver, aos índios expulsos da sua floresta, aos trabalhadores sem direitos, aos camponeses sem terra, aos resistentes sem arma que querem viver e viver livres.

A todos a França diz: Coragem, a liberdade vencerá.

O discurso de Brasília seguia a mesma linha, a do terceiro-mundismo anti-imperialista. Acrescentava, porém, outra dimensão, a do perdão parcial da dívida externa. O Brasil tinha uma inflação de 200% ao ano e uma dívida externa de 100 bilhões de dólares. Mitterrand lançou um apelo à solidariedade entre os devedores estrangulados do Terceiro Mundo e os credores dos países ricos.

> O destino dos credores e dos devedores está intimamente ligado. Uma solução só poderá ser encontrada se dividirmos o ônus.
>
> O sistema internacional repousa sobre a confiança, mas o fardo sobre os países endividados é tal que, se nada fizermos para aliviá-lo, o saneamento de suas economias será impossível, bem como a sobrevivência do sistema econômico e financeiro em que vivemos.

François Mitterrand foi aplaudidíssimo. À noite, porém, Olavo Setubal, ministro das Relações Exteriores, cercado por um grupinho de jornalistas, em que me encontrava, estragou a festa. Questionado sobre o discurso, declarou:

— Tudo isso é balela. A França é, sempre foi e sempre será assim: tem um discurso muito bonito e uma realidade que desmente as palavras. Nunca faz aquilo que diz. Fala com o coração, mas age conforme os seus interesses. Como todos os outros países, aliás. Os franceses costumam dizer "*la main gauche sur le coeur, la droite dans la poche*", a mão esquerda no coração, a direita no bolso, onde está o dinheiro – comentou o ministro.

Corri para o telefone da sala de imprensa (ainda não havia celular) e entrei no ar. Eu tinha sido enviado pela redação brasileira da Rádio França Internacional, criada por vontade do presidente da República um ano antes. O comentário de Setubal ganhou destaque na imprensa brasileira, transformou-se em manchete. No café da manhã, fui tentar obter uma reação do ministro Dumas, que não levou a coisa a sério e me disse para questionar Mitterrand, certo de que eu não o faria. Na época, os jornalistas franceses se curvavam diante da autoridade institucional, ninguém ousava fazer perguntas embaraçosas ao presidente. À tarde tivemos uma coletiva de imprensa e eu então pedi uma resposta do presidente francês ao comentário feito pelo membro do governo brasileiro. François Mitterrand, que não estava a par, ficou efetivamente furioso e respondeu rispidamente:

— Cada um tem o direito de pensar o que quiser. Eu também tenho o direito de pensar o que quiser sobre esse senhor. E não penso coisa boa.

Curto e grosso.

As palavras de Setubal tiveram o mérito de relativizar o discurso terceiro-mundista do presidente francês, de recolocar as coisas nos seus devidos lugares. Uma coisa é o que se diz; outra, o que se faz.

Na estrada do pragmatismo, havia mais de dois anos que Mitterrand abandonara a utopia socialista (ele havia prometido acabar com o capitalismo) em prol da construção europeia. A França estava se voltando para a Europa e o terceiro-mundismo fora arquivado nas belas palavras de Cancún; as promessas, deixadas esquecidas no fundo da gaveta. A França socialista só sobrevivia no devaneio da esquerda latino-americana.

Ninguém no governo francês, nem mesmo Régis Debray, ainda acreditava no *socialisme à visage humain*. Cansei de vê-lo, em 1981, barrar a "grande imprensa capitalista" que queria entrevistar o ex-guerrilheiro, amigo do Che e mais novo integrante do *staff* do Palácio do Elysée. A sua vítima preferida era a Rede Globo. Quatro anos depois, em Brasília, São Paulo, Rio e Recife, Régis Debray corria atrás dos jornalistas da Globo, oferecendo-se descaradamente.

O caso Setubal só não se transformou em contencioso diplomático graças a dois incidentes que ocuparam o presidente francês durante o resto da *tournée*. O primeiro foi o anedótico "sumiço" de Jack Lang. O segundo, mais grave, a *overdose* da escritora Françoise Sagan, convidada especial de Mitterrand, muito apreciada na América Latina. Lang "desapareceu" para ir a uma festa privada na casa da assessora para assuntos culturais da embaixada da França. O ministro tinha aproveitado a noite carioca para se divertir com amigos, o que era muito mais difícil quando a sua esposa, Monique, estava por perto. No dia seguinte, o ministro da Cultura perdeu a hora e chegou atrasado à conferência de imprensa, levando um puxão de orelhas público de François Mitterrand, que não suportava qualquer desfeita de seu séquito. Os jornalistas deitaram e rolaram.

127

Segundo episódio: a escritora Françoise Sagan, entre Recife e Bogotá, na Colômbia, penúltima etapa da viagem, entrou em coma após ter misturado bebida e drogas. Assim que desembarcou, foi hospitalizada. Naquela altura da *tournée* sul-americana, seu estado de saúde transformou-se no centro das atenções e passou a ser o único assunto na pauta dos jornalistas franceses que acompanhavam o presidente. Mitterrand reconheceu que Sagan teve sorte de cair nas mãos dos médicos colombianos, que, pelo menos na época, eram os mais experientes do mundo na matéria.

O pseudorrevolucionário presidente francês dos anos 1980, que esperava aproveitar a viagem para se travestir em Bolívar, teve então de se contentar com um triste *happy end*.

LE PEN: *LA BÊTE IMMONDE*

No começo de 1986, em razão de uma manobra de bastidores dos saudosos correspondentes do argentino *Clarín*, Enrique Oliva, do *Estadão*, Reali Júnior e Fritz Utzeri, do *Jornal do Brasil*, fui eleito por aclamação presidente da APLAF (Association de la Presse Latinoaméricaine en France), sem ter sequer lançado a minha candidatura. Estávamos em plena campanha eleitoral legislativa na França e, para ter acesso aos candidatos, pensamos que seria mais fácil passar pela Associação, que congregava todos os jornalistas da América Latina baseados na França. Fui intimado a assumir, substituindo Oliva. Nossa primeira coletiva, sempre em tom muito informal, foi com Lionel Jospin, primeiro secretário do Partido Socialista, na época em que François Mitterrand ocupava a Presidência da República; a segunda, com Jacques Toubon, chefe do partido conservador neogaullista Reunião pela República, de Jacques Chirac; a terceira, com Georges Marchais, líder do Partido Comunista Francês; a quarta, com Jean Lecanuet, presidente da UDF (União pela Democracia Francesa), de centro-direita, criada com o objetivo de dar apoio ao presidente Giscard d'Estaing, eleito em 1974.

Esses quatro partidos eram chamados "*La Bande des quatre*" e dominavam a vida política no país. Na época, porém, uma quinta variante se destacava: a Frente Nacional, de extrema direita, fundada em 1972 e liderada pelo carismático populista Jean-Marie Le Pen. Até então, o partido neofascista não havia obtido resultados realmente significativos. Mas, pela primeira vez, as portas do Parlamento se abriam a ele, graças à introdução da eleição proporcional, uma jogada de Mitterrand para evitar uma derrota da esquerda, que se anunciava estrondosa. Que aparente ironia! Um (pseudo)socialista contribuindo para a criação de um monstro de extrema direita. Os franceses desconheciam até então que o próprio Mitterrand havia engrossado as fileiras do governo colaboracionista de Vichy durante a Segunda Guerra Mundial.

A questão se apresentava a mim como à mídia em geral. Como tratar Le Pen? Entrevistá-lo significava dar espaço ao líder de um partido cujo principal tema de campanha era a manipulação do medo da população em face dos estrangeiros: "Fora os imigrantes", "3 milhões de desempregados = 3 milhões de imigrantes", "Imigração = insegurança". Desde então, esses *slogans* se banalizaram, atravessaram fronteiras e foram parar na boca de outros líderes europeus. Na época eram inéditos e remetiam a maioria dos franceses aos anos negros da colaboração com os ocupantes alemães.

Os jornalistas hesitavam em convidá-lo, sobretudo no rádio e na televisão. A Frente Nacional surgia como um partido que deixava em risco os fundamentos da República, que não hesitaria em utilizar o voto para chegar ao poder e então se voltar contra a democracia. Mas ao mesmo tempo era (e é) um partido perfeitamente legal, obedecendo às regras do jogo democrático, disputando o sufrágio universal como qualquer outro. Tinha, portanto, o direito de falar e de ser ouvido.

François Mitterrand, em sua estratégia eleitoral, pediu ao ministro da Comunicação, Georges Fillioud, que interviesse junto aos responsáveis dos canais de rádio e televisão para abrir espaço para a Frente Nacional.

Na Associação, discutimos e não chegamos a nenhuma conclusão. Uns eram a favor de convidar Le Pen; outros, contra. A Associação da Imprensa Estrangeira lidava com a mesma questão. A contragosto, resolvi convidá-lo, partindo do pressuposto de que se tratava do representante de um partido legal, que, segundo as pesquisas, certamente estaria representado no futuro Parlamento francês. O diretor da Maison d'Amérique Latine, no Boulevard Saint-Germain, onde aconteciam os nossos encontros, me chamou de louco. Tive de avisar e pedir autorização ao Ministério do Interior, que mandou policiais para reforçar a segurança da área.

No dia 18 de fevereiro, às 16h em ponto, Jean-Marie Le Pen chegou à Maison, calça cinza e blazer azul-marinho, lenço na lapela, extremamente bem-humorado. Ao apresentá-lo, foquei nos traços negros do seu passado, incluindo uma condenação por ter editado discos de canções militares do

DIRETO DE PARIS

Terceiro Reich, acusações de tortura durante a Guerra da Argélia, participação como chefe da campanha presidencial do fascista Jean-Louis Tixier-Vignancour, em 1965, denúncias de racismo, antissemitismo, xenofobia. Mas seu bom humor permaneceu intacto. O fato de estar ali era o que contava, uma grande vitória.

A minha primeira pergunta, de grande ingenuidade, foi sobre os franceses do exterior.

— O senhor, que propõe a expulsão dos imigrantes da França, o que diria se os imigrantes franceses fossem expulsos do Brasil?

Ele não hesitou um segundo:

— Se o presidente do Brasil achasse que eles deveriam ser expulsos, eu diria BRAVO! Cada um deve cuidar dos seus próprios interesses.

Felizmente, Jean-Marie Le Pen estava despreparado para a entrevista, não tendo nada a dizer sobre as relações entre a França e a América Latina, sobre o programa internacional (inexistente) de seu partido, mostrando desconhecer a realidade do Cone Sul. Disse, entre outras bobagens, que o Brasil ainda vivia da monocultura do café. "Felizmente despreparado" porque a entrevista rendeu pouco espaço nos jornais latino-americanos. Poderia ter sido pior.

Após muita hesitação, a mídia francesa acabou abrindo suas portas ao nauseabundo líder da extrema direita.

Naquelas eleições legislativas de 1986, a Frente Nacional obteve 9,65% dos votos e elegeu 35 deputados. Desde a fundação do partido, Le Pen pulou de 0,74% na presidencial de 1974, com 191 mil votos, a quase 18% no segundo turno de 2002, com mais de 5,5 milhões de votos.

Lembro-me do candidato socialista Lionel Jospin em 2002, dias antes do primeiro turno das presidenciais, chegando à Maison de la Radio, em frente ao Sena, para dar uma entrevista. Altivo, nariz empinado, negando-se a distribuir sorrisos e *bonjours*. A antipatia personalizada. Por suas qualidades de homem público poderia ter sido o primeiro chefe de governo em exercício a se eleger presidente da República na França. Não o foi, acabou se tornando o anticandidato. Ao final da entrevista à Rádio França Internacional, em que se autofelicitou pelo balanço do seu governo e se negou a falar do tema insegurança, que tinha se transformado em principal argumento de campanha da direita, foi cercado por um grupo de jornalistas simpatizantes. Um deles alertou:

— As pesquisas estão mostrando a ascensão de Le Pen. Ele está chegando perto.

A resposta de Jospin foi surpreendente:

— Esse não é problema meu, é de vocês.

Ledo engano! Claro que o problema era antes de tudo dele, candidato. Jospin mostrava, assim, estar despreparado para assumir a mais alta função da República; mas há de se convir que, com aquela frase absurda, pôs um dedo na ferida. Qual a responsabilidade dos jornalistas na ascensão de Le Pen?

Vinte e cinco anos depois daquela entrevista na Maison d'Amérique Latine, em 15 de janeiro de 2011, Le Pen se aposentou da presidência do partido e deixou sua filha Marine, 42 anos, em seu lugar, eleita por 67% dos militantes. Fundamentalmente, o conteúdo do discurso da Frente Nacional não mudou, apenas adaptou a forma ao momento, substituindo os ataques aos judeus pelo ódio aos muçulmanos e dando uma roupagem nova aos velhos ranços xenofóbicos. Hoje, a islamofobia e a luta contra a globalização são os dois principais eixos dessa extrema direita que se notabilizou na França, mas que, nos últimos anos, se internacionalizou para se implantar até mesmo nos progressistas países nórdicos. A filha de Jean-Marie Le Pen, em uma entrevista, comparou os muçulmanos da França aos ocupantes nazistas e declarou a China, os Estados Unidos e a União Europeia como seus principais inimigos, chamando-os de "invasores". Seu discurso é simplista, caricato, mas extremamente eficaz.

Como seus congêneres europeus, ela não precisa mais se esconder atrás de uma máscara de respeitabilidade.

Em 27 de janeiro de 2012, no antigo Palácio Imperial de Hofburg, Marine participou do baile das corporações estudantis de Viena que cultivam a germanidade mítica. Foi a convidada de honra de Heinz-Christian Strache, líder do partido de extrema direita austríaca FPÖ (Partido da Liberdade), cuja ambição é se tornar chanceler.

Com um vestido longo, preto, Marine Le Pen valsou durante toda a noite com os estudantes das fraternidades Aldania, Vandalia, Gothia, Silesia e com Martin Graf, terceiro vice-presidente do Parlamento austríaco, líder da Olympia, corporação próxima dos neonazistas.

Nesse ano, o baile "coincidiu" com o 67º aniversário da liberação do campo da morte de Auschwitz.

As pesquisas de opinião mostram que 40% dos franceses estão de acordo com o discurso populista da extrema direita. Marine, o rosto "moderno" do partido fascistoide, vomitando ódio, chegou aos 18% dos votos no primeiro turno da eleição presidencial de 2012, com 6,5 milhões de votos.

Hoje, como ontem, alguns jornalistas ainda se questionam sobre a atitude a ter com relação à filha de Le Pen. Michel Drucker, conhecido apresentador do programa dominical de variedades do segundo canal, France 2, negou-se a recebê-la. Para deleite dos Le Pen, que assim puderam, uma vez mais, acusar a mídia de discriminação.

Em fevereiro de 2012, outro apresentador, Laurent Rouquier, foi obrigado pelas autoridades reguladoras do audiovisual a receber Marine Le Pen, em nome da equidade entre presidenciáveis.

A então candidata lepenista fez duas exigências: que a gravação fosse feita nas condições de um programa ao vivo, sem cortes, e que o público fosse composto de convidados da Frente Nacional, uma forma de evitar vaias e garantir aplausos. O apresentador aceitou as condições, embora nenhum outro candidato tenha tido as mesmas regalias.

Outro dia, ao conversar com colegas de jornais europeus, eu me dei conta de que a imprensa dos países vizinhos levanta exatamente as mesmas questões sobre como lidar com os líderes populistas, que ganham espaço com um discurso tão fétido quanto eficaz. Aqui na França, como na Itália, na Grécia, na Holanda, na Bélgica, na Hungria, nos países nórdicos, na América Latina.

As respostas simples para problemas complexos agradam. Mesmo que sejam mentirosas. Aliás, quanto maior for a mentira, melhor.

As pesquisas mostram que, se a eleição presidencial fosse em 2013, Marine Le Pen poderia ter chegado a 30% dos votos.

Parece até que não tem saída: se correr o bicho pega, se ficar o bicho come.

A CHANTAGEM DO CAÇADOR DE NAZISTAS

No dia 21 de julho de 1992, o advogado, historiador, caçador de nazistas e presidente da associação FFDJF (Fils et Filles des Déportés Juifs de France), Serge Klarsfeld, anunciou à imprensa a decisão de François Mitterrand de parar de florir o túmulo do marechal Pétain. Contrariamente à prática dos últimos cinco anos, Mitterrand teria decidido renunciar ao envio de uma coroa de flores à sepultura do herói da Primeira Guerra Mundial por ocasião do aniversário do armistício de 1918, pelo fato de ele ter sido também o presidente do governo pró-nazista de Vichy, na Segunda Guerra Mundial. Mas apesar da "promessa" feita a Klarsfeld, o representante do Estado francês na região da Vendée foi convocado ao Palácio do Elysée e recebeu ordem de ir florir discretamente o túmulo de Pétain no pequeno cemitério de Port-Joinville, no dia 11 de novembro, em nome do presidente da República. O fato provocou tristeza e indignação, não apenas na comunidade judaica e na oposição de direita, como entre os seus próprios amigos políticos. Laurent Fabius, primeiro secretário do PS (Partido Socialista), pediu publicamente que esse gesto não se repetisse. Lionel Jospin, que anos depois viria a ser chefe do governo socialista, comentou que o Pétain de 1914 tinha desaparecido, havia sido substituído pelo Pétain de 1940.

O anúncio feito por Serge Klarsfeld acontecera dias depois de uma polêmica por ocasião do cinquentenário da *Rafle du Vel d'Hiv*, uma enorme operação da polícia francesa nos dias 16 e 17 de julho de 1942, que levou para o Velódromo de Inverno, para os campos de trânsito e daí para Auschwitz, 13.152 judeus, sendo 3.118 homens, 5.919 mulheres e 4.115 crianças. O número de homens foi menor, porque alguns, prevenidos pelos rumores, deixaram as suas casas, certos de que a polícia francesa – sob a ordem de Jean Leguay (delegado da polícia de Vichy na zona ocupada) e René Bousquet (secretário-geral da polícia) – jamais ousaria prender mulheres e crianças. Do total, menos de cem adultos sobreviveram à deportação; nenhuma criança.

Poucos meses antes da *Rafle*, o jovem François Mitterrand falava, em uma carta à sua irmã, datada de 13 de março e publicada no livro de Pierre Péan *Une jeunesse française: François Mitterrand, 1934-1947*, de sua fascinação por Pétain: "*J'ai vu le maréchal au théâtre [...] il est magnifique d'allure, son visage est celui d'une statue de marbre*". ("Eu vi o marechal no teatro [...] ele tem uma postura magnífica, seu rosto é o rosto de uma estátua de mármore.")

133

Em outra carta, de 22 de abril de 1942, ele confessava não estar nem um pouco preocupado com o retorno do fascista Pierre Laval ao governo de Vichy. Apesar de Laval ter sido o artífice da colaboração francesa com a Alemanha nazista e segundo homem na hierarquia do "França Livre", abaixo apenas de Pétain.

Na época da operação policial contra os judeus em Paris, François Mitterrand ocupava um cargo no Comissariado-Geral dos Prisioneiros de Guerra Repatriados em Vichy. Era um "marechalista".

No fim de seu mandato presidencial, em entrevista ao jornalista Georges-Marc Benamou, comentou: "*Ah Vichy, ah Pétain* [...] *c'était un vieillard un peu dépassé, mais magnifique*". ("Ah Vichy, ah Pétain... era um velho um pouco ultrapassado pelos acontecimentos, porém magnífico.")

Por ocasião da comemoração do cinquentenário da *Rafle du Vel d'Hiv*, várias personalidades da comunidade judaica pediram ao presidente francês que reconhecesse oficialmente a responsabilidade do governo de Vichy nos crimes contra os judeus. A demanda tinha alto valor simbólico, já que pela primeira vez se pedia que a França olhasse para o pior, talvez o mais vergonhoso momento de sua história.

Mitterrand se negou. Explicou que a República Francesa, da qual era o representante máximo, não tinha nenhuma responsabilidade na colaboração. Vichy não era a República, não era a França legal. Logo, a República não tinha autocrítica a fazer.

Era bastante cabível perguntar se o presidente não sofria, além do câncer da próstata, também de amnésia, já que foi o Parlamento francês, democraticamente eleito, que deu plenos poderes a Pétain.

Naquele ano de 1992, as contradições tornaram-se evidentes entre a homenagem anual a Pétain e a memória da *Rafle du Vel d'Hiv*, entre o François Mitterrand de Vichy e o republicano, convertido à Resistência a partir de 1943. Essas contradições azedaram o restante da vida do presidente. O responsável foi Klarsfeld.

Eu assisti de camarote à partida de xadrez entre os dois homens, graças a amigos comuns. Depois, o episódio me foi contado com detalhes pelo próprio Klarsfeld, em uma entrevista para o Serviço Mundial da Rádio França Internacional.

Antes das comemorações do cinquentenário, o advogado mandou vários recados ao presidente. No último, fazia a seguinte advertência:

— Se a responsabilidade da França na deportação dos judeus não for reconhecida, uma bomba vai explodir em suas mãos.

A bomba eram as flores que todo ano chegavam, em segredo quase absoluto, ao túmulo de Pétain. Klarsfeld sabia que o efeito do anúncio seria devastador. Como Bobby Fischer, preparou o xeque-mate. Mas o presidente, do alto de sua soberba, ignorou a advertência.

Quatro dias depois, Serge Klarsfeld anunciava a decisão de François Mitterrand de não mais florir a sepultura do marechal.

Uma mentira a partir da qual a história de vida do presidente mudou. Ele caiu na armadilha, foi obrigado a se explicar inúmeras vezes sobre o seu passado em Vichy e a abandonar amizades espúrias, a começar por René Bousquet, o homem que organizou a *Rafle du Vel d'Hiv*. A cada explicação, Mitterrand foi se afundando. Sobre Bousquet, financiador das campanhas eleitorais de 1974 e 1981, disse lamentar que sua brilhante carreira junto ao marechal tenha sido brutalmente interrompida.

"Aos 35 anos de idade... coitado!", foi o seu comentário a respeito daquele que enviou para a morte mais de 12 mil pessoas. Recebeu o amigo criminoso no Palácio do Elysée até 1986, quando uma enxurrada de críticas o fez mudar de atitude. Tentou impedir que fosse julgado. Em 1991, em processo aberto por Serge Klarsfeld, Bousquet chegou a ser indiciado pela morte de 194 crianças judias, mas a instrução do processo foi interrompida com o seu assassinato, nunca esclarecido, em 8 de junho de 1993, em Paris.

Em 1995, sobre o indiciamento de René Bousquet, Mitterrand comentou com o escritor Jean d'Ormesson: "*Vous constatez là l'influence puissante et nocive du lobby juif en France*". (O senhor constata nesse caso a influência poderosa e nociva do *lobby* judaico na França.)

O eterno *lobby* judaico...

Com essas palavras, aquele que assumiu a presidência da França como um grande amigo do povo judeu demonstrava o que realmente era, o que provavelmente nunca deixou de ser.

Um dia, conversando com Elie Wiesel, o Prêmio Nobel da Paz, perguntei sobre a sua amizade com o ex-presidente francês, com quem trocou horas intermináveis de discussões intelecto-espirituais e uma imensa admiração. Após um longo silêncio, ele me respondeu sucintamente:

— Nada, absolutamente nada o absolve. Eu nunca mais falei com o senhor Mitterrand.

Quanto a Serge Klarsfeld e François Mitterrand, eles se odiaram até o fim. O presidente, provavelmente, mais que o caçador de nazistas.

QUE XOXOTA!!!

Da mesma maneira que François Mitterrand era empertigado e distante, Jacques Chirac era naturalmente descontraído e acessível. Não perdia uma oportunidade de esbanjar sorrisos. Posições político-ideológicas à parte, ele era um verdadeiro profissional da simpatia. Em um final de tarde, durante a Cúpula América Latina-União Europeia no Rio de Janeiro, em junho de 1999, Chirac veio se juntar aos jornalistas reunidos no bar do Sofitel, em Copacabana. Antes de se sentar, em um português macarrônico, perguntou ao garçom do hotel o resultado do Fla-Flu pelo Campeonato Brasileiro. Depois tirou o paletó e a gravata, sentou-se em um banquinho e, sem saber de quem era o copo, pegou a caipirinha mais próxima e começou a bebericar. Foram vários copos. Falamos de tudo naquela tarde, menos do assunto mais sensível da "cimeira", como diziam os portugueses: o protecionismo agrícola francês, alvo de muitas críticas por parte de FHC, que viria a bloquear as futuras negociações para um acordo de livre-comércio entre a Europa e o Mercosul ali lançadas. Passamos duas horas com o presidente da França jogando conversa fora.

Ainda primeiro-ministro de um governo de coabitação com François Mitterrand, no *vernissage* da exposição *Le Dernier Picasso 1953-1973* (O último Picasso 1953-1973), no Centro Georges Pompidou, em Paris, Chirac parou em frente ao quadro de uma mulher nua urinando – *La Pisseuse* – e ficou olhando, como que paralisado, durante vários minutos. Voltou-se então para François Léotard, deu um tapinha nas costas do ministro da Cultura e, apontando para o sexo da musa, disse:

— Veja, François, que sexo, *quel merveilleux vagin*!!! (Que vagina maravilhosa!!!)

François Léotard ficou escarlate.

Se Chirac era expansivo, apreciador de arte e de mulheres polpudas (consta que tinha uma queda por negras africanas de peitos fartos e bumbum arrebitado), o ex-ministro da Cultura era o inverso: filho de um casal católico fervoroso, maratonista, chefe do Partido Republicano, ex-coroinha e quase padre, pelo menos oficialmente puritano e, por incrível que pareça, "alérgico" a arte. Ele só foi nomeado para a pasta porque Mitterrand, então presidente, vetou o seu nome para o Ministério da Defesa. Assim, apesar de não saber apreciar a vagina das musas dos grandes pintores, no caso em questão a de Jacqueline, última esposa de Picasso, acabou herdando a Cultura. Aliás, a única relação dele com a arte era a filha, cuja obra-prima foi o mosaico do fundo da piscina da sua casa de Fréjus, reformada graças ao dinheiro dos contribuintes.

Ao vê-lo tão carola, ninguém diria que seu irmão, Philippe, era artista: ator e cantor talentoso, bebum, simpático, ateu e monarquista. Era o negativo da família Léotard. Morreu de cirrose.

François Léotard praticamente sumiu da cena política depois de responder a processos por corrupção, financiamento ilegal de partido político e lavagem de dinheiro, pelos quais foi condenado a dez meses de prisão com *sursis*.

Quanto a Chirac, depois de ter sido vítima de um AVC e apesar de seus 80 anos, completados em 29 de novembro de 2012, tem seus passos controlados pela esposa, Bernadette, que, segundo o ex-primeiro-ministro e amigo Jean-Pierre Raffarin, agora se vinga do marido mulherengo.

Ao longo de sua carreira política, Jacques Chirac era conhecido nos meios parisienses por seu apetite sexual insaciável. Dizia-se sobre ele: "*Crac, crac, trois minutes, douche comprise*".

Para bom entendedor, três minutos bastam.

O CACARECO FRANCÊS

Quem tem 60 anos ou mais conhece a história.

Cacareco, que se tornou sinônimo de traste velho e inútil, era o nome de um rinoceronte fêmea, de 900 quilos, que lá pelos idos dos anos 1950 vivia no Jardim Zoológico de São Paulo e quase foi parar na Câmara Municipal. Nas eleições municipais do mês de outubro de 1958, esse grande quadrúpede da família dos ungulados foi o mais votado para vereador. Na época, os eleitores colocavam cédulas nas urnas. As que traziam o nome Cacareco tinham sido impressas em gráficas particulares, que aderiram à ideia. Apesar de o voto ser nulo, os escrutinadores decidiram contabilizá-los, tamanha a quantidade: foram cerca de 100 mil sufrágios, 5 mil a mais que a soma dos votos do PSP (Partido Social Progressista), do então prefeito Adhemar de Barros. Até meus pais, cabos eleitorais de Adhemar, votaram no animal.

Cacareco ficou conhecido como o caso mais famoso de protesto da nossa história política.

No jornal *Última Hora*, o sempre bem-humorado Stanislaw Ponte Preta escreveu: "Membros da cúpula do PSP andaram rondando a jaula de Cacareco para o colocarem no lugar de Adhemar de Barros".

Foi outro jornalista, Itaborahy Martins, de O *Estado de S. Paulo*, quem teve a ideia de lançar a candidatura do rinoceronte em sinal de protesto pelo baixo nível dos 540 candidatos.

Cacareco foi um dos 45 vereadores eleitos, mas nunca assumiu nem reivindicou o posto. Continuou sua vidinha pacata no Zoológico, ao lado de um elefante, que diziam ter vindo da Ásia. Tornou-se marchinha carnavalesca, gravada por Risadinha, que repetia o bordão "Aqui Gerarda, aqui Gerarda".

Passado mais de meio século, o rinoceronte teve a sua revanche, só que dessa vez assumiu o posto, travestido no palhaço Tiririca, com roupagem (e salário) de deputado federal.

Quais as semelhanças entre os dois?

Ambos aparentemente eram analfabetos (ou quase), nunca tinham visto um projeto de lei, aliás, nem sequer sabiam para que serve um congressista, e foram os mais votados em suas eleições respectivas. Além disso Cacareco, se falasse, certamente faria suas as frases do humorista: "Pior que tá não fica" e "O que faz mesmo um deputado? Eu também não sei, mas vota em mim que eu te conto".

E quanto às diferenças entre o palhaço e o rinoceronte? Várias. A principal delas reside no fato de que a candidatura do animal selvagem foi fruto de um misto de brincadeira e protesto contra o nível dos políticos da época. A de Tiririca não, ao contrário, foi o reflexo do nível sofrível do Congresso Nacional. O Cacareco foi um grito, um basta! Tiririca, o espelho de um espectro político degradado.

A França também já teve o seu Cacareco, na figura de um palhaço chamado Michel Colucci, conhecido como Coluche. Um dos humoristas mais populares do país, ele quase se candidatou à Presidência da República em 1981. Com um *slogan* muito parecido com o de Tiririca, Coluche questionava:

> Os franceses foram levados a votar em homens que se apresentavam como inteligentes, mas que depois de eleitos se revelaram verdadeiros imbecis. Que tal votar agora diretamente em um candidato imbecil como eu?

Coluche, no entanto, estava longe de ser um imbecil. Gordo, bonachão, vivia de fazer graça. Foi militante esquerdista em maio de 1968, mas depois passou a ser um crítico feroz de todos os partidos, de todos os horizontes ideológicos (naquele tempo ainda existiam ideologias), para se transformar em um impertinente precursor de um humor tipicamente francês, baseado na atualidade política e naquilo que a sociedade tem de mais retrógrado. Grosseiro e vulgar, Coluche ganhou a imagem de herói proletário, apreciado por todas as gerações e classes sociais. Com Pierre Desproges e Thierry le Luron, fez a França inteligente gargalhar.

Em 1980-1981, contudo, ele foi boicotado pela *intelligentsia*. As pesquisas de opinião oficiais se negaram a incluir seu nome, mas algumas enquetes marginais mostravam que ele receberia, se a candidatura fosse levada a termo, um número extraordinário de votos dos descontentes de todos os matizes, sobretudo do campo socialista. Segundo o semanário de esquerda cor-de-rosa *Nouvel Observateur*, Coluche teria os votos dos tradicionais abstencionistas e dos desiludidos, tanto da esquerda como da direita, principalmente dos jovens. Corria o risco de ir para o segundo turno como um dos dois candidatos mais votados.

Após sete anos de Valéry Giscard d'Estaing presidente, com mais de 1,5 milhão de desempregados, a balança comercial altamente deficitária e o índice de natalidade em queda, o descontentamento era visível.

E o humor de Coluche não perdoava.

— E se você for eleito? – perguntei-lhe em dezembro de 1980.
— Será uma catástrofe – respondeu com enorme sorriso.
— Quem são seus eleitores? – prossegui.

— Aqueles que ainda têm senso de humor, que gostam de anedotas belgas [equivalentes às nossas piadas sobre os portugueses]. Aliás, você sabe por que os franceses gostam tanto de piadas sobre os belgas? Porque são as únicas que eles entendem.

Dias depois de ter anunciado sua pré-candidatura, de pura gozação, segundo suas próprias palavras, começaram a pipocar comitês eleitorais em todas as grandes cidades francesas, todos espontâneos e voluntários.

Diante da ameaça representada, Coluche passou a ser *persona non grata* nas rádios e tevês, então sob o controle do Estado. "Ordens superiores", explicavam os apresentadores dos programas políticos. "Falta de horário livre", diziam os diretores dos canais.

O medo de Coluche tomou conta do *establishment* e sobretudo do candidato socialista François Mitterrand, ameaçado de perder mais uma eleição, em sua terceira tentativa.

A equipe de Mitterrand entrou em contato com o Cacareco francês. O assessor, Jacques Attali, teve uma longa conversa com o humorista, que nunca havia totalmente abandonado a esquerda e que não teve outra saída senão renunciar à candidatura e apoiar o socialista, finalmente eleito.

Além de ser palhaço como Tiririca, Coluche tinha pouco a ver com o brasileiro. Uma vez passada a eleição presidencial, e revoltado com os desperdícios da sociedade de consumo, aproveitou-se do seu prestígio, que estava nas alturas, para criar os *Restos du Coeur* (Restaurantes do Coração), com o objetivo de dar comida à população pobre da França, principalmente durante os dias frios do outono e do inverno. Junto aos burocratas de Bruxelas, obteve ajuda da União Europeia, no Palácio do Elysée somou subsídios, angariou fundos de seus amigos financistas, alimentos com as empresas e supermercados, contribuições de particulares, reuniu amigos artistas e organizou shows beneficentes. Enfim, mobilizou toda a sociedade.

Conheci Michel Colucci em uma vila do 14º distrito de Paris, perto da Cidade Universitária. Éramos vizinhos. Sempre vestindo blusão de couro, montado em sua moto, dizia um *bonjour* quase tímido, extremamente discreto. Coluche morreu em 1986. Hoje, os *Restos du Coeur* estão em sua 28ª campanha, mobilizam 60 mil voluntários, têm mais de 2 mil centros de fornecimento de cestas básicas por todo o país, além de 62 estabelecimentos dedicados exclusivamente aos bebês de até 18 meses, distribuíram 110 milhões de refeições em 2010, promovem cursos de alfabetização de adultos, diversão para as crianças, ajudam os estudantes com dificuldade escolar, majoritariamente imigrantes, buscam trabalho para desempregados e alojamento para os sem-teto, tendo se transformado na maior ONG francesa de combate à miséria. Foi tal o sucesso que o modelo foi exportado para a Bélgica e a Alemanha.

Coluche imaginava que os seus restaurantes ajudariam as pessoas a se reintegrar à vida ativa, a se reinserir na sociedade, e que, com o passar dos anos, eles desapareceriam, não teriam mais razão de ser. Ledo engano. Em 2010, a França contava 14% de pobres, 8,6 milhões de pessoas ganhando até 964 euros mensais, um aumento de 1,1 milhão em oito anos. E 3,5 milhões sobrevivendo à custa do Estado.

O sonho de Coluche, o Cacareco francês, passou a ser uma piada sem graça.

PARIS-RIO-BONIFÁCIO: O TRIÂNGULO DA MÁFIA

Um sinistro caso de guerra política entre a direita e a esquerda francesas me levou a descobrir a existência de uma máfia do jogo operando no triângulo Paris/Rio de Janeiro/sul da Córsega. Eu trabalhava em uma matéria para a *Folha de S.Paulo*, com Pascal Krop, jornalista investigativo francês do hoje desaparecido semanário *Événement du Jeudi*, com excelentes fontes na "Piscina", como era conhecido o prédio dos serviços secretos franceses. Estávamos em pleno período de coabitação política entre um presidente socialista, François Mitterrand, e um governo conservador, liderado pelo primeiro-ministro Jacques Chirac. Os socialistas haviam sido derrotados nas legislativas de 1986, e o clima na França era de extrema tensão. Época conturbada, pela primeira vez o país tinha uma liderança bicefálica. Charles Pasqua, ministro do Interior, pau para toda obra, que se notabilizou ainda jovem como chefe de uma espécie de milícia encarregada da segurança do general De Gaulle, montou um estratagema para bombardear a esquerda. Maquiavélico, ele esperava utilizar Yves Chalier, que tinha sido chefe de gabinete de um ex-ministro socialista, como agente duplo, a fim de levar à praça pública as turpitudes cometidas pela esquerda desde a sua chegada ao poder, em 1981.

Um relatório da Cour des Comptes, correspondente ao nosso Tribunal de Contas da União, publicado logo após a vitória da direita, ligava a associação Carrefour du Développement, subvencionada pelo Ministério da Cooperação, a um caso de desvio de fundos ocorrido em dezembro de 1984. A associação tinha se ocupado dos preparativos da Cúpula Franco-Africana de Bujumbura, no Burundi, gastando 51 milhões de francos, quantia muito acima das previsões.

O documento do Tribunal demonstrou que parte desse dinheiro, vindo dos cofres do Ministério, foi desviado por Chalier, que acumulava as funções de chefe de gabinete do ministro e tesoureiro do Carrefour du Développement. Em outras palavras, o dinheiro do Ministério, do qual ele era alto funcionário, subvencionava a sua própria associação. Graças a uma ginástica financeira, Yves Chalier usou alguns dos milhões destinados à Cúpula na compra de um apartamento para a sua amante e um *château* para uma amiga vidente. Ainda sobraram alguns trocados para financiar a campanha eleitoral de Christian Nucci, seu ministro. Caso típico de desvio de dinheiro público para benefício pessoal, sinônimo de corrupção.

Certo de que Yves Chalier era depositário de segredos bombásticos, Charles Pasqua organizou a sua fuga para o Brasil, com a ajuda de dois elementos da máfia parisiense do jogo. O serviço de informação externa, DGSE (Direction Générale de la Sécurité Extérieure), dirigido pelo general do exército René Imbot, preparou um falso passaporte com o nome de Yves Navarro. Chalier viajou para o Rio de Janeiro, onde viveu seis meses na casa de Jules Fillipedu, membro da máfia corsa do jogo e protegido de Jean-Paul Rocca Serra, vulgo Popaul, deputado e homem de confiança dos corsos de Bonifácio, onde nasceu, e Porto Vecchio, cidade da qual foi prefeito durante 47 anos. Eles investiram em máquinas caça-níqueis e bingos no Brasil. O relatório da CPI dos Bingos, de 31 de maio de 2006, cita os irmãos Fillipedu à página 142:

> As empresas Astro Turismo e o Banco Tour, da família Ortiz, eram utilizadas por Fausto Pelegrinetti através de seus agentes no Brasil, Lillo Rosario Lauricella, Giuseppe Aronica, Franco Narducci e os irmãos Jules e François Fillipedu, para lavar proveitos do narcotráfico e também fazer pagamentos e transferências de dinheiro para o estrangeiro no âmbito das atividades de gerenciamento de máquinas de jogo eletrônicas no Brasil [...] os irmãos Fillipedu estão desaparecidos.

Jules Fillipedu era o personagem mais importante desse esquema no Brasil. Os parlamentares brasileiros não tiveram a ideia de questionar Pasqua sobre o seu paradeiro. Se o tivessem feito, saberiam que a partir de 1992 o mafioso corso ressurgiu como elo entre Pasqua e o presidente Paul Biya, da República dos Camarões, e viria a ser preso, em janeiro de 2007, à saída de um *salon de thé* na Praça da Madeleine, em Paris. Ele e outros elementos da máfia corsa foram acusados de envolvimento em um assassinato em Marselha.

Por seu lado, Jean-Paul Rocca Serra, ex-senador, seria sistematicamente reeleito deputado e presidente da Assembleia da Córsega até a sua morte, em 1998.

Passado meio ano da permanência de Yves Chalier no Rio de Janeiro, um médico de sobrenome Chiarelli, também de origem corsa, intermediou junto a Arnaldo Campana, na época secretário da Polícia Civil do governo Leonel Brizola, a entrega de um novo passaporte ao ex-chefe de gabinete do Ministério da Cooperação, que deveria retornar a Paris e denunciar seus antigos amigos socialistas em troca de anistia.

Nos autos do processo do Carrefour du Développement, o juiz Michau indica que esses personagens, inclusive Campana, viam-se regularmente no Rio de Janeiro, em Paris e em Bonifácio, em animadíssimos encontros. Sem dar detalhes, o magistrado assinala que a "troca de gentilezas" foi benéfica a todos.

Como previsto, Chalier retornou à França, mas optou pelo silêncio ou pela amnésia. Foi detido assim que pisou em Paris.

No processo penal, Yves Chalier foi condenado a cinco anos de prisão, enquanto o ex-ministro Christian Nucci era anistiado, graças a uma manobra de seus amigos deputados socialistas, o que acabou desencadeando um novo escândalo político. Na Justiça civil, ambos foram condenados, solidariamente, a reembolsar 20 milhões de francos franceses, em parcelas mensais, durante os próximos 291 anos.

Charles Pasqua, que por "mero acaso" também é corso, saiu ileso, protegido pelo *secret défense*.

Quanto ao estratagema do ministro do Interior, fracassou, pois de duas, uma: não conseguiu convencer Yves Chalier a revelar os segredos bombásticos dos socialistas ou ele era um simples peixinho em um mar de tubarões.

A rede France-Afrique, de relações opacas entre Paris e as capitais africanas, persiste até hoje, apesar das promessas de transparência de todos os presidentes franceses que sucederam a Mitterrand.

JORNALISMO ONTEM, HOJE E SEMPRE

NEGOCIAÇÕES? NEGOCIATAS? FOMOS TODOS PARAR NA RUA

Vim para a França com uma bolsa do governo francês e como correspondente do DCI (*Diário Comércio e Indústria*), que entre os anos 1970-1980 exerceu grande influência no meio empresarial paulista, particularmente entre os donos de pequenas e médias empresas. Era concorrente direto da *Gazeta Mercantil* e tinha um enorme atrativo: publicava um caderno com todas as decisões de Justiça e editais de protesto. Era mais lido pelos advogados e despachantes que o *Diário Oficial do Estado*.

Na época, a redação era dirigida por Aloysio Biondi e tinha nomes como Anamárcia Vaisencher, vinda da *IstoÉ* dos tempos do Mino Carta, uma das melhores jornalistas econômicas de São Paulo, e Nivaldo Manzano, com quem trabalhei no *Jornal da Tarde*. Gente de primeira linha. Pena que a experiência do DCI tenha durado tão pouco... o tempo da cobertura da vinda de Paulo Maluf a Paris. Durante uma palestra a empresários franceses, Maluf se propôs a ser o advogado da participação gaulesa na economia brasileira. O termo "advogado", usado por ele, podia ser confundido com uma proposta para intermediar possíveis negociações. O que era malvisto na época. A linha demarcatória entre negociações e negociatas era muito tênue, sobretudo por se tratar de Maluf. Escrevi a minha matéria da maneira mais objetiva possível, tomando o maior cuidado com as palavras, e mandei o texto pelo telex, que ficava ao lado da Bolsa de Valores. Saiu com destaque de primeira página. Maluf, que tinha certa influência junto a Waldemar dos Santos, diretor presidente do DCI, ficou furioso e praticamente intimou o proprietário do jornal a publicar outro artigo. Contrariada, a chefia mandou um repórter entrevistá-lo. E Maluf repetiu exatamente o que havia dito em Paris. A matéria *bis* saiu no dia seguinte, quase idêntica. Ficou ridículo. Nem é preciso dizer que o governador ficou possesso e não se fez de rogado: mostrou seu descontentamento em um telefonema a Waldemar dos Santos. As minhas colaborações foram cortadas e, pouco tempo depois, toda a chefia demitida. Terminava ali uma das experiências mais interessantes da imprensa econômico-financeira brasileira.

Com problemas administrativos e de caixa, a empresa acabou sendo vendida, no início dos anos 1990, para Hamilton Lucas de Oliveira, o dono da IBF (Indústria Brasileira de Formulários), que mantinha estreita ligação com o esquema Fernando Collor-PC Farias. Empolgado, Lucas de Oliveira fez altos investimentos, montando uma nova equipe para recuperar o prestígio perdido nos últimos anos. Mas, tão logo o esquema começou a desandar, o jornal foi à bancarrota. Fornecedores e credores não foram pagos, e os funcionários tampouco conseguiram receber os salários atrasados, nem as indenizações trabalhistas devidas.

MÁQUINA DE ESCREVER

Os anos se passaram. Hoje, aqui em Paris, a regra é a do cada um por si. Não se trocam mais figurinhas, ou muito pouco. Mas, apesar da briga pela exclusividade ser mais acirrada, para os leitores, ouvintes e telespectadores, a impressão é de que tudo ficou muito mais igual. Em regra, damos todos as mesmas notícias, praticamente ao mesmo tempo. O tempo da internet. A notícia é raramente aprofundada, posta em perspectiva, como dizem os franceses. As diferenças estão mais na forma que no conteúdo.

Lá pelos idos dos anos 1980, nós nos encontrávamos – Reali Júnior, Any Bourrier, Rosa Freire d'Aguiar, João Batista Natali, Valter Marques – todo fim de tarde no telex do Correio Central, ao lado da Bolsa de Valores, onde escrevíamos nossas matérias em máquinas mecânicas postas à disposição do público. Ali conversávamos, conhecíamos e trocávamos ideias com alguns dos melhores jornalistas estrangeiros do mundo e ainda podíamos apreciar a desteridade dos teletipistas, que passavam de uma matéria a outra, de uma língua a outra, com uma facilidade desconcertante, sem o menor tropeço, sem cometer um erro sequer. O barulho nos inspirava, ensurdecedor para os moldes atuais. Do lado do "aquário" em que se encontravam os teletipistas, a fita perfurada de papel branco do telex desfilava; enquanto, do outro, o *tac, tac, tac* incessante das máquinas de escrever nos transportava às redações dos nossos jornais.

As redações, aliás, eram tidas como os lugares mais estressantes do planeta, hiperbarulhentas. E estimulantes. Hoje, comparando-se, parecem velório. Gritava-se para tudo. Quando uma matéria estava pronta chamava-se o contínuo: – DESCE!!! E o artigo ia para a impressora. Gritava-se porque a matéria não estava pronta: – Quando é que sai essa merda?; gritava-se porque alguém de fora tinha chegado; gritava-se porque o entrevistado estava atrasado; gritava-se para o jornalista do outro lado da sala: – TELEFOOONE!!!, porque ninguém pensava em transferir a ligação; gritava-se porque o editor não tinha feito a sua chamada de primeira página. No fundo, gritava-se pelo prazer de gritar. E, de todos os momentos do dia, aquele em que mais se gritava era o do "fechamento" da edição. Lembro-me do genial Cláudio Abramo passeando pela redação da *Folha de S.Paulo*, batendo com a sua bengala na mesa dos redatores, os *copy desks*, chamando-os de analfabetos e, em cinco segundos, ditando aos berros um título de x toques em x linhas, infinitamente melhor que o anterior. Pode parecer absurdo; mas, para os jornalistas, gritar era uma maneira de se concentrar. Ninguém conseguia trabalhar em silêncio. Para pensar era preciso, além do barulho dos outros, tamborilar com o indicador da mão direita na tecla da máquina de escrever correspondente à maiúscula. Era o nosso TOC. Para completar, ao fundo, havia o eterno barulho do telex desfilando. O microcosmo de uma redação de jornal era o lugar mais maluco do mundo.

Bons tempos aqueles, um verdadeiro inferno!

Outro dia, ao me entrevistar para o seu trabalho de fim de curso de jornalismo, um estudante da Universidade Mackenzie, de São Paulo, perguntou:

147

— O senhor chegou a trabalhar com máquina de escrever?
— E mecânica, meu jovem, mecânica. Com três folhas de papel carbono, por favor.

Ele nunca tinha visto uma máquina de escrever mecânica. Papel carbono muito menos.

— Como era trabalhar sem internet?

O Correio Central era uma forma de não cortar completamente o cordão umbilical com as redações, tão distantes, de não nos sentirmos tão sós como nos sentimos hoje, na era do tempo real, digital.
O telex da Bolsa era uma fonte inesgotável de informações, sobretudo de último minuto. Jornalistas do mundo inteiro estavam ali à disposição, do seu lado, prontos a dividir todo tipo de informação. Como a notícia não era globalizada como hoje, praticamente não havia concorrência entre nós, fossemos da América Latina, da Europa, da África, do Oriente Médio. Graças a eles, obtive subsídios para escrever sobre as lutas tribais no Chade, a intervenção israelense no Líbano para desalojar Arafat e o Al-Fatah, as crises financeiras.

JE VOUS SALUE, MARIE

Graças também a um jornalista que conheci no telex pude cumprir uma pauta *sui generis*. Eram dez horas da noite em Paris, cinco da tarde em Brasília. Um dos editores da *Folha de S.Paulo*, jornal para o qual trabalhava em 1985, me ligou pedindo uma matéria urgente, urgentíssima. A Censura Federal tinha acabado de proibir *Je vous salue, Marie, Ave Maria* na versão brasileira, filme do suíço Jean-Luc Godard, por desrespeito à religião, taxando-o de blasfematório. O filme tratava de maneira pouco ortodoxa da vida de Maria, mãe de Jesus, transformada pelo cineasta em jogadora de basquete de uma equipe interiorana. A *Folha* estava em campanha a favor do filme e queria publicar, com exclusividade, o roteiro. Meu papel era ir atrás do texto. Apesar da hora tardia, tentei a produtora, em vão; tentei a distribuidora, em vão. Acordei os irmãos Marouani, responsáveis pela produção do filme, e eles me mandaram pastar. Estava ficando desesperado, quando tive uma derradeira ideia. Por volta da meia-noite, telefonei para um jornalista suíço, conhecido do telex público, que por sorte tinha o telefone pessoal do Godard. Liguei. O cineasta atendeu. Envergonhado, expliquei que eu era um jornalista brasileiro trabalhando em Paris e que o meu jornal estava à procura do roteiro de *Je vous salue, Marie*, que acabava de ser proibido no Brasil. O jornal estava em campanha a favor do filme e já tinha reservado uma página para o roteiro. Na época, a não ser quando se tratava de dívida externa, pouquíssimo se falava do Brasil, país distante, porém conhecido dos cineastas da *Nouvelle Vague* graças ao Cinema Novo e a Glauber Rocha, considerado primo-irmão dos vanguardistas europeus. Talvez por isso, ou porque Godard tenha achado aquele pedido tão *nonsense*, tão exótico, aceitou. Propôs me enviar o texto no dia seguinte, na primeira hora, pelo correio expresso. Impossível, o prazo do jornal era ontem. Havia somente um jeito, ditar por telefone. Dito e feito. Jean-Luc Godard, com seu sotaque suíço, ditou palavra por palavra. E de quebra ainda me deu uma entrevista, em que convidava o presidente Sarney, responsável pela censura, a tirar a TV Globo do ar e deixar a sua Marie em paz.

Assim, depois de uma da madrugada, lá estava eu ditando o roteiro de *Je vous salue, Marie*, por telefone, à secretária do jornal, encarregada de datilografar os textos de último minuto dos correspondentes internacionais. Ditado soletrado no original em francês e devidamente traduzido.

Horas depois, a entrevista e o roteiro, sem grande interesse, diga-se de passagem, ilustravam a última e mais importante página do jornal.

Enviei um exemplar a Jean-Luc Godard, agradecendo. Não recebi resposta.

Era assim trabalhar sem internet.

OBRIGADO, MAQUININHA

Desde que fui trazido para o Grupo Bandeirantes pelas mãos do Marcelo D'Angelo, no final de 2005, tenho sido procurado com frequência por estudantes cursando o último ano de jornalismo para entrevistas. Um deles, Lucas, de Curitiba, queria fazer o trabalho de conclusão da faculdade sobre os correspondentes brasileiros de rádio. Teve de se reorientar, ao se dar conta de que faço parte de uma espécie em extinção,

149

mais rara que atum vermelho na faca do *sushiman*. Em regra, o rádio brasileiro continua ignorando a notícia internacional, como se o mundo globalizado em que vivemos fosse mera ficção. Ou então utilizam, por questão de simples prestígio, o material das rádios internacionais, estatais, vozes de seus respectivos países: a britânica BBC (British Broadcasting Corporation), a francesa RFI (Radio France Internationale), a alemã Deutsche Welle.

Invariavelmente, as entrevistas começam com as mesmas duas perguntas, cujas respostas devem surpreender aqueles que seguem a trajetória natural da formação universitária:

De onde veio o interesse pelo radiojornalismo?

Para ser sincero, entrei no jornalismo por acaso, ou melhor, por paixão por uma mulher. Minha namorada na época, Mônica, trabalhava como relações-públicas na Jovem Pan; com a vinda do Reali Júnior para Paris, o imenso Fernando Vieira de Melo, vulgo Maquininha, andava à procura de um repórter. Na época, 1971, eu queria mesmo ser ator, mas para ficar perto dela resolvi me candidatar. Ela dizia que viver com um ator, nem morta! Tive então uma ideia absurda: uma vez na rádio, eu me especializo na cobertura de eventos culturais, passo a ser crítico de teatro, como o Sábato Magaldi (crítico respeitadíssimo do *Jornal da Tarde*), e então chego a ser ator. Conclusão: eu me tornei jornalista, abandonei a ideia de ser ator... e nos separamos.

A minha primeira reportagem foi uma catástrofe. Fui cobrir um acidente de ônibus, com vários mortos, na Zona Leste de São Paulo, substituindo o "repórter da cidade" Milton Parron, que tinha outra matéria prevista na pauta. Quanto a mim, eu não sabia nem como funcionava o rádio Motorola para entrar no ar ao vivo, diretamente da viatura da Pan. O motorista, Azeitona, ia me mostrando, me orientando com uma paciência de Jó. Na hora de entrar no ar, apertei o botão vermelho, me aproximei do microfone e, com um fiozinho de voz, disse o nome da vítima, que até então não havia sido identificada. Em pânico, soltei o botão, cortando a comunicação com a Avenida Miruna, sede da Jovem Pan. Sobre o acidente em si, nada, nem uma palavra sequer. Os ouvintes apenas ficaram sabendo que havia uma vítima fatal, de algo que havia acontecido, certamente em algum lugar deste mundo ou, o mais provável, do além. Aflito, desliguei o Motorola para não ouvir o xingatório do José Carlos Pereira, chefe de reportagem, e retornamos imediatamente para a rádio, que ficava na Zona Sul de São Paulo, perto do Aeroporto de Congonhas. Entrei na sala do Fernando e pedi demissão, antes mesmo de ser contratado. Ele me mandou à PUTA QUE PARIU.

No dia seguinte, às seis da manhã, a viatura da Pan, guiada pelo querido Azeitona, estava em frente de casa para que eu fosse cobrir o trânsito para o *Jornal da Manhã*, apresentado na época por Nei Gonçalves Dias, Franco Neto e pelo "barão" Fittipaldi, pai do Emerson e do Wilsinho.

Efetivamente, como você teve a certeza de que o jornalismo era o seu caminho?

A minha primeira experiência na imprensa foi no Grupo Visão, que na época pertencia ao Henry Maksoud. Como eu gostava de escrever, achei que dava para aquilo. Meu tio Júlio Abramczyk, Prêmio Esso de Informação Científica, que bateu o recorde de longevidade na *Folha de S.Paulo*, grande personagem, me indicou para o editor-chefe, Isaac Jardanovski. Apesar da minha total inexperiência, ele me pediu uma matéria de capa sobre Sorocaba (cidade do interior de São Paulo) para a revista *Dirigente Municipal*. Duas visitas à cidade, várias entrevistas e uma semana depois, a matéria estava pronta, antes do prazo. Pedi ao Júlio que desse uma "copydeskada", que fizesse a edição do texto. Rabiscou aqui, rabiscou ali e tirou tudo o que achava supérfluo, só deixou o essencial. Curto e grosso. O texto, sem as curiosidades da cidade, ficou seco, sem graça, uma chatice. Reclamei, mas acabei me submetendo. Afinal, ele era Prêmio Esso.

Levei a matéria para o Isaac, que leu, releu e me aconselhou:

— Milton, você está terminando Direito na São Francisco, é melhor seguir a carreira advocatícia...

Ele me explicou que faltava o recheio, que o texto estava árido, sem sabor etc. e tal. Enfim, o que ele esperava da matéria era tudo o que o meu querido "copy" havia cortado. Obrigado, titio.

Naquele momento, então, fiquei sabendo que o meu caminho seria o jornalismo.

DIRETO DE PARIS

MALVINAS: O FUNAMBULISMO BRASILEIRO

Durante a Guerra das Malvinas, de 2 de abril a 14 de junho de 1982, como correspondente da Rádio Capital na Europa, fui enviado a Londres para cobrir o lado inglês e dar um pouco de equilíbrio às notícias sobre aquele conflito que batia às nossas portas. Tínhamos um correspondente na Argentina, que fazia o *pendant*. Passávamos horas no ar, não havia restrição de tempo de antena. Era a ordem do chefe, Hélio Ribeiro, um velho radialista que tinha uma voz fantástica e a mania de recitar as letras das baladas românticas em cima da voz do cantor. Ninguém era poupado; nem Frank Sinatra, nem Nat King Cole. O editor-chefe era o Alexandre Kadunc, das antigas, que sabia tudo de jornalismo. O objetivo era fazer a melhor cobertura possível, equilibrada, transparente. Assim foi, até o momento em que o Brasil tomou o partido da Argentina e que a rádio tomou o partido do Brasil. Então, o nosso portenho ganhou três quartos do tempo de antena e o equilíbrio foi para o brejo.

Nesse momento, começou um incrível desfile de mentiras, contadas pelo governo argentino e que repercutíamos no ar de maneira indiscriminada. Não se tratava apenas da tradicional censura em época de guerra, mas de pura propaganda política. Ignoramos a máxima de que em um conflito a primeira vítima é a verdade. A chefia passou a "acreditar" piamente na versão dos nossos vizinhos argentinos. O certo seria dizer "preferiu acreditar", dando crédito à pior ditadura que o continente conheceu naqueles anos negros. No quarto de tempo que me restava, eu tentava desesperadamente dar outra versão dos fatos, que a meu ver correspondia um pouco mais à realidade, descontada também a inevitável propaganda britânica. Não era tarefa fácil, pois os militares argentinos, cujo objetivo real era salvar o regime, afirmavam, sem o menor escrúpulo, que a guerra estava ganha, que, graças ao heroísmo de homens como o capitão Alfredo Astiz (condenado à prisão perpétua em outubro de 2011 por crimes cometidos durante a ditadura) e de outros canalhas da sua espécie, o inimigo imperialista estava a ponto de bater em retirada. Na versão portenha, a Argentina estava impondo uma humilhante derrota à Marinha de Sua Majestade.

Só que, no final, Astiz se rendeu sem combater na Ilha Geórgia do Sul, como todos os demais oficiais argentinos.

Para a minha vergonha, a Rádio Capital abria os microfones para que aqueles pulhas se vangloriassem.

Enquanto isso, em Londres, eu via a determinação do governo, apoiado em massa pela população, em recuperar aquelas ilhas. Havia algo de Churchill naquela mulher que ocupava o número 10 da Downing Street. Pelas forças navais enviadas e pelo que se lia no olhar e nos discursos de Margaret Thatcher, a conclusão que se impunha é que seria impossível aos argentinos ganhar a guerra. Maggie, como também era chamada a primeira-ministra britânica, estava onipresente. Ia diariamente à televisão para falar da guerra, multiplicava intervenções. O país estava unido em torno dela e de seus *marines*. O governo montou um centro de imprensa, onde tínhamos *briefings* diários duas vezes ao dia, um pela manhã e outro no final da tarde, com os porta-vozes das forças armadas britânicas. Havia também a possibilidade de entrevistar altas patentes ao longo do dia. O esquema mostrava o profissionalismo e a seriedade com que os britânicos haviam se engajado. A própria Dama de Ferro vinha a cada dois dias ao centro de imprensa para uma coletiva.

Quando Kadunc entrou no ar para tratar de mentirosa a versão inglesa do conflito que eu acabava de dar, enchi o peito, abri o microfone e soltei o verbo:

— Meu caro Alexandre, militar que tortura não sabe fazer guerra. São coisas incompatíveis. Eles estão se entregando, um a um, muitos sem lutar. Entre eles, o capitão Astiz (da tristemente famosa Escola Mecânica de Buenos Aires, conhecido por matar e torturar "subversivos"), que se entregou ao primeiro soldado inglês que desembarcou.

Aproveitei o microfone aberto para contar a história do "órfão" Gustavo Nino:

Dezembro de 1977: em pleno período da ditadura de Jorge Videla, as mães da Praça de Maio, que desfilavam todas as quintas-feiras em frente ao palácio presidencial para reclamar a libertação dos seus, deixavam a Catedral de Buenos Aires. No pátio da igreja, um jovem chamado Gustavo Nino, protegido por elas desde que perdera os pais, desaparecidos nas prisões militares, se aproximou das três fundadoras do movimento – Azucena Villaflor, Esther Ballestrino de Careaga e Maria

153

Ponce de Bianco – e de sete ativistas, dentre as quais duas freiras francesas, e, aos prantos, beijou-as. Ninguém podia imaginar que aquele gesto fosse uma sentença de morte. A verdadeira identidade de Gustavo Nino era Alfredo Astiz, oficial da Marinha, membro do grupo 3.3.2, uma célula encarregada de sequestros, torturas e desaparecimentos. Ao beijá-las, ele estava designando aquelas que deveriam morrer. Por isso, ele ganhou o cognome de "anjo loiro da morte". Quanto às mães, seus ossos foram encontrados anos depois no Rio de la Plata.

— Soldado que tortura não sabe combater – concluí.
— O regime argentino é forte – replicou o nosso jornalista portenho.
— A ditadura está se despedaçando – rebati.

E saímos do ar por medida de precaução.

Eu não podia imaginar que, tempos depois, se descobriria que os oficiais argentinos (que não deram um tiro) torturaram os seus próprios soldados, que passavam fome e frio, para que fossem mais aguerridos e menos reclamões.

No terreno do conflito, ficava cada dia mais claro que a força militar argentina, se não era um engodo, desmoronava como um castelo de areia. Só restava a ela alguns mísseis Exocet, de fabricação francesa, que aliás fizeram muito mal aos ingleses.

A partir daquele bate-boca ao vivo, a cobertura ficou um pouco mais equilibrada. A mídia brasileira começava a se dar conta de que a prioridade de Buenos Aires não era recuperar a soberania das Malvinas, e sim recuperar o prestígio de um regime facínora. Infelizmente, não deu tempo para saborear o espaço recuperado na Rádio Capital. A guerra acabou, e eu voltei para Paris.

Quanto ao capitão Astiz, ele foi preso e levado para Londres, mas acabou sendo repatriado para a Argentina, em uma operação da qual participou a ditadura brasileira.

Informado pela nossa embaixada no Reino Unido de que juízes da França e da Suécia estavam prestes a pedir a extradição de Astiz, acusado pelo desaparecimento de cidadãos desses países, e que Londres estava disposto a responder positivamente, o Itamaraty intercedeu para que ele fosse libertado. Dessa vez, a solidariedade entre governos militares do subcontinente funcionou e a diplomacia brasileira foi extremamente eficaz, antecipando-se aos pedidos de extradição. Rumo a Buenos Aires, o avião em que o torturador se encontrava, acompanhado por um diplomata brasileiro, fez escala no Rio de Janeiro.

Telegramas do Serviço Exterior de 1982, desclassificados em 2012, mostram o empenho com que o embaixador brasileiro em Londres, Roberto Campos (inventor da correção monetária), amigo do então chanceler argentino Nicanor Costa Mendes, trabalhou junto ao Foreign Office pela libertação e repatriamento de Astiz.

De certa maneira, Londres pagava assim a "dívida" da postura ambígua de Brasília durante o conflito.

A guerra terminou há trinta anos. A derrota das forças argentinas no conflito contribuiu para o fim do regime militar liderado pelo general Leopoldo Fortunato Galtieri, que foi preso, acusado de "incompetência" na guerra.

Tempos depois, indo às Cataratas do Iguaçu, dei de cara com uma placa no meio da ponte separando Brasil e Argentina: "Las Malvinas son argentinas".

Lembrei-me do jornalista portenho, do grande Kadunc, da voz aveludada do Hélio Ribeiro recitando "My way", da resposta da Dama de Ferro à única pergunta que consegui fazer a ela durante os dias passados em Londres:

— Como a senhora vê a postura do Brasil no conflito?
— Relativamente equilibrada - respondeu secamente, sem comentários.

Se oficialmente Brasília considerava justa a reivindicação argentina sobre as Malvinas, o general Figueiredo não negou apoio logístico ao bombardeiro estratégico *Avro Vulcan*. Em pane, o avião, considerado um dos elementos do tripé da dissuasão nuclear britânica, entrou no espaço aéreo brasileiro e foi escoltado até o Rio de Janeiro. Ali ficou retido durante dois dias, sendo depois liberado com suas armas a bordo. Esse fato se transformou, na época, em um contencioso diplomático entre o Brasil, a Argentina e o Reino Unido.

A resposta da Dama de Ferro à minha pergunta - postura relativamente equilibrada - fazia sentido. Mesmo se Londres chegou a examinar a possibilidade de uma ação militar no Brasil para impedir que aeronaves da Aerolineas Argentinas, russas, carregadas de mísseis, e outros aviões com armamentos de origem russa fornecidos pela Líbia do coronel Kadhafi fizessem escala nos aeroportos do Recife e do Galeão. Em uma reunião de seu gabinete, Margaret Thatcher chegou a estudar a possibilidade de abater um desses aviões argentinos que faziam escala no Brasil. O embaixador do Reino Unido, George Harding, sabendo da conivência de certas autoridades brasileiras, desaconselhou o ataque direto e iniciou uma negociação. Segundo documentos do National Archives, de Londres, o contencioso teria sido superado graças à sua intervenção junto ao ministro das Relações Exteriores, Ramiro Saraiva Guerreiro, de quem obteve a suspensão da ponte aérea entre Trípoli e Buenos Aires. A cadência havia chegado à média de dois voos diários, em operação montada por União Soviética, Cuba e Angola, formando assim uma curiosa aliança entre essas ditaduras de esquerda e o regime militar de direita do general Leopoldo Galtieri.

O Brasil não foi o único a agir de maneira dúbia nessa guerra. A América do Sul esteve dividida. O Chile de Augusto Pinochet, que apesar da proximidade ideológica e das ações conjuntas da Operação Condor contra as esquerdas mantinha com a Argentina uma relação de amor e ódio (desde que os dois países beiraram a guerra pela posse do Canal de Beagle, em 1978), apoiou abertamente o Reino Unido. Aliás, em total contradição, com o TIAR (Tratado Interamericano de Assistência Recíproca).

Oficialmente, o Peru foi o único país do Cone Sul totalmente solidário à Argentina, a ponto de fornecer os seus mísseis AM 39 Exocet, responsáveis pelo afundamento, em 4 de maio, do contratorpedeiro *HMS Sheffield*, o navio de guerra mais moderno da Marinha Real Britânica.

A França, como país europeu e membro da Aliança Atlântica, cumpriu seu compromisso com o Reino Unido, fornecendo os códigos para o desvio de alvo dos mísseis Exocet, vendidos por Paris a Buenos Aires. No entanto, também fez jogo duplo. Muito embora François Mitterrand tenha sido o primeiro chefe de Estado europeu a decretar o embargo sobre a venda de armas à junta militar argentina, hesitou muito em dizer o número de mísseis vendidos a Buenos Aires. Uma reportagem da BBC de Londres revelou que o Palácio do Elysée sabia que uma equipe técnico-militar francesa da empresa Dassault (com participação majoritária do governo) se encontrava na Argentina para testar os lançadores de mísseis. Nada fez para repatriá-la, ao contrário, manteve-a *in loco*, sob a alegação de que era preciso ter informantes trabalhando para os serviços secretos. Graças à intervenção dessa equipe, seis lança-mísseis que estavam fora de uso puderam ser consertados e acionados pelas forças portenhas. Quando a Argentina começou a utilizar os mísseis Exocet franceses contra as forças britânicas, com efeitos devastadores, as relações entre Thatcher e Mitterrand se deterioraram.

O governo francês estava dividido entre os que defendiam a solidariedade atlântica e aqueles, como o ministro da Defesa, Charles Hernu, que criticavam o colonialismo britânico.

O ex-ministro da Defesa do Reino Unido, John Nott, qualificou a postura francesa de "duplicidade e traição".

Até hoje as relações são marcadas pela desconfiança mútua.

OS FUROS DO ACASO

Muitas vezes, dar um furo é mera questão de acaso.

Eu estava no sul da França no dia 1º de junho de 2009, preparando o meu boletim matinal para a BandNews, quando a internet parou de funcionar. Perdi a conexão e não conseguia mais acessar o texto do meu comentário. Faltavam apenas alguns minutos para entrar no ar e ali estava eu, sem matéria. Quase entrei em pânico. Corri para a sala ao lado, liguei o rádio na France Info, a única estação de notícias 24 horas da França. Dois minutos depois, estava telefonando para o Brasil, pronto para improvisar, quando a jornalista Laurence Jousserandot, com quem eu já havia papeado na máquina de café da Maison de la Radio, anunciou o desaparecimento do avião da Air France que fazia a rota Rio-Paris. No Aeroporto de Roissy-Charles de Gaulle, ao norte de Paris, ninguém tinha notícia do AF447, que havia perdido contato na madrugada. O voo já devia ter chegado e ninguém sabia onde estava o avião. Era uma informação exclusiva da France Info, que merecia checagem. Eu sabia que a jornalista era séria. Mesmo assim, liguei para Laurence, que me disse se tratar de uma fonte da central de informações Aeroportos de Paris. Ainda não se tratava de acidente, "apenas" do desaparecimento da aeronave. Lá no Morumbi, do outro lado da linha, estava o excelente jornalista Eduardo Barão. Pedi a ele que me pusesse no ar. Apesar da hesitação, já que ninguém havia dado a notícia, ele também decidiu bancar. Questão de confiança. Assim, fomos os primeiros a informar o Brasil sobre o desaparecimento do Airbus A330 da Air France, notícia que minutos depois seria confirmada pela CNN e, bem mais tarde, pela mídia em geral. O "furo" só foi possível graças à pane da internet e aos muitos cafezinhos tomados na Maison de la Radio.

Naquele dia, entre a Rádio Bandeirantes, a BandNews e os áudios para a televisão, entrei no ar umas trinta vezes, além de alimentar a France Info com notícias vindas do Brasil. Enquanto falava, Gisela, minha mulher e meus dois braços, atualizava as informações, dava telefonemas, sempre ligada na rádio e na internet, que tinha voltado a funcionar, rabiscando as últimas notícias em pedaços de papel encontrados pela casa. No final da noite, pegamos o TGV – trem de alta velocidade – e retornamos a Paris para continuar a cobertura. Naquela altura, o desaparecimento do avião já tinha se transformado em acidente, com um saldo provável, depois infelizmente confirmado, de 228 mortos. Nenhum sobrevivente. A maior catástrofe aérea do Brasil.

Na cobertura do acidente do AF447, fiquei horas no ar.

É sempre assim nos acontecimentos importantes. Pelo inusitado, cito duas outras ocasiões: a primeira Guerra do Golfo e a libertação de Ingrid Betancourt, ex-candidata à presidência colombiana, que ficou sete anos na selva nas mãos dos terroristas das Farc (Forças Armadas Revolucionárias da Colômbia). Nesses dois momentos aconteceram fatos pitorescos.

Alô, Bagdá, aqui Brasília

Na primeira Guerra do Golfo, a Eldorado, rádio para a qual trabalhava, saiu na frente por obra da esperteza do diretor de jornalismo, Marco Antonio Gomes, e da ingenuidade lusitana de um funcionário do Itamaraty. A rádio conseguiu contato com a embaixada brasileira em Bagdá, onde se encontrava um português, encarregado de informar o Ministério das Relações Exteriores. Era o único funcionário que ainda se encontrava no prédio. Quando o telefone tocou, ele certamente pensou que fosse de Brasília e começou a descrever a situação *in loco*. Assim, os ouvintes da Eldorado foram informados, em tempo real, do início dos bombardeios. Nosso amigo português continuou por mais ou menos meia hora, respondendo às perguntas dos jornalistas que estavam no estúdio do bairro da Aclimação, em São Paulo, e às minhas, de Paris. Ele só saiu do ar porque a linha caiu, os contatos com Bagdá foram interrompidos. Eu continuei a descrever a situação e a comentar os primeiros momentos da guerra a partir dos telex das agências noticiosas, que chegavam aos cântaros na sala de redação da RFI (Rádio França Internacional), onde me encontrava. Ao contrário das rádios brasileiras, que na melhor das hipóteses recebiam os despachos de uma só agência internacional, a RFI tinha assinatura de todas as grandes agências: UPI, AP, Reuters,

France Presse, Nova China, Interfax. Eu ia recebendo os telex, fazendo uma triagem rápida e contando para os ouvintes. Foram cinco horas de cobertura ininterrupta. Nos dias seguintes, retomamos o contato com o nosso "correspondente" português, que continuou a informar os ouvintes da Eldorado, a única emissora brasileira e uma das poucas no mundo a falar diretamente do coração de Bagdá desde os primeiros momentos do conflito.

Os especialistas dizem que o mais difícil é fazer o ouvinte mexer no *dial* do rádio para mudar de estação, mas que, uma vez isso feito, você ganhou. Foi o que aconteceu naqueles dias em que a Eldorado se tornou a rádio informativa de referência. Uma conquista desperdiçada anos depois.

Do banheiro, ao vivo

Tínhamos ido jantar em uma *brasserie* atrás da Torre Eiffel, pertinho da Escola Militar, onde se come uma das melhores *profiteroles* de Paris, a sobremesa preferida da minha sobrinha Flávia. Ela e o Alex, cara muito boa gente, estavam em lua de mel. Éramos oito à mesa: a minha mulher, seus dois filhos, os meus dois e o casal apaixonado. Mal nos sentamos, o celular tocou. Era a BandNews querendo que eu entrasse no ar para comentar a libertação, tão esperada, tantas vezes anunciada e desmentida, de Ingrid Betancourt, ex-candidata à presidência da Colômbia e sequestrada pelas Farc sete anos antes. Havia muito o que dizer a partir de Paris. Ingrid Betancourt é franco-colombiana e tinha vivido a maior parte de sua vida na capital francesa. Casou-se a primeira vez com um diplomata francês, com quem teve dois filhos. A França em peso estava empenhada na sua libertação, a ponto de Nicolas Sarkozy ter feito dela uma promessa de campanha e uma das prioridades de seu governo. Dirigida pelo jornalista Alejandro Valente, a redação latino-americana da Rádio França Internacional, por determinação do Quai d'Orsay, o Itamaraty francês, tinha aberto os seus microfones para os filhos de Ingrid ao tomar conhecimento de que ela ouvia diariamente o programa em espanhol. Eles se revezavam para mandar mensagens de encorajamento e amor à mãe.

Eram oito da noite do dia 2 de julho de 2008. Pedi cinco minutos, me informei e entrei no ar sentado à mesa. A Band me ligou em seguida. O barulho já era grande no restaurante. Fui até o carro e entrei no ar, direto do estacionamento. Dei dois ou três telefonemas, enquanto ouvia a France Info. Ligaram-me de novo. Várias vezes. Aproveitei, enfim, uma pausa para voltar ao restaurante e fazer o meu pedido: *magret de canard*, filé de pato, eleito o prato preferido dos franceses. Enquanto esperávamos, ligaram-me mais uma vez. O Boris Casoy queria que eu entrasse ao vivo na BandNews. Não havia tempo hábil para ir até o carro; a calçada, perto da Torre Eiffel, estava apinhada de gente; o restaurante, cheio. Então, só me restava uma solução naquele momento: o banheiro, situado no subsolo. Sem hesitação, desci as escadas e lá me tranquei. Felizmente, o celular funcionou razoavelmente bem. Se a acústica não era das melhores, pelo menos era calmo e silencioso. O Boris conversou comigo durante quase uma hora. No final, já estavam batendo na porta. Desliguei e comecei a subir, mas não foi dessa vez que consegui me reunir à família. Era a televisão ao telefone, querendo um áudio para o *Jornal da Band*. Fiz dali mesmo, do meio das escadas, de improviso.

O meu *magret* já tinha sido esquentado duas vezes, estava esturricado. *Magret de canard* tem de ser no ponto, rosado e macio. Com pena de mim, o garçom mandou fazer outro. E eu dei a primeira garfada no momento em que a Flávia saboreava a derradeira *profiterole*.

Outro dia um ouvinte perguntou:

— De onde você transmite?
— Dos lugares mais insólitos – respondi.

SÓ

Sinto-me só. Reali Júnior morreu ontem, dia 9 de abril de 2011, sem ter realizado a sua última vontade: voltar para Paris. Eu o vi dois dias antes, na véspera do meu retorno à França, muito magro, pele e osso, com dificuldade para falar, mas ainda com a esperança de voltar. "É só a perna melhorar um pouquinho e eu estarei lá de novo", disse-me uma, duas, três vezes.

Eu queria acreditar, muito embora a figura que estava deitada ali, segurando a minha mão com todas as suas forças, que eram poucas, me mostrasse o contrário. Amélia, sua mulher, havia prometido que, se ele passasse 15 dias bem, pegariam o avião.

— Reali, eu preciso de você, preciso do amigo, preciso do "concorrente" – tentava encorajá-lo.

Mas não houve milagre.

Conheci o Reali dias após a minha chegada a Paris. Ele era amigo do meu sogro, Claudio Augusto Luzzi de Barros, grande figura, com quem havia dividido longas horas de papo em companhia de Fernando Vieira de Melo na redação da Jovem Pan, lá na Avenida Miruna, praticamente em frente ao Aeroporto de Congonhas, em São Paulo. Desde então, foram trinta e tantos anos de amizade. Ele e Amélia foram padrinhos do meu segundo casamento e presenças constantes em todos os momentos fortes, de alegria como de tristeza. Nas horas de fossa, eram a carne de panela da Amelinha e o uísque do Reali que me ajudavam a dar a volta por cima.

Impossível contar o número de vezes que fui à casa deles para tomar um cafezinho no final da tarde, após um dia de trabalho na Maison de la Radio. Reali era tão distraído que às vezes propunha um café, preparava o seu e esquecia o do amigo. Por isso, eu já ia sozinho à cozinha e preparava o meu. Lembrei a ele um desses episódios dez dias antes de sua morte. Rimos muito. Nessas idas ao apartamento do andar térreo da Rue de Ranelagh, falávamos de tudo. Eu reclamava do comportamento pouco profissional de alguns jornalistas da redação brasileira da Rádio França Internacional, conhecidos dele. Para qualquer um, essa seria uma situação embaraçosa, mas não para o Reali. Com toda a naturalidade, ele conjugava verbos impossíveis e, sem julgar, sem criticar, tentava ajudar a que se chegasse à melhor solução.

Era um ser à parte. Não era apenas um grande jornalista – ele diria repórter –, era muito mais. Conseguia, como ninguém, ser querido por todos, mesmo por seus contrários. Dizer que sua casa era a verdadeira embaixada brasileira em Paris se tornou lugar-comum. Por ali passavam políticos de todos os bordos. Reali Júnior só comprava briga quando os seus valores mais profundos eram violentados. Aí, sim, virava uma fera. Eram, porém, situações raríssimas. Quando estava de bom humor, era capaz de confundir urubus com andorinhas. Foi literalmente o que aconteceu durante um passeio pelos castelos do Vale do Loire, logo após a sua chegada à França. Ele estava tão maravilhado, que se virou para Amélia e disse:

— Veja só que lindo, quantas andorinhas!!!
— Você não vê que são urubus? – ela respondeu com um grande sorriso.

Gourmand e *gourmet*, tinha uma memória gastronômica prodigiosa. Não apenas se lembrava do nome dos restaurantes de todos os países que visitara – muitos –, como era capaz de dizer o que cada um que estava à mesa comeu. Ele costumava brincar que um dia escreveria um livro intitulado "Confesso que comi".

Reali saía praticamente todas as noites para jantar. Era o seu grande prazer. Gastronomia e jornalismo eram as suas duas paixões. Além, é claro, de suas cinco mulheres: Amélia, amor eterno de juventude, e as quatro filhas – Luciana, Adriana, Mariana e Cristiana. Com Amélia, era um verdadeiro ditador.

Lembro-me do final da cobertura do primeiro encontro do G8 de Lula presidente, em junho de 2003, em Evian, leste da França. Era fim de tarde, Reali foi o primeiro a terminar o trabalho e começou a me apressar. Devíamos cruzar o Lago Léman, rumo à Genebra, onde dormiríamos, antes de pegar o trem-bala para Paris no dia seguinte. Ele insistia para irmos embora logo, eu não entendia por que tanta pressa. Tive de editar rapidamente as últimas entrevistas e deixar as sonoras com o técnico da Rádio França Internacional, encarregado de enviá-las a Paris. Ele estava impaciente. Foi somente ao chegar à Suíça que compreendi: tínhamos uma mesa reservada para as oito da noite em um restaurante indicado pelo saudoso Saul Galvão, então crítico gastronômico do *Estadão*. Em matéria de restaurantes e vinhos, os dois, que se gostavam como irmãos, se engalfinhavam feito gato e rato.

Dessa vez a indicação foi boa e passamos uma excelente *soirée*, após uma indigesta Cúpula em que Lula, recém-eleito, fez malabarismos para tentar explicar que a sua presença entre os ricos e poderosos do planeta era a prova cabal de que os manifestantes antiglobalização, que do lado de fora eram reprimidos a cacetadas e presos, tinham enfim chegado ao poder. Ele dizia ser a encarnação dos oprimidos. O que muitos acreditam até hoje. Em Evian, desenvolveu o gosto por se sentar à mesa dos ricos e comer caviar, falando em nome dos famélicos do mundo.

Reali, que conhecia Lula de outros carnavais, já estava com a cabeça no nosso jantar, no *pigeonneau du Haut Anjou rôti et confit*, do Auberge du Lion D'Or, de Genebra.

Para ele, naquele momento, o importante era um bom amigo, um prato saboroso e um belo vinho tinto: Château Pavie, 1982. Tão bom que trouxemos uma garrafa para Paris, degustada tempos depois com uma divina *côte de boeuf* preparada pela Amélia. Malpassada para todos, esturricada para o Reali, que até nisso era brasileiro.

A MORTE DE ARAFAT

Oficialmente, o líder palestino Yasser Arafat morreu no dia 11 de novembro de 2004, no Hospital Percy, um hospital militar em Clamart, zona sul de Paris. Esse foi o dia em que as máquinas que o mantinham artificialmente em vida foram desligadas e que os médicos franceses assinaram a certidão de óbito indicando "morte natural". Claro que os adeptos compulsivos da teoria do complô não hesitaram em apontar outras causas da morte, como aids ou envenenamento pelo Mossad, o serviço secreto israelense, por ordem direta do então primeiro-ministro Ariel Sharon. Houve quem falasse em envenenamento, envolvendo o sucessor do *rais*, cabeça em árabe, à frente da OLP (Organização pela Libertação da Palestina) e da Autoridade Nacional Palestina, Mahmoud Abbas. Tese que tem seus adeptos até hoje. O jornal belga *Le Soir*, citando fontes que pediram o anonimato, publicou um longo artigo dizendo haver provas de que Arafat foi envenenado.

Apesar do tempo chuvoso e frio durante os dias que antecederam a morte oficial, havia centenas de jornalistas do mundo inteiro no hospital à procura desesperada de informação. Quando um médico ou alguém próximo de Arafat saía, formava-se uma roda em volta, como se fosse um formigueiro. Estado estacionário. Duas palavras que eram repetidas *ad aeternum* e que corriam de boca em boca. Todo o resto era boato. E nesses momentos é impressionante a quantidade de rumores que circulam.

Yasser Arafat tinha dado entrada no Serviço de Reanimação do Hospital Percy no dia 29 de outubro.

Seis dias depois, portanto no dia 4 de novembro, eu dava a informação, uma verdadeira bomba, em primeiríssima mão: "Arafat se encontra em estado de morte cerebral. Irreversível. Seu coração está sendo mantido artificialmente em vida. Ele respira por meio de aparelhos. Há alguns detalhes a serem resolvidos antes que as máquinas sejam desligadas".

A entrevistadora do jornal de televisão do site Terra, com quem a Rádio França Internacional tinha parceria, me pediu para repetir três vezes a notícia. Meu amigo Jaime Spitzcovsky, então editor do Terra, se encarregou de repassá-la para o restante do país.

Como foi possível furar centenas de jornalistas internacionais, inclusive alguns próximos de Arafat? Meu contato foi uma amiga enfermeira que trabalhava com o chefe do Serviço de Reanimação em que se encontrava o líder da OLP. Depois, eu só tive o trabalho – e o cuidado – de confirmar a

163

morte cerebral com um médico que saía do hospital, longe das câmeras e dos microfones. Acompanhei-o até a calçada e estendi a ele uma folha de papel com duas palavras: "*mort cerebral*". *Oui ou non?*, perguntei. *Oui*, disse-me ele secamente.

No dia seguinte, um boletim médico anunciava a morte cerebral de Arafat, fato que os brasileiros foram os primeiros a saber. Esse foi um dos grandes furos da minha vida de correspondente internacional.

Começava uma longa espera, que nos fazia pensar na morte de Franco, na Espanha, que demorou um mês até ser oficializada. É claro que há mil detalhes a serem resolvidos em um momento como esse.

Faltava descobrir os motivos pelos quais as pessoas próximas do presidente palestino se negavam a desligar as máquinas. Os jornalistas que cobriam sua lenta morte levaram quatro dias para levantar duas hipóteses:

1) a complicadíssima divisão do espólio de Yasser Arafat entre a sua mulher e a Autoridade Palestina;
2) as dificuldades nas negociações para a repatriação do corpo e o local do enterro.

Essas negociações foram mediadas pelos serviços do Quai d'Orsay, o Ministério das Relações Exteriores francês. Fato raro, Jacques Chirac tinha boas relações com os palestinos e com os israelenses, apesar dos atritos ocorridos durante uma visita a Jerusalém Oriental, em que o presidente francês decidiu se misturar à multidão árabe, desobedecendo às orientações estritas da segurança israelense. Quanto a Israel, apreciou o gesto de Chirac de reconhecer a responsabilidade do Estado francês na deportação dos judeus para os campos de extermínio nazistas durante a Segunda Guerra Mundial. O que François Mitterrand, em nome de sua própria história, havia se negado a fazer. (A bem da verdade, é bom lembrar que, na sua juventude, Mitterrand havia trabalhado para o governo colaboracionista de Vichy e até recebido uma medalha, chamada Francisca, pelos serviços prestados.)

A França, graças à intervenção direta de Chirac, conseguiu convencer os palestinos a desistirem de enterrar Arafat em Jerusalém Oriental, reivindicação considerada inaceitável por Israel.

Quanto à divisão do espólio, a questão era espinhosa. Ao que se dizia, Arafat não havia separado os bens pessoais dos bens da OLP e da Autoridade Palestina. Um levantamento dos casos de corrupção no governo palestino, posterior à sua morte, mostrou (o que já se desconfiava) a existência de várias contas em paraísos fiscais no nome pessoal de Yasser Arafat. Ele teria, segundo fontes palestinas, desviado entre 1 e 3 bilhões de dólares, inicialmente destinados à Autoridade Palestina. Nunca se soube exatamente quanto, mas a questão era determinar para quem iria o dinheiro.

Inicialmente, os seus herdeiros políticos reivindicaram a totalidade dos bens, que deveriam ser transferidos para os cofres da Autoridade Palestina, em Ramallah. A herdeira legal dizia exatamente o contrário. Suha Tawil Arafat, conhecida na Cisjordânia como "Madame Palestina vestida de Prada", queria tudo, muito embora o casal estivesse separado de fato desde 2000, ano da Segunda Intifada. Ela morava com a filha Zahwa em Paris, onde alugava um andar inteiro do luxuoso Hotel Bristol, a dois passos do Palácio do Elysée, por 15 mil euros por dia, 450 mil por mês. Um lugar onde seu marido nunca pisou. Desde a separação, ela teria se reencontrado uma única vez com o *rais*, em setembro de 2004, na Moukata, o QG do chefe palestino, em Ramallah.

Suha levava uma vantagem substancial sobre os seus adversários: pela lei francesa, como esposa legítima (apesar de separada), ela tinha o direito de controlar as informações provenientes do hospital sobre o estado de saúde do marido.

Não sei, e aparentemente ninguém da imprensa sabe, como terminou a negociação; mas, se no dia 11 a morte de Yasser Arafat foi oficializada, houve um acordo em que se vê a intervenção de Chirac. No dia 9, o presidente recebeu uma delegação palestina de alto nível, composta de Ahmed Qorei, então primeiro-ministro da Autoridade Palestina, Nabil Shaath, ministro das Relações Exteriores, Mahmoud Abbas, número dois da OLP, e Rawhi Fattouh, presidente do Conselho Legislativo palestino. Contrariando o protocolo, o presidente francês fez questão de recebê-los na entrada do Palácio do Elysée, fato raríssimo para personalidades que não têm o estatuto de chefe de Estado. Dois dias depois, a morte de Arafat era oficialmente declarada. Tudo parecia resolvido.

Pouco se falou no assunto até a abertura recente de uma informação judicial na França contra Suha por transferência ilegal de 11,5 milhões de euros e a sua expulsão de Túnis, em 2007, sob a alegação (por parte de sua ex-amiga, a então primeira-dama todo-poderosa Leila Ben Ali Trabelsi) de desvio de verbas do governo tunisiano, destinadas ao projeto de construção da Escola Internacional de Cartago. Suha perdeu sua mansão no bairro chique de Gammarth e a nacionalidade tunisiana. Foi expulsa do país, viveu um tempo com a filha entre a Argélia, a França e a Suíça, até encontrar refúgio no paraíso fiscal de Malta. Tudo indica que Suha nunca mais viu sua "amiga" Leila Ben Ali Trabelsi, que por sua vez fugiu da Tunísia em 2011, após a Revolução de Jasmim, a flor nacional, para viver um exílio dourado na Arábia Saudita. Levou consigo, entre outras "lembranças", mil toneladas de ouro.

A caixa de Pandora foi aberta

O que aconteceu com a fortuna de Yasser Arafat? Do que morreu o líder palestino? Jornalistas do mundo todo já procuraram as respostas, que por enquanto continuam muito bem guardadas, a sete chaves, por Suha, Chirac, Mahmoud Abbas, mais três ou quatro palestinos e talvez elementos do Mossad. Além dos médicos, que na época optaram pela fórmula "motivo desconhecido".

Arafat era obcecado por segurança, nunca dormia na mesma cama e sua comida era sempre provada antes por um *fedaim*, combatente. Desconfiava de tudo e de todos. Seus inimigos iam do governo israelense ao "amigo" palestino mais próximo.

Em julho de 2012, surgiu a notícia de que uma análise do Instituto de Radiofísica do Hospital Universitário de Lausanne, na Suíça, por conta de Suha, encontrou traços de polônio 210 em objetos pessoais de Arafat: seu histórico lenço quadriculado *keffiyeh*, sua escova de dentes, seu uniforme, um gorro de lã e a *chapka* no estilo russo que usava dias antes de sua morte, quando partiu de Ramallah para um hospital de Paris. A Autoridade Palestina deu sinal verde à exumação do *rais*, diante da suspeita de envenenamento. O Mossad considerou a hipótese ridícula. Todas as fontes oficiais israelenses rejeitaram as acusações. Saeb Erekat, dirigente da Autoridade Palestina, exigiu a criação de uma comissão de inquérito internacional. Ahmed Yibril, chefe da FLP (Frente de Libertação da Palestina), declarou que Arafat morreu de aids. Essa também foi a opinião em Israel, onde se levantou a tese de que o líder palestino era homossexual.

Ronen Bergman, especialista em serviços secretos israelenses, declarou ao jornal *Yediot Ahronot* que o ex-primeiro-ministro Ariel Sharon recebeu da Romênia um vídeo com imagens de Arafat mantendo relações sexuais com seus guarda-costas.

Na época da morte, Suha negou autorização para que se praticasse a necrópsia. Por quê?

E por que Suha esperou oito anos para entrar com uma ação judicial no Tribunal de Nanterre, subúrbio de Paris, por assassinato?

Ela afirma que as suas suspeitas começaram somente quando entrou em contato com o Hospital Percy para buscar amostras de sangue e de urina do marido, sendo informada de que estas haviam sido destruídas quatro anos antes. O que é feito com o material de todos os pacientes.

Na época, Salah Bardauil, um dos dirigentes do Hamas, acusou: "Mãos palestinas estão envolvidas no assassinato".

O mais incrível é que, pelo menos até agosto de 2012, ninguém tivesse pedido oficialmente às autoridades francesas e ao hospital militar em Clamart a entrega do prontuário médico do *rais*. Nem a Autoridade Nacional Palestina, nem Suha Tawil Arafat, nem ninguém.

O corpo de Yasser Arafat foi exumado para colheita de material em presença de especialistas franceses, suíços e russos, no dia 26 de novembro de 2012, contra a vontade de seu sobrinho, Nasser al-Qidwa, presidente da Fundação Yasser Arafat, que preferia não mexer no vespeiro.

Os cientistas suíços encontraram nos restos exumados do líder palestino um nível 18 vezes superior ao que seria normal do elemento radioativo polônio. A análise apontou 83% de probabilidade de ele ter sido envenenado. O suficiente para Ramallah acusar Israel de assassinato.

O porém é que o laboratório russo encontrou quantidades ínfimas de polônio, dentro do nível de normalidade. Enquanto o laboratório francês descartou a tese de envenenamento.

Resultado inconclusivo.

11 DE NOVEMBRO DE 1989

No final de 2009, em um bate-papo com Zé Paulo de Andrade, Salomão Ésper e Joelmir Beting no *Jornal Gente*, da Bandeirantes, surgiu o assunto da queda do muro de Berlim. Vinte anos haviam se passado. O Joelmir contou um episódio que marcou a sua cobertura, em meados de novembro de 1989. Ele foi filmar um canil totalmente abandonado na zona de passagem entre as duas Alemanhas, ainda não oficialmente reunificadas. Os cães, treinados

167

para impedir a fuga dos orientais para o lado ocidental da cidade, e matar se preciso fosse, estavam raivosos, deixados à própria sorte, sem água, sem comida, presos em um cercado. Famintos e cheios de ódio, eles uivavam; enquanto a algumas centenas de metros dali as pessoas se abraçavam, cantavam, dançavam, choravam, comiam linguiça branca e bebiam cerveja com *Schnaps*. O Joelmir dizia que passou um dos maiores medos de sua vida ao se aproximar das grades do canil e pensar que aquelas feras podiam escapar. Ele estava naquela área, antes guardada por soldados do leste, salpicada de pessoas enterradas sob uma placa em que estava escrito "desconhecido". Os fugitivos deixavam os documentos no lado oriental para que, caso fossem presos, não houvesse represálias contra as suas famílias. Não podiam, portanto, ser identificados.

A minha experiência foi completamente diferente. Meu momento marcante foi outro. Viajei para Berlim no dia seguinte ao início da destruição do muro, 10 de novembro de 1989. "Dormi" perto do lugar de passagem entre as duas Berlins, o famoso Check Point Charlie. Dormir é forma de dizer, porque naquelas noites ninguém fechava os olhos. Quando se faz esse tipo de cobertura, o jornalista fica tão impregnado pela enormidade do acontecimento que tem a impressão de que o restante do mundo não existe, ele se sente parte do movimento. Essa impressão ganharia ainda mais intensidade na manhã do dia 11. Eu me encontrava ao lado do jornalista do canal francês Antenne 2 Philippe Rochot, diante de um pedaço de muro multicolorido, exatamente em frente ao Check Point, entre uma fila de cerca de trezentos metros à esquerda e outra igual à direita de pessoas indo passar o fim de semana do "outro lado", quando surgiu a figura ímpar do maior violoncelista do século XX: Mstislav Rostropovitch, Slava para os seus muitos amigos. Eu o havia visto em algumas ocasiões, em cena e fora dela, quando tive a oportunidade de trocar duas tímidas palavras e, sobretudo, tocar aquelas mãos mágicas, de longos dedos. Em uma de suas entrevistas, ele contou que reclamava com a mãe de sua feiura.

— Por que você me fez com um rosto horrível assim? - perguntava.
— É que eu mandei todo o meu amor para as suas mãos – ela respondia.

Ali estava então Slava, com o seu inseparável Stradivarius. O instrumento pertenceu a Napoleão Bonaparte e ainda conservava as marcas das esporas do imperador. Ele se sentou em uma cadeira estofada de plástico cinza e pé de metal enferrujado, emprestada de um dos policiais da guarita próxima por seu amigo Antoine Riboud, o rico industrial francês dono da Danone, que o acompanhava, e, em meio ao mais absoluto silêncio, tirou as primeiras notas da "Sarabanda em ré menor", da segunda suíte de Johann Sebastian Bach. Uma escolha óbvia, ele diria anos depois, porque "Bach é Deus".

Rostropovitch havia gravado as suítes de Bach pouco antes, após ter hesitado durante muitos anos por considerá-las a maior obra para violoncelo de todos os tempos, e elas mereciam a perfeição. E ele, o maior violoncelista do mundo, modestamente ainda não se sentia pronto.

Havia um lado teatral no imenso músico, sobretudo fora de cena.

— Eu estava sentado em frente ao muro, vendo aquelas pessoas unidas pela felicidade e pela esperança. Eu precisava tocar para que a música entrasse em simbiose com o momento. Na minha frente estava um jovem, sentado no chão, com os olhos fechados. Ele não abriu os olhos um segundo. Eu me concentrei naquele "olhar" e toquei a sarabanda... Uma lágrima escorreu pelo seu rosto. Foi um dos momentos mais bonitos da minha vida – Rostropovitch me diria em uma entrevista para a Rádio França Internacional oito anos depois.

Dizia também que tocou a segunda suíte de Bach em homenagem aos mortos daquele lugar, que separou irmãos, filhos e amantes durante décadas.

Slava contou que estava em Paris quando começou a receber telefonemas de amigos falando da destruição do muro, ligou então para Riboud e intimou o empresário a preparar seu jatinho privado, porque iriam, os dois, para Berlim. Ali chegando, pegaram um táxi sem saber o destino certo. Acabaram se decidindo pelo Check Point Charlie, por indicação do taxista.

Ao chegar aos pés do muro, percebeu que precisava de uma cadeira. Seu amigo se encarregou de conseguir a da guarita mais próxima. Inicialmente o policial hesitou, mas acabou cedendo. Slava sentou-se e tocou. As suas mãos, frutos do amor materno, tocavam as cordas com força e meiguice, o arco deslizava guiado pelo deus Bach. Berlim ficou em silêncio para ouvi-lo, transportada para outra dimensão, a dos gênios.

Aquele homem, que nasceu na longínqua Baku, na República Socialista Soviética do Azerbaijão, que perdeu a nacionalidade por ordem de Leonid Brejnev, tornando-se apátrida por ter defendido seu mestre Shostakovitch e abrigado o dissidente Alexander Solzhenitsyn, que foi enxotado da União Soviética, talvez estivesse ali começando a recompor o seu passado. "O muro dividia meu coração", ele dizia. Talvez, sem aquela sarabanda, Mstislav Rostropovitch jamais tivesse voltado à sua terra natal, para enfim morrer em Moscou.

Os olhos fechados do jovem sentado ao lado do violoncelista em frente ao muro não eram os meus. Mas naquele dia eu também chorei.

O DIA EM QUE A IMPRENSA COMEU BARRIGA

"Qual foi a maior 'barriga' da imprensa esportiva brasileira? O Milton sabe", disse o Zé Paulo de Andrade, questionando os outros membros da equipe do *Jornal Gente*.

Estávamos em 1998, final da Copa do Mundo de Futebol. Nenhum jornalista brasileiro esteve na concentração canarinho na manhã daquela partida, senão teria visto o Ronaldo sair do Castelo de Ozoir-la-Ferrière em companhia do doutor Lídio Toledo e se dirigir ao Hospital da Pitié-Salpêtrière, em Paris. Ninguém da imprensa esteve no hospital, tampouco viu o jogador retornar ao hotel. Ninguém relatou o clima reinante entre os atletas brasileiros naquele 12 de julho. A imprensa brasileira, tida como a mais intrometida e bisbilhoteira do mundo, tinha evaporado.

Enquanto isso, os jornalistas franceses descreviam cada passo dos futuros campeões do mundo. A França amanheceu na concentração, tomou café da manhã e almoçou com a seleção *bleu*, *blanc*, *rouge*, fez aquecimento e entrou em campo com os seus jogadores.

Conversei com editores e repórteres esportivos para tentar obter uma explicação. Em vão. Ninguém foi capaz de me dar um início de resposta convincente. Os jornalistas brasileiros estavam de olho no jogo e no penta, esquecendo-se do resto todo. A verdade, nua e crua, é que comemos um barrigão, de dar inveja ao Rei Momo.

Há de se convir que a Copa da França foi *sui generis*. A começar pelo incidente com o melhor jogador do mundo. Ataque epiléptico, como diagnosticou o lateral Roberto Carlos, seu companheiro de quarto, ou parada cardíaca, como afirmou no início de fevereiro de 2012 o doutor Bruno Carù, presidente da Sociedade Italiana de Cardiologia do Esporte e na época um dos mais próximos colaboradores do doutor Volpi, encarregado do brasileiro na Inter de Milão?

Segundo o cardiologista, Ronaldo estava deitado na cama assistindo a um Grande Prêmio de Fórmula 1 na televisão quando sua cabeça se inclinou de maneira estranha. O sangue tinha parado de circular. A frequência cardíaca e a pressão sanguínea caíram. No hospital, o eletrocardiograma mostrou 18 pulsações por minuto. Os médicos, confusos com a descrição dos sintomas feita por Roberto Carlos, teriam receitado Gardenal, um poderoso sedativo utilizado para epilepsia, que inibe a atividade cerebral, contraindicado para problemas cardíacos.

De triste lembrança, Gardenal foi o medicamento usado por Marilyn Monroe para se suicidar.

Ronaldo desmentiu a tese da parada cardíaca; reconfirmada, contudo, por Bruno Carù, que teve acesso ao prontuário do jogador no Pitié-Salpêtrière.

Isso já seria o bastante para taxar essa Copa de bizarra. Mas houve outros incidentes estranhos que se somaram ao episódio Ronaldo e ao comportamento da equipe em campo.

Dias antes da abertura do Mundial, o jornal *L'Equipe*, principal diário esportivo francês, publicou uma nota evocando suspeita de *doping* na seleção treinada por Aimé Jacquet. Os atletas que jogavam na Itália, entre eles Zinedine Zidane, eleito o melhor jogador do mundo pela Fifa, e Didier Deschamps, capitão da seleção francesa, apresentavam taxas de hematócritos anormais. A quantidade de glóbulos vermelhos era mais elevada que a média, tendo por efeito aumentar a resistência física.

Doping? Sem dúvida. De qualquer maneira, ninguém parece ter dado a devida atenção aos resultados dos exames. Nem os jornalistas, nem os cartolas, muito menos os adversários, que se comportaram feito avestruzes. Sepp Blatter, o chefão da Fifa, limitou-se a declarar na época que o *doping* era inútil, porque "o futebol é um esporte eminentemente técnico".

Em seu livro *L'Implosion*, Jean-Pierre Paclet, ex-médico da seleção francesa das categorias inferiores, de 1992 a 2004, e da equipe principal, de 2004 a 2008, evocou a *"raison d'État"* para explicar o silêncio em torno do escândalo na França. Um silêncio conveniente à mídia, ao futebol profissional, à economia francesa. A euforia predominava. E a República devia "manter a felicidade coletiva". Entre 1% e 2% do PIB estavam em jogo.

No entanto, todos sabiam, confirmou o médico esportivo Jean-Pierre de Mondenard no livro *Dopage dans le football*. Meses antes, havia estourado

171

o escândalo do *doping* no futebol italiano, mais particularmente na Juventus de Turim, em que jogavam Zidane e Deschamps. Nos vestiários da equipe *Bianconeri*, foram encontrados 281 tipos diferentes de medicamentos.

Em 2004, o médico da Juve, Riccardo Agricola, seria condenado a um ano e dez meses de prisão por "utilização abusiva e perigosa para a saúde de medicamentos sem qualquer justificativa terapêutica".

Quanto a Zidane, durante as audiências do processo por *doping*, ele confessou ter ingerido creatina – produto proibido na França – para ganhar massa muscular e mais dois outros medicamentos: Esafosfina e Neoton. Segundo Zizou, para "compensar uma carência de ferro no organismo". A explicação foi considerada "estranha" pelo juiz Giuseppe Casalbore, já que essas duas especialidades farmacêuticas não possuem ferro nem vitamina B9 em sua composição.

Em um contrainterrogatório dirigido pelo juiz Colace, Zidane confirmou que se submetia a autotransfusões sanguíneas, justificando-as como "única forma de aguentar a disputa de 70 partidas por ano".

Em outubro de 2003, no programa do Canal Plus "*Merci pour l'info*", o roqueiro Johnny Hallyday desvendou o segredo da sua vitalidade: uma clínica no Tirol suíço especializada em autotransfusão sanguínea, que tinha sido indicada por seu amigo Zinedine Zidane, um frequentador assíduo. A técnica da autotransfusão consiste em retirar o sangue, oxigená-lo e depois reinjetá-lo, produzindo os mesmos efeitos da EPO (eritropoietina).

Em seu relatório sobre o Caso Juve, um hematologista, perito judiciário do Tribunal de Turim, citou Didier Deschamps como exemplo de jogador com "fortes variações dos parâmetros sanguíneos", consequência de "certos tratamentos farmacológicos, tais como a eritropoietina e as transfusões".

Apesar dessas revelações, publicadas em dois livros de autores franceses, presentes nos autos do processo italiano e levantadas pelo jornal *L'Equipe* na época, o mundo do futebol calou-se. A CBF (Confederação Brasileira de Futebol), diretamente interessada, com o Brasil vice-campeão, silenciou. Por quê? Seria possível existir alguma relação entre os problemas de Ronaldo e a suspeita de *doping* de Zidane e Deschamps?

Talvez um início de resposta esteja nos números estranhos da Federação Internacional de Futebol: de 1966 até meados de 2010, dos 2.854 controles efetuados pela Fifa, apenas três revelaram-se positivos, ou seja 0,11%. Dados que fazem do futebol, como bem disse Sepp Blatter, o esporte mais limpo dentre todos. Nem mesmo o confesso Zidane foi controlado positivo.

HARRY'S BAR

Nos primeiros anos do século XX, o ex-jockey norte-americano Tod Sloan, que tinha se mudado recentemente para Paris em razão de problemas com a Justiça dos Estados Unidos, estava inconformado: na capital mundial da gastronomia, praticamente só se bebia vinho ou então aperitivos doces – *pastis*, *kir* ou absinto. Para um beberrão como ele, a *happy hour* era um suplício, pois o uísque era raro e caro, as marcas de cerveja, poucas, e não havia um único coquetel seco digno desse nome. Os americanos, que adoram se sentir em casa em qualquer lugar do mundo, não tinham onde se reunir na cidade, apesar do número crescente de turistas e artistas triplamente atraídos: pela beleza da cidade, pela efervescência cultural e por seus restaurantes.

Os Estados Unidos estavam mergulhados na Lei Seca, o Ato de Proibição Nacional; álcool era coisa de gângster estilo Al Capone. Sloan entrou em contato com Clancy, seu sócio em um velho bar de Manhattan, fundado em 1860, que estava às moscas, e decidiu agir para preencher o vazio. Encontrou um local que lhe pareceu adequado para abrir um bar americano, em uma ruela do bairro chique da Ópera, perto do Palácio Garnier e do Grande Hotel de la Paix, hoje InterContinental, cujo café tinha por clientes assíduos Tchaikovsky, Offenbach, que dirigiu nos salões uma orquestra lírica, Victor Hugo, que ali organizou banquetes pantagruélicos, ou ainda o irônico Guy de Maupassant, escritor popular que em sinal de protesto se sentava diariamente em baixo da Torre Eiffel por ser "o único lugar de Paris de onde não se via aquele horror". No quarto número 401 do hotel, a 12 francos a diária, Émile Zola matou a heroína de seu romance *Nana*.

Para evitar o fechamento puro e simples do bar de Nova York e recuperar algum dinheiro, Clancy vendeu a sua parte a Sloan. Do balcão de zinco ao piso, passando pelo revestimento de parede de mogno, o bar americano foi inteiramente desmontado, peça por peça, transportado de navio para o porto do Havre e reinstalado em Paris, no número 5 da Rue Daunou.

No dia 26 de novembro de 1911, *Thanksgiving's Day*, o New York Bar abria as portas.

Atrás do balcão estava Harry MacElhone, um *barman* escocês que Sloan conseguiu tirar do reputado Ciro's Club de Londres, conhecido pela genialidade de seus coquetéis. Ele era secundado por Fernand Petiot.

Rapidamente, o bar se tornou o ponto de encontro dos americanos de Paris e de inúmeras celebridades: Ernest Hemingway, Antoine Blondin,

173

Coco Chanel, Jack Dempsey, Rita Hayworth, Scott e Zelda Fitzgerald, Humphrey Bogart, o duque de Windsor, Jacques Prévert e até mesmo Jean-Paul Sartre, que fazia questão de ressaltar que o New York era a única concessão que fazia aos Estados Unidos.

Segundo uma das muitas versões que correm, foi a pedido de Hemingway que Petiot alí criou, em 1921, um dos coquetéis mais famosos de todos os tempos, o Bloody Mary: 12 cl de suco de tomates frescos (não existia o suco de tomate em garrafinha que temos hoje), 4 cl de vodca, 0,5 cl de suco de limão, 0,5 cl de molho inglês Worcestershire, 2 gotas de tabasco, sal, pimenta-do-reino, *sel de celeri* (sal de salsão) e um talo de salsão para misturar.

Conta o livro comemorativo do centenário do Harry's Bar (nome que ganhou mais tarde) que Hemingway temia os acessos de ira de sua segunda mulher, Mary Welsh, apelidada Bloody Mary, a cada vez que voltava para casa cheirando a álcool, ou seja, diariamente. O escritor teria pedido ao *barman* que preparasse uma bebida "sem cheiro" para escapar à fúria da esposa (outra versão situa o mesmo fato no bar do Hotel Ritz, na Praça Vendôme, também frequentado por Hemingway).

A origem do nome do coquetel também é incerta. Alguns historiadores gastronômicos afirmam que se trata de uma homenagem à célebre pirata Mary Read, do século XVIII, que por sua coragem e brutalidade ganhou o apelido de Bloody Mary. Outros, enfim, dizem que se refere à sanguinária rainha da Inglaterra, Maria Tudor, filha de Henry VIII, que reinou entre 1553 e 1558. Em razão da perseguição aos anglicanos e do restabelecimento, à força, do catolicismo, ela ganhou o codinome Bloody Mary.

O New York ia de vento em popa, mas, em razão do estilo de vida excessivamente luxuoso, Sloan acumulava dívidas, até ser obrigado a vendê-lo. O *ex-barman* Harry MacElhone tornou-se o novo proprietário. A assinatura do contrato foi marcada para 8 de fevereiro de 1923, dia do nascimento de seu segundo filho, Andy.

Assim foi, e Harry acrescentou seu nome ao New York Bar, transformando-o rapidamente em um lugar legendário.

No ano seguinte, teve duas ideias magistrais: uma publicidade no *International Herald Tribune*, jornal em inglês publicado em Paris e distribuído no mundo todo, nos seguintes termos: "Just tell the taxi driver: Sank Roo Doe Noo and get ready for the worst!"

Bastava mostrar o pedacinho do jornal ao taxista e a clientela anglófila era levada diretamente ao Harry's, no número 5 da Rue Daunou. Foi exatamente o que fez o jovem James Bond, agente 007, no livro de Ian Fleming *From a View to Kill*, de 1960. Durante uma visita a Paris, aos 16 anos de idade, o espião britânico seguiu as instruções do jornal e foi parar no Harry's Bar, onde viveu uma noitada memorável, regada a Dry Martini, que terminaria com a dupla perda: de sua carteira e da virgindade.

A partir de então, Bond passou a considerar aquele bar o melhor do mundo, transformando-o em seu QG parisiense.

Pouco tempo depois, o recorte de jornal ficou obsoleto, já que o Harry's acabou conhecido de todos, graças aos coquetéis ali criados utilizando bebidas destiladas, que se tornaram clássicos: Harry's pick me up, Blue Lagoon, Side-Car, Mojito, Lafayette, Independence Day, White Lady, Monkey Gland. Sem falar das trezentas marcas de uísque e *bourbon*.

O Harry's havia se transformado em *the place to be in Paris*.

A segunda ideia brilhante de MacElhone foi a criação do *straw vote*, o voto de palha, pelo qual os americanos de Paris ou de passagem pela capital francesa podiam "votar" para a presidência dos Estados Unidos.

Cem anos depois da abertura e 19 eleições americanas mais tarde, o interesse continua intacto. E não é para menos. O voto do Harry's mostrou-se mais preciso que todas as pesquisas dos institutos de sondagem. Ao ponto de ser seguido com interesse pela embaixada dos Estados Unidos, que de quatro em quatro anos telefona ao Harry's, em tom de brincadeira, para saber quem será o futuro presidente dos Estados Unidos. Os eleitores do Harry's acertaram até a apertada e questionável vitória de George W. Bush sobre Al Gore.

O *straw vote* errou somente duas vezes – em 1976, quando "elegeu" o republicano Gerald Ford em vez de Jimmy Carter, e em 2004, quando os clientes apostaram no democrata John Kerry contra George W. Bush.

"Nos dois casos não foi o Harry's que se enganou, e sim os eleitores americanos que votaram errado", comenta o brincalhão *barman* Gilles Chauvain, com seu tradicional avental branco, há 28 anos no local.

Correm rumores de que os comitês de campanha democrata e republicano seguem com atenção o voto do bar americano de Paris. Em 2012, o resultado final apontou 305 votos para Barack Obama contra 182 para o rival Mitt Romney.

Diante do sucesso do último "voto de palha", o *barman* criou dois novos coquetéis: o Mitt, composto de absinto, suco de limão, xarope de pepino e água; e o Barack, vencedor também no gosto dos clientes, mistura de *bourbon*, licores de cereja e pêssego, e um pouquinho de cerveja.

Como de hábito, no dia da eleição oficial nos Estados Unidos, a Rue Daunou foi fechada à circulação para que os clientes do Harry's pudessem festejar até o amanhecer.

Foi assim que, em novembro de 1992, eu conheci o Harry's. Precisava de um "gancho", como se diz na linguagem jornalística, para cobrir as eleições americanas. Como o prazo para o credenciamento na embaixada estava esgotado, as opções eram a American Business School, que tinha preparado uma festa após o voto, sobretudo se o democrata vencesse, e o bar. Optei pelo segundo para fazer o contraponto com o nosso correspondente em Washington.

Dessa maneira, dei em primeira mão o nome do 42º presidente dos Estados Unidos, versão Harry's New York Bar de Paris: William Jefferson Blythe III, mais conhecido como Bill Clinton, eleito contra o candidato republicano George Bush (pai). Durante a cobertura, bebi o melhor Dry Martini da minha vida, em uma reportagem divertidíssima, em meio a eleitores americanos que mais pareciam torcedores do Superbowl. Foi assim que pude ocupar a antena enquanto não saíam os resultados oficiais do outro lado do Atlântico.

Voltei mais algumas vezes ao Harry's e experimentei vários de seus mais famosos coquetéis (são 270 no total), que se tornaram referências mundiais. Meu preferido, o Blue Lagoon – 4 cl de vodca, 3 cl de curaçau azul, 2 cl de suco de limão e gelo picado, apresentado em uma taça de Martini –, é uma adaptação do White Lady, de 1919, criado 40 anos depois por Andy MacElhone em homenagem ao seu pai, Harry. Comi também cachorros-quentes, especialidade da casa, e cumbucas de *chili* com carne.

Como todo amante de jazz, frequentei o subsolo, com seu teto em forma de abóbada, onde fica o "The Ivories", um Piano Bar histórico, onde George Gershwin compôs o poema sinfônico "An American in Paris", retratando as impressões de um americano em visita a Paris, que foi para os cinemas em um musical com Gene Kelly, Leslie Caron e Cyd Charisse. Um dos melhores do gênero, diga-se de passagem.

O Harry's, alguns afirmam, tem a maior densidade populacional de fantasmas ilustres de Paris. Se não é verdade, perde por pouco.

AO PIANO COM GAINSBOURG

Os negociadores brasileiros do Itamaraty e do Ministério da Fazenda entravam no centro da Avenida Kléber à tarde e só saíam ao amanhecer. Do lado de fora, no frio, às vezes debaixo de chuva ou sob a neve, nós esperávamos: Renato Machado, Reali Júnior, Silio Boccanera, Rosa Freire d'Aguiar, Any Bourrier. Foram horas intermináveis de longos papos e especulações inúteis sobre o refinanciamento da dívida brasileira junto aos credores institucionais, que quase sempre terminavam em comentários desairosos sobre os nossos editores e a pergunta fatídica: "O que é que estamos fazendo aqui?" Mas ninguém arredava pé.

De vez em quando, um negociador saía para dar um alô e dizer que as discussões avançavam, que era uma questão de minutos para o fechamento do acordo.

— Quais os termos do acordo? - perguntávamos.

Silêncio. E as horas se passavam - cinco, seis, sete, dez. No Brasil, os jornais se impacientavam. Felizmente não existia celular. Teria sido um inferno!

Uma madrugada, porém, entrou para a nossa história, a dos jornalistas. Por volta das 23h, cansados, irritados e com frio, atravessamos a rua e fomos ao bar inglês do Raphael, um hotel cinco estrelas de luxo, com poltronas de veludo vermelho, onde um famoso *chef barman*, Bertrand Merlettese, servia coquetéis de sua criação, dentre os quais 52 diferentes Martini. Ali estava Serge Gainsbourg, compositor e cantor francês, autor, entre outras, de uma deliciosa canção chamada "La Javanaise", pianotando grandes clássicos do jazz e da bossa nova entre duas doses de uísque. Varamos a noite, acompanhando Gainsbourg no uísque. Lembro-me da marca: Lagavulin, puro malte, 16 anos, que tempos depois, em 2008, seria eleito no World Whiskies Awards o melhor *single malt* da Ilha de Islay. A degustar puro, sem gelo. Tornou-se o meu preferido e, entre amigos, ganhou o apelido de Serge.

Saímos ao nascer do sol, quase ao mesmo tempo que os negociadores, que nos entregaram uma frustrante nota de cinco linhas datilografadas sobre o estado das discussões, as quais avançavam na boa direção, indicando que um acordo estaria próximo. As negociações continuavam e seriam retomadas no início da tarde. Transmitimos o texto e fomos para casa dormir, após a melhor noite de cobertura das renegociações da dívida externa brasileira com o Clube de Paris. A única que valeu realmente a pena.

MOMENTOS VIVIDOS
AU JOUR LE JOUR

O SORVETE DOS SULTÕES

Desculpem-me os amantes do sorvete italiano, feito com leite, excessivamente adocicado e cremoso. Quem conhece Paris sabe que sorvete é outra coisa, é feito somente com as frutas frescas, é suco 100% natural. *Sorbet* (pronuncia-se *sorrbé*) tem endereço, mora no Berthillon, Ilha Saint-Louis, que fica atrás da Catedral Notre-Dame. É um dos cantos mais charmosos e caros de Paris (40 mil euros o metro quadrado), onde viveu Camille Claudel, a escultora e musa de Rodin, e onde moram, entre outros, os humoristas de esquerda Guy Bedos e Djamel Debouze, e Claudia Cardinale, atriz de cem filmes rodados sob as batutas de Federico Fellini, Sergio Leone, Luchino Visconti, Franco Zeffirelli, ao lado de Alain Delon, Burt Lancaster, Brigitte Bardot ou ainda Jean-Paul Belmondo.

As ruelas estreitas da ilha são ligadas ao continente, à esquerda do Sena, pela Pont de l'Archevêché, Ponte do Arcebispado, famosa pelos "cadeados do amor" fixados em suas grades e balaustradas. São mais de 4 mil, dentre os quais não faltam sequer os de Ronaldão e Paula Morais. Há dez anos, nessa ponte e um pouco adiante, na Ponte das Artes, ligando as duas margens do rio na altura do Museu do Louvre, os jovens enamorados fazem declarações, prendem o cadeado com o nome do casal impresso no metal ou escrito com caneta de feltro e jogam a chave nas águas do rio, com juras de amor eterno.

A ponte, a poucos metros da antiga sede do Arcebispado de Paris, atrás da Notre-Dame, foi construída em 1828. Nos primeiros 20 anos, pagava-se um pedágio para atravessar os seus 68 metros: uma moeda de bronze (um *sou*) para os pedestres e duas para os cavaleiros, dinheiro que alimentava o caixa da igreja.

Não se sabe ao certo a origem dos cadeados do amor. Uns afirmam que eles surgiram nos anos 1980, em Pecs, na Hungria, quando uma grade de ferro forjado passou a ligar a mesquita à catedral, como uma demonstração do vínculo entre o islã e o cristianismo. É a versão histórica. Outros preferem a romântica e se referem a uma antiga tradição proveniente da Ponte Hohenzollern, perto da estação ferroviária de Colônia, na Alemanha, de onde os amantes jogavam as chaves no Danúbio. Os shakespearianos apontam para Verona, terra de Romeu e Julieta.

Diz a lenda que, nas noites de muito calor, o corcunda Quasímodo sai de sua torre, desce as escadarias da Catedral Notre-Dame e atravessa a ponte ligando as ilhas da Cité (da Cidade) e Saint-Louis só para tomar sorvete. Ninguém sabe qual é o seu sabor preferido. Quanto ao meu, plagiando minha mulher (que com certa razão diz que eu sempre a copio nas escolhas gastronômicas), é o de maracujá com cacau. Mas eu não rejeito os sabores de coco, maçã verde, pera e morango silvestre, chamado pelo nome poético de *fraise des bois*.

Aquele que para muitos é o melhor sorvete do mundo nasceu em 1954, no número 31 da Rue Saint-Louis en l'Île, quando Raymond Berthillon, que acabara de festejar o trigésimo aniversário, instalou no café-hotel familiar Le Bourgogne uma velha máquina de sorvete. Sua ideia era fabricar sorvetes de qualidade, com leite, ovos, creme de leite e frutas comprados todas as madrugadas no Pavillon Baltard de Les Halles, o pavilhão que abrigava o mercado central de Paris, obra de Gustav Eiffel, hoje desmontado e transformado em shopping center.

O sucesso entre os alunos das três escolas da ilha foi imediato. Mas a notoriedade veio anos depois, quando Raymond decidiu recuperar e adaptar uma antiga receita oriental, o *sharbet des sultans*, sem creme, somente com fruta pura, ervas, especiarias, flores e açúcar mascavo. Pela primeira vez, os críticos gastronômicos se interessaram por sorvete e não pouparam elogios. Em 1961, o guia *Gault et Millau* dedicou um artigo à sorveteria, na época um fato tão raro para um guia de prestígio que causou espanto e verdadeira corrida. Os parisienses começaram a cruzar as "fronteiras" do vilarejo que era até então a Ilha Saint-Louis.

Quando cheguei à França, em 1978, havia somente um Berthillon, com filas imensas e uma característica tipicamente parisiense: fechava as portas no mês de agosto para as tradicionalíssimas férias de verão. Agosto é o mês mais ensolarado, por isso os franceses param de trabalhar e vão recuperar a dose necessária de vitamina D para enfrentar o restante do ano. Literalmente, o país para.

Não havia Cristo que convencesse os Berthillon a abrir em agosto. Eles davam de ombros, ignorando os argumentos de que sorvete é sinônimo de calor e que faturariam alto com os turistas.

— Primeiro, o bem-estar – respondiam secamente.

Trinta anos depois, o clã Berthillon continua saindo de férias em agosto, mas a sorveteria não fecha mais. Eles se revezam. Diariamente, 365 dias por ano, saem do número 31 da Rue Saint-Louis en l'Île, mil litros de sorvete, distribuídos para 140 restaurantes na região parisiense. A família, agora na terceira geração, produz e fornece seus *sorbets* artesanais para os comerciantes da ilha, inclusive no verão. Em 1999, os Berthillon abriram um anexo no número 29, um *salon de dégustation*, onde se pode sentar à mesa e tomar sorvetes variados, de creme ou de frutas, casados com docinhos feitos pela *patissière* Muriel, neta do velho Raymond.

No momento em que rascunho esta crônica em um guardanapo da sorveteria, degusto a sua criação para o inverno de 2012, uma *glace tatin*: sorvete de baunilha e caramelo com flor de sal, entrecortado de maçã caramelizada, uma mistura que Muriel jura ser afrodisíaca.

Quanto a Quasímodo, dizem que ele pode ser visto com frequência nas sorveterias da Ilha Saint-Louis, em agosto, tomando três bolas de *sorbet* na casquinha especial *biscuit*, olhando na direção da Ponte do Arcebispado, à procura da cigana Esmeralda. Nessas noites, os sinos da catedral não tocam.

A SÓS COM MATISSE

Em 1983, na Rússia comunista, o desfile do 1º de Maio era a manifestação popular mais importante do ano. Nas ruas vizinhas à Praça Vermelha, no centro de Moscou, milhões de pessoas desfilavam de maneira "espontânea" com imensas flores de papel multicoloridas, segundo as indicações do catálogo que havíamos recebido, minha mulher e eu, do Sindicato de

Turismo soviético. Assistiam na praça, ao lado do Mausoléu de Lenin, às mais altas autoridades do Kremlin, a começar pelo primeiro secretário na época, Yuri Andropov, que acenava aos passantes. Sorrisos nos lábios, todos agitavam as flores ao passar em frente à tribuna oficial. A volta completa ia da multicolorida Catedral São Basílio de Moscou, uma extraordinária efusão de cores, ao outro lado da praça, na parte contígua ao Kremlin. Dali, as pessoas seguiam para os ônibus estacionados a cerca de 200 metros, devolviam as flores aos organizadores e, em fila indiana e em silêncio, entravam nos veículos para voltar para casa. Missão cumprida. De longe, pude ver os organizadores entregando as gigantescas e alegres flores de papel àqueles que pacientemente esperavam a sua vez de desfilar, enquanto outro ônibus estacionava no lugar livre. E, assim, sucessivamente, de maneira espontânea.

Nesse dia, como nos dois seguintes, procurei um lugar simpático onde comer em Moscou, fora dos hotéis reservados aos estrangeiros. Como todo turista ingênuo, queria ter uma experiência local, comer como os russos, me divertir como eles. Andei quilômetros, em vão. Não havia restaurantes simpáticos, aliás, nem antipáticos. O único restaurante aberto aos russos nesse Dia do Trabalho estava lotado, e não me deixaram nem dar uma olhadela pela porta. De qualquer maneira, era proibido aos estrangeiros. Assim, como todos os demais turistas, sentei-me no restaurante do hotel, pagando em dólar, vítima de uma insossa gastronomia internacional. E mais: a ouvir balalaicas indigestas tocando o "Tema de Lara", a trilha de *Doutor Jivago*, inspirada na paixão de Boris Pasternak por Olga Ivinskaïa.

Parecia o samba do crioulo doido de Sérgio Porto, o Stanislaw Ponte Preta. Afinal, *Doutor Jivago*, o livro que deu ao seu autor o Prêmio Nobel de Literatura da Academia Sueca em 1958, só viria a ser publicado na Rússia em 1985, graças à Perestroika de Mikhail Gorbatchev. No nosso hotel, a trilha do filme embalava o jantar de turistas ocidentais, em pleno 1º de Maio social-moscovita! De dar nó na cabeça de qualquer um...

Para piorar, os franceses, bastante alcoolizados naquela altura, dançavam entre as mesas.

Era o único lugar animado do imenso quatro estrelas em que o grupo de Paris se hospedava. Nunca vi tantos corredores na minha vida (um verdadeiro labirinto!), cobertos com carpetes vermelhos velhos e esgarçados, as paredes cinza cobertas de poeira, isolamento acústico inexistente, serviço zero, camas que rangiam. O único luxo era o banheiro no quarto. Sabonete, nem sonhar. Os produtos de higiene estavam à disposição na lojinha do *hall* do hotel, a preço de ouro, ou melhor, de dólar. Na Rússia soviética, o dólar era uma espécie de moeda oficial *bis*. Nós, estrangeiros, só podíamos comprar em moeda americana e nas lojas que nos eram dedicadas, como o Gum, construído no final dos anos 1800, única loja de departamentos de Moscou.

Graças à frustrada peregrinação gastronômica, descobri uma faceta do "jeitinho" russo. A cada cinquenta ou cem metros eu era parado por motoristas particulares que, para ganhar um extra, propunham serviços de "táxi". Depois de hesitar, contrariando a recomendação expressa do guia (as viagens individuais eram proibidas), combinei o preço e entrei em um velho Lada rumo ao hotel. Qual não foi a minha surpresa quando o motorista parou no caminho para pegar outros passageiros: dois aqui, mais dois ali e um quinto acolá. No final éramos sete, uns sobre os outros, em um carro para cinco caindo aos pedaços. Pareciam os lotações do centro de São Paulo nos anos 1960 ou as Vans ilegais do Rio de Janeiro. Para percorrer um trajeto de 15 minutos, sem trânsito, demoramos mais de hora.

Como todos os estrangeiros em visita à Rússia comunista, tive a experiência dos museus fechados (o Pushkin, por exemplo, estava em reforma há 20 anos), assisti ao balé *Giselle* no Bolshoi e lutei com os outros espectadores que se acotovelavam no intervalo diante de uma longa mesa montada sobre cavaletes no saguão do teatro para comprar sanduíche de caviar acompanhado de um copinho de plástico de vodca à temperatura ambiente, ou seja, morna.

A imagem mais insólita do périplo foi a dos franceses, sobretudo francesas, no último dia da estada em Moscou, trocando com os garçons do café da manhã toda a roupa trazida na mala por latinhas de caviar russo, surrupiadas na cozinha pelo pessoal do hotel. Tinha ouvido histórias de pessoas que trocavam seus jeans ou produtos de beleza por ovas de esturjão. Mas o "comércio" em questão ia muito além. Calcinhas, sutiãs, camisetas, meias usadas, bijuterias, cintos, canetas esferográficas, todo tipo de badulaque tinha algum valor. Até chiclete. Os empregados do hotel chegavam a brigar entre si. Duas francesas que faziam parte do grupo saíram do hotel com a roupa do corpo e umas cinquenta latinhas de caviar na mala. Foram paradas na alfândega de Paris, é claro, e tiveram de abandonar a preciosa mercadoria.

Três segundos, o tempo de um quadro

Leningrado, uma Paris colorida. Para além da beleza da cidade, eu queria mergulhar no passado e pisar nos lugares da Revolução de outubro de 1917, quando Petrogrado era a capital da Rússia e Lenin, o chefe do Partido Bolchevique. Levado pelas mãos da minha guia russa, eu queria estar nos lugares que determinaram a divisão do mundo, tocar com as mãos as pedras do Palácio de Inverno, entrar no Palácio Tauride, que tinha abrigado o Soviete Supremo.

O meu sonho se desintegrou logo no discurso da guia. A loira Olga, acho que era esse o seu nome, de cabelos presos e ares de primeira da classe, negava-se terminantemente a falar da Revolução Russa. O seu tempo era o dos czares e todas as referências históricas diziam respeito aos dois Nicolau e aos três Alexandre, ao esplendor da época dos imperadores. Para Olga, o calendário parou em 1916. Era lá que ela vivia e de onde se negava a sair. Ou não a deixavam sair, pouco importa. Às minhas perguntas, ela respondia com um simples olhar de esguelha.

Museu Ermitage. Expostos de maneira simples, porém eficaz, os pintores clássicos eram hipervalorizados: Rafael, Rubens, Leonardo da Vinci, Tintoretto, Ingres. Tínhamos apenas uma hora, o tempo calculado para passar correndo pelas galerias do andar térreo, com direito a três segundos cronometrados por quadro. O problema é que, na contramão do restante do grupo, eu queria ver a coleção modernista, que só rivalizava com a do MoMA, de Nova York. Eu não sabia que estava cometendo um sacrilégio. Na Rússia comunista, considerava-se que, a partir do impressionismo, os pintores europeus estavam a serviço do capitalismo burguês. Eram considerados "degenerados", como na Alemanha nazista. Perdi quase meia hora para descobrir o acesso à seção de arte moderna, que se encontrava em meio a um labirinto de salas e escadas. Ninguém aceitou me indicar o caminho. A meia hora restante passei na penumbra entre quadros, em companhia de um gigantesco Kandinski, pendurado no meio de uma escada curva, e da dança de Matisse, a pintura mais alegre da história da arte moderna, o quadro preferido de Jacques Chirac, que merecia algo melhor que o breu do lugar.

Quando saí do museu, o ônibus já estava prestes a partir e Olga se mostrava inquieta. Ainda tinha muitas histórias de czares para contar e as fábricas de camafeus e *matryoshkas* (aquelas bonecas de madeira que guardam em seu interior várias réplicas menores) nos esperavam.

Foi impossível ir embora da Rússia sem levar uma dessas bonecas na bagagem. Após ter resistido ao caviar e aos camafeus, acabei sucumbindo.

Diz a lenda que uma família russa de comerciantes recebeu de presente um curioso boneco, representando um sábio budista. Quando a cabeça da peça foi retirada, surgiu de dentro outro boneco idêntico, um pouco menor, e assim por diante, até o último boneco, bem pequenininho, semelhante aos *netsukes* japoneses.

Assim teriam surgido, das mãos do artesão Vassily Zuyôzdotchkin e do pintor Sergei Malútin, as primeiras *matryoshkas* russas, apresentadas ao mundo na Exposição Universal de Paris, em 1900, a quinta do gênero na Cidade Luz.

O ORGULHO RIDÍCULO

Alguns franceses pensam que o sonho de todo estrangeiro é ter a nacionalidade francesa. Esse nunca foi o meu, sempre me senti paulistano-parisiense. Eu já estava casado pela segunda vez, com uma francesa, dois filhos franco-brasileiros e, portanto, com o direito reconhecido por lei de obter a nacionalidade. Só que na época, fim dos anos 1990, a Constituição brasileira não reconhecia o direito à dupla nacionalidade. Em Paris, todo mundo fechava os olhos. Era grande o número de conhecidos que, apesar de terem obtido a nacionalidade francesa, se "esqueciam" de comunicar ao consulado, que por sua vez fingia não saber. Eram mantidos, assim, os dois passaportes. A lei brasileira mudou com a Emenda Constitucional nº 54, de 2007, que passou a aceitar a dupla nacionalidade.

Eu só via uma vantagem em ser francês: evitar as imensas filas do controle de passaportes na chegada do Aeroporto de Roissy. Era muito pouco. Mesmo assim um dia, em maio de 1998, meio ressabiado, entrei na Mairie do 14º distrito de Paris, correspondente à Administração Regional do bairro em que morava – Parc Montsouris, zona sul da cidade, para me informar sobre a documentação necessária ao pedido de obtenção da nacionalidade. Era uma quantidade imensa de papéis.

Para quem não sabe, a França foi o país que inventou a burocracia, e seu peso atual é comparável somente àquele da antiga União Soviética. O Brasil adotou o modelo burocrático francês, tendo depois introduzido o "jeitinho" para sair das contradições entre os textos e dos inevitáveis impasses.

A funcionária da Mairie mostrou-se indignadíssima quando descrevi a minha situação: jornalista, brasileiro, credenciado no Ministério das Relações Exteriores da França, com carteira de imprensa francesa, redator-chefe da Rádio França Internacional, documentação de residente em ordem – *carte de séjour* de dez anos –, casado há vários anos com uma francesa, dois filhos franco-brasileiros.

— Casado há vários anos? Com filhos franceses? Redator-chefe da RFI? – perguntou a funcionária, de olhos arregalados. – Então por que não pediu logo a nacionalidade francesa?

Dirigindo-se a uma colega, prosseguiu:

— Veja só, este senhor tinha direito à nacionalidade e até agora não entrou com o pedido, desprezou a chance de ser francês. Com tanta gente querendo e não podendo...

Aquela frase arranhou os meus ouvidos e ficou entalada na goela. Apesar de criticar sempre que posso as nossas mazelas, nossa pilantragem macunaímica, senti naquele momento um imenso e ridículo orgulho de ser brasileiro, mesmo podendo ser francês. Deixei os papéis em cima do balcão e fui-me embora em silêncio, sem uma palavra, diante do olhar estupefato da funcionária, que não podia imaginar que seu ar de superioridade gaulesa tinha me convencido a não ser francês. Era o que eu pensava na época.

Agora, próximo da aposentadoria, fico sabendo que, se eu tivesse a nacionalidade francesa, os anos de estudos em Paris seriam contabilizados no cálculo do tempo de trabalho e eu receberia uma pensão maior. Por causa do orgulho ferido, perdi esse e outros direitos, além de um tempão nas filas do Aeroporto de Roissy.

No final de seu mandato, em 2011, o presidente Sarkozy introduziu um questionário de múltipla escolha sobre a cultura francesa para os candidatos à nacionalidade. Fiz o teste, de brincadeira, e passei com nota 9 sobre 10. Apesar de a maior parte das perguntas ser ridiculamente fácil (do estilo "Quem foi Napoleão Bonaparte: jogador de futebol, imperador ou médico"), uma reportagem na televisão mostrou que 40% dos franceses de linhagem incontestável, *pure souche*, seriam reprovados.

Foi então que descobri que não há incompatibilidade entre ser um pouco francês e muito brasileiro. Ou talvez ser os dois simultaneamente, sem ser mais coisa nenhuma, porque é assim que a gente termina.

Plagiando a Amélia Reali, o Brasil é minha mãe, a França é meu pai. O mundo é meu lugar.

OS OMBROS RECONFORTANTES DO BAURU

Logo após ter chegado à França, eu me dei conta da eficiência da medicina socializada. Quinze dias depois, uma crise de apendicite me levou direto ao hospital público de Vichy. Horas mais tarde acordava, já no quarto, com aquela virgulinha infectada no criado-mudo ao lado da cama e com uma cicatriz desproporcional no lado direito da barriga. Tinha um companheiro de quarto, um menino de 10 anos de idade, operado para retirar o apêndice, como eu. Ele estava passando férias na casa de um amigo, em Vichy, quando teve a crise. Foi levado ao hospital e ali abandonado.

Durante a minha internação, os amigos brasileiros do Cavilam estiveram onipresentes; pela primeira vez, senti a solidariedade gostosa daqueles que falam a mesma língua e dividem a mesma saudade do arroz com feijão. Estava reconfortado, ao contrário do meu pequeno colega de infortúnio. Durante os sete dias que fiquei hospitalizado, ele só recebeu a visita dos pais do tal amigo, durante cinco minutos cronometrados, e um telefonema da mãe, que morava no norte da França. Em uma semana, o garoto tomou um só banho e nunca escovou os dentes. Ficou com o mesmo pijama os sete dias.

O meu amigo mais próximo, que todos os dias vinha com um resumo da atualidade brasileira e um punhado de piadas, era o Bauru, assim apelidado pelos catarinenses porque nascera no interior de São Paulo. Vivia em Floripa. Era um grande neurocirurgião e um sujeito formidável. Soube outro dia que havia falecido. Chorei baixinho, como já havia chorado tanto nos seus ombros quando a minha mãe morreu, nove meses após a minha vinda para a França, vítima de um tumor cerebral e de um sujeito inqualificável que se dizia médico e professor da Faculdade de Medicina da Santa Casa, doutor S.

Hospital Samaritano de São Paulo. Após ter visto os exames e constatado o tumor, o médico defendeu a operação imediata, urgentíssima. Aqui em Paris, do outro lado do Atlântico, o Bauru retrucava:

— A urgência urgentíssima é muito rara em neurocirurgia.

Peguei a minha trouxa e o primeiro avião. Cheguei a São Paulo e fui direto para o hospital. Minha mãe havia sido operada, estava hemiplégica, havia perdido a fala. Ao sair da sala de operação, o cirurgião havia assegurado que tudo transcorrera sem problemas. E agora, por onde ele andava? Em um congresso. E o seu substituto? Mas que substituto? Ela estava ao deus-dará, aos cuidados das enfermeiras, que não tinham recebido nenhuma orientação especial.

187

O tal doutor desaparecera sem deixar alguém em seu lugar para cuidar dos pacientes. Nunca na vida senti tamanha impotência. Mais de uma semana depois, o doutor S. chegou. Jurou que a hemiplegia havia sido causada pelo tumor, antes da operação.

— Mas como, se ela entrou andando na sala de scanner? – perguntei.

Em nome do corporativismo médico, meu pai defendeu o charlatão e ainda pediu desculpas pelo meu nervosismo. Pela primeira vez tive ódio do meu pai, um sentimento que amargo até hoje. Tempos depois, em uma indiscrição de corredor, minha irmã ficou sabendo que o tal médico se enganou de hemisfério. Operou do lado errado e não retirou tumor nenhum. Só mexeu onde não devia, transformando os últimos meses de vida da minha mãe em um calvário. Quis processá-lo, mas meu pai me deu um não taxativo. Sua dor já era grande demais. Sua paixão tinha partido.

Nove meses depois da primeira operação, minha mãe morreu.

A distância age de maneira estranha sobre o sentimento. Enquanto ela esteve doente, a impotência da distância foi quase insuportável. O fato de não poder ver a pessoa amada, tocar seu rosto, sua mão, olhar nos seus olhos e dizer o quanto ela é importante, confessar os seus erros e pedir perdão pelo tempo que não dividimos é muito ruim. A falta do contato físico com a mãe que nos está deixando é desesperadora. A cada telefonema, um sobressalto. Estar longe nessas horas é provavelmente pior que estar perto. Não poder acompanhar os últimos momentos deixa um vazio inviável. Em contrapartida, a morte talvez seja mais facilmente aceita, o luto um pouco mais rápido, como a confirmação de uma ausência anterior, um ponto-final em uma frase escrita de antemão. A morte tem o sabor de um segundo adeus. A dor é dividida por dois.

Por coincidência ou destino, no momento do último suspiro da minha mãe, além da família, estava ao lado da cama a amiga Leny Guzzo, ex-funcionária do consulado francês em São Paulo, responsável pela minha vinda à França. Foi graças à sua insistência junto ao governo francês que eu obtive a bolsa de estudos.

— Miltinho, foi como se um pedaço de você estivesse com ela, se despedindo – disse-me Leny aos prantos.

Em 2010, pouco antes de completar 70 anos, a querida Leny nos deixou. Ficaram a saudade e a enorme gratidão.

O PONTO G

Inverno de 1979: a senha era uma fila enorme de gente encapotada, tiritando de frio no meio da noite ou madrugada adentro, suportando estoicamente o clima gélido. Magrebinos, negros africanos, asiáticos, latinos e muitos cabeças-chatas. Não havia dúvida, ali era um *point*. Telefone quebrado. Entre os conterrâneos encontrei várias vezes Alceu Valença, que tentava viver de sua música, mas que passava boa parte do tempo na fila daquele telefone mágico, que muito antes da internet permitia que nos comunicássemos de graça com o mundo e ajudava a matar a saudade. Falar com o Brasil era um programa diário. Íamos de Montparnasse ao Hôtel de Ville, da Pont Neuf à Ópera, de Montmartre à Cidade Universitária. Havia todo tipo de engenhoca: uns usavam o método da moeda presa por um fio, que devia ser introduzido até o ponto G do telefone, que era bloqueado com a linha aberta; outros preferiam o fio de ferro; outros, a moeda com chiclete; outros ainda davam sei lá eu quantos tapinhas no aparelho e rezavam quatro vezes o saravá! Bauru tinha um Citroën comprado em contrato de *leasing*, com suspensão hidráulica, que nos levava em longos trajetos pelos subúrbios à procura de um telefone quebrado ainda pouco conhecido pela concorrência. E ali ficávamos, horas e horas, comendo baguete com queijo, tomando vinho e conversando com os amigos, a família, em busca de boas notícias sobre a abertura política e o fim da ditadura.

Nessa época, conheci inúmeros exilados que frequentavam a casa do Reali e da Amélia, os verdadeiros embaixadores brasileiros em Paris. Muito tempo depois, em uma festa na casa deles, presenciei uma cena histórica: o professor Celso Furtado, o marxista da Sudene, economista magistral e intelectual de grande cultura, abraçado no chão com Rodrigo Mesquita, filho de Rui Mesquita e então herdeiro do *Estadão*, jornal das elites paulistanas, dos barões do café, instigados por Oswaldo Augusto de Rezende Junior, aliás Frei Oswaldo, companheiro de luta de Marighella e um dos dirigentes da ALN (Ação Libertadora Nacional), todos os três completamente bêbados, jurando, em um diálogo inflamado, fazer juntos a revolução socialista. O movimento partiria de duas frentes – do Nordeste e de São Paulo – rumo a Brasília, para tomar o Planalto e acabar com a ditadura militar. Naquela madrugada, naquele apartamento da Rue de Ranelagh, na 16ª circunscrição de Paris, a revolução vingou, o Brasil se tornou socialista... e os revolucionários acordaram de ressaca, deitados no degradante assoalho frio.

Hoje não há mais exilados brasileiros em Paris, o último foi Bruno Daniel, irmão do prefeito assassinado de Santo André, Celso Daniel, ameaçado de morte após ter denunciado um crime político e acusar gente do PT. Bruno disse, em Paris, que o irmão, coordenador da campanha de Lula em 2002, comandava o esquema de arrecadação de propinas no ABC Paulista, mas a partir de dado momento passou a discordar do destino dado aos recursos, desviados para fins pessoais. Por isso foi assassinado.

Em contrapartida, hoje se telefona de graça para qualquer parte do mundo, de qualquer aparelho conectado a um *box*, via internet. Pode-se até ver o interlocutor na tela do computador e do telefone celular, via Skype ou FaceTime. E, no entanto, fala-se menos que naqueles velhos tempos do telefone quebrado.

PÓ NO FUSCA

Graças a Leonel Brizola, então governador do Rio de Janeiro, eu saí de uma enrascada. Em janeiro de 1984, estava indo para Paraty com a minha segunda mulher, pela antiga estrada Rio-Santos, que passava por dentro das praias, com um velho fusquinha do meu pai. Chovia. Após algumas aventuras, como sermos retirados de um lamaçal rebocados por um caminhão cujo proprietário tomava banho de mar, comer camarões fritos em uma barraquinha que em vez de goteiras tinha, bem no centro do teto, um furo de meio metro de diâmetro, ficar sem gasolina em plena época de racionamento (os postos ficavam abertos somente até as 20h) e dormir em um quartinho emprestado pelos caiçaras, atrás do posto, chegamos à "fronteira" entre os dois estados – São Paulo e Rio de Janeiro. Apesar das peripécias, até ali tínhamos vivido o lado bom do Brasil: sua gente, a gentileza do motorista de caminhão diante da minha impotência, a preocupação do dono da barraquinha em nos deixar o único lugar mais ou menos ao abrigo do temporal, os caiçaras, que foram dormir no chão para nos deixar as próprias camas, orgulhosos de poder ajudar. Se digo até ali é porque, logo depois, fomos parados no Posto Rodoviário da tal "fronteira" entre São Paulo e Rio por um sargentão gordo e alto que, após "vistoriar" o carro no acostamento e ver o nosso estado – cansados e sujos –, perguntou quem mais usava o fusquinha.

— Meu pai – respondi.
— E o que faz o seu pai?
— É médico – disse, adivinhando a sequência do diálogo.

Fingindo-se chateado, o sargentão soltou o refrão esperado:

— Pois é, Milton, estamos com um probleminha: tem "pó" nesse carro.
— Não tem.
— Tem.
— Não tem.
— Tem.

E o sargento de olho na minha carteira internacional de habilitação, onde havia uma nota de quinhentos francos franceses. Ao vê-la, seus olhos se arregalaram e ele me mandou entrar no Posto Rodoviário para uma vistoria aprofundada do veículo. E ele provaria que, sem sombra de dúvida, tinha pó no fusca.

O sargento mandou o soldado em serviço passar um pente-fino no fusquinha, enquanto me chamava para o seu escritório.

O soldado cheirava tudo, até as calcinhas da minha mulher.

Eu estava decidido a ir às últimas consequências. Questão de orgulho. Ela era francesa e eu não queria dar a impressão de que no Brasil, com dinheiro, as coisas se arranjavam.

O problema é que o sargento também parecia disposto a ir às últimas e conseguir o que queria: aquela nota de quinhentos. Atacou por outro ângulo:

— Milton, você sabe que não pode guiar com essa carteira de motorista.
— Posso.
— Não pode.
— Posso.
— Não pode.

Começou tudo outra vez, até que ele se irritou e me mandou tirar o que tinha nos bolsos.

Eu também me irritei. Peguei a agenda e abri na letra B, tirei o telefone do gancho e comecei a discar. Estávamos ali há uma hora.

— O que é que você está fazendo?
— Ligando para o governador que, como você sabe, viveu parte do exílio em Paris, onde o conheci.

191

Até hoje me lembro do rosto pálido do policial. Sua reação foi imediata:

— Soldado fulano de tal, está tudo em ordem nesse carro, não está não?
— Está sim, sargento – respondeu prontamente o subordinado, entendendo o recado. Conhecia a cena de cor e salteado.

Gentilmente, ele me pediu desculpas pelo atraso causado na viagem, mas não perdeu o rebolado. Ao me acompanhar até o carro, com o braço sobre meu ombro, disse pela última vez.

— Milton, você sabe que não pode guiar aqui no Brasil com essa carteira de motorista. Mas, se alguém pará-lo na estrada, diga que o capitão aqui do posto da fronteira autorizou.

Assim, meu amigo sargento, a quem não quis subornar, me deixou partir, aproveitando a ocasião para se autopromover. Ele se tornou capitão. Isso é que é "OTORIDADE"!!!

Minha mulher, apesar de bilíngue, não entendeu nada e pediu explicações.

— Não foi nada, não. Deixa p'ra lá.

Logo chegamos a Paraty. Ela adorou e esqueceu o episódio.

QUESTÃO DE ORDEM

O CEDS (Centre d'Études Diplomatiques et Stratégiques) é um *think tank* situado em Paris, com o objetivo de reunir diplomatas, militares, funcionários do primeiro escalão, responsáveis de ONGs e correspondentes da imprensa mundial para passar a limpo as relações internacionais durante o ano letivo. Nos anos 1990, o CEDS ficava bem em frente à igreja Saint-Germain, ao lado dos cafés Flore e Deux Magots, frequentados no passado pelos existencialistas – Sartre e Simone de Beauvoir à frente – e hoje por modelos, estilistas e intelectuais bajulados pela mídia, como o filósofo engajado BHL,

Bernard Henri Levy, um *dandy* com pretensão de ser a consciência universal, cabelo comprido e mecha rebelde, sempre vestido de terno preto e camisa branca de gola Mao.

Como manda a tradição, ali é servido o pior e mais caro cafezinho da cidade, em um bule de prata acompanhado de uma bolachinha *speculos* com sabor de canela, pela bagatela de dez euros. Em contrapartida, o chope do boteco da esquina da Rue Bonaparte, o Napoleon, é excelente. Consequência: durante o ano letivo 1990-1991 tomei muito chope e pouco café, comi dezenas de *croque monsieur*, um sanduíche parecido com misto-quente, com queijo *emmenthal* derretido na parte externa do pão de forma recheado com presunto, e joguei horas de conversa fora. A poucos passos, em pleno Boulevard Saint-Germain, ficava La Hune, talvez a melhor livraria de Paris, com infindáveis seções de geopolítica (com centenas de novos títulos), psicanálise, economia, literaturas francesa e universal, sociologia, história, poesia, fotografia e os vendedores mais bem preparados que conheci. Divididos por áreas, eles leem todas as novidades e são capazes de achar exatamente o que você procura. Impossível sair de mão vazia.

Todo o meu tempo livre era dividido entre as galerias da Rue de Seine, La Hune e a Taschen, a editora e livraria de arte da Rue de Bucci, concebida pelo *designer* Philippe Starck, ponto de encontro dos alunos de Belas-Artes, dos fashionistas e quadragenários de *look* boêmio. Sobrava o tempo exato para as mamadeiras do filho e as conferências, que eram dadas por altas patentes militares, embaixadores, membros do governo e *experts* em questões internacionais. Aprendi muito sobre como a Europa estava lidando com as mudanças a leste, o fascínio e o medo que produziam o fim da Guerra Fria, a ânsia dos ocidentais em olhar para o mundo em movimento acelerado e o temor da incerteza pelo fim da estabilidade. Os europeus tinham sonhado com a democratização do Leste Europeu, o fim do muro de Berlim e da bipolaridade; mas, agora que as coisas estavam acontecendo, morriam de medo do mundo global que se anunciava. Um mundo que muitos, neste Velho Continente, não conseguiram digerir até hoje.

Não podia ter havido melhor momento para cursar o CEDS, estávamos sentados em um barril de pólvora prestes a explodir.

Mais interessante ainda foi ver o comportamento das pessoas que ali estavam. Os latino-americanos especulavam sobre os alunos que eventualmente faziam parte de serviços secretos, os franceses contestavam tudo, os asiáticos não abriam a boca, impossível saber o que pensavam, o único israelense, um jornalista do *Haaretz*, que certamente pertencia ao Mossad e estava ali a mando do adido militar da embaixada, os oficiais árabes, que eram formados para se tornar futuros adidos militares, e os africanos do sul do Saara, dentre os quais dois cônsules e alguns ministros conselheiros, que mostravam, a cada intervenção, o quanto ainda estavam marcados pelo peso do colonialismo.

Ao final de uma conferência sobre a Convenção de Lomé, acordo comercial entre a União Europeia ex-colonizadora e 70 países ACP (África, Caribe e Pacífico), outrora colonizados, um diplomata do Benin pediu a palavra. Ele havia participado das negociações de Lomé IV e contou a sua experiência, indignado.

Os representantes dos países ACP reuniram-se para tentar fortalecer sua posição e chegaram à conclusão, óbvia, de que seria bom negociar em cartel, como fazia a União Europeia, e não separadamente. Decidiram, então, pedir autorização ao país líder das negociações, a França. Ele e outros dois representantes africanos foram ver o chefe da delegação francesa e explicaram a situação: sentiam-se enfraquecidos e queriam o apoio de Paris para negociar de igual para igual. O negociador francês disse um taxativo e sonoro "não". Os africanos ficaram decepcionados com a posição do representante da França e desistiram da formação do cartel. A ideia morria no ovo.

O diplomata confessou ali, no CEDS, que nunca entendeu a posição francesa, questionava-se até então. Ele pensava realmente que Paris quisesse negociar de igual para igual.

Viajamos para Genebra, a fim de visitar as organizações internacionais: Comissão dos Direitos Humanos da ONU, Alto-Comissariado para os Refugiados, Cruz Vermelha, entre outros. Ao meio-dia do último dia da viagem, subimos até Montreux para almoçar em um restaurante de altitude, em meio a um pico nevado. Sentei-me ao lado de uma amiga francesa, em frente a um mexicano e a um congolês. Conversa vai, conversa vem, para mostrar algum interesse pelo meu interlocutor, fiz uma pergunta que considerava inocente:

— Quantos habitantes tem o Congo?

Que asneira, a pergunta não era tão inocente quanto me parecia ser. Para o meu interlocutor, aquilo era um insulto. Nervoso, ele começou a gritar e a dizer que, se eu quisesse realmente obter aquela informação, que procurasse nas estatísticas oficiais, que eu não tinha por que contestá-las, que o seu governo era sério e que minha atitude era de desprezo pelo povo africano. Levantou-se e levou seu prato para a outra ponta da mesa.

Descemos até o lago em um trenzinho aprazível. Ali, embarcamos em uma espécie de *bateau-mouche* que nos levaria até o centro de Genebra, onde há o famoso esguicho que se tornou cartão-postal da cidade. Evitei, é claro, o meu colega congolês. Na parte da frente do barco, os "ocidentais" conversavam animadamente sobre amenidades. As mulheres falando de roupas e contando fofocas, os homens, depois de tirar paletó e gravata, falando de mulheres. Na parte central, os japoneses tiravam fotografias e filmavam. Na popa estavam os africanos subsaarianos reunidos em círculo, de cócoras, como nos conselhos de anciãos de seus vilarejos. Eles se questionavam sobre o futuro da África e o papel da OUA (Organização de União Africana) no desenvolvimento do continente. Seríssimos. Nunca vi uma discussão tão "civilizada", com códigos tão diferentes da nossa tradicional informalidade.

Um diplomata do Níger, escolhido pelos demais por pertencer a uma etnia hierarquicamente superior, impecavelmente vestido com terno de três peças, dirigia os debates e distribuía a palavra:

— Agora a representante da Nigéria vai nos falar sobre a posição oficial de seu governo junto à OUA. A consulesa tem cinco minutos.

Passado o tempo regulamentar, ele cortava a colega e indicava o seguinte:

— Sua Excelência, ministro conselheiro fulano de tal, representando o Mali, irá discursar durante sete minutos sobre os vilarejos fronteiriços de seu país.

O tempo de palavra dependia do posto exercido pelo orador. Quando não estava de acordo com o que se dizia, o moderador levantava uma "questão de ordem" e caçava a palavra. Sem contestação possível. Os outros só ouviam, não tinham o direito de opinar, muito menos de debater. De repente me dei conta de que ali, naquela roda de diplomatas africanos, no meio do lago Léman, desfilava um mundo ao qual eu não tinha acesso. Simplesmente fascinante!

Naquele momento, comecei a entender a reação do meu colega congolês. Questão de ordem!

DIRETO DE PARIS

O GAGO QUE SONHAVA EM SER HÉLIO RIBEIRO

Conheci jornalistas que, ao chegar à França, se tornaram pintores de parede; músicos que optaram por ser biscateiros exóticos e "juntaram os trapos" com francesas velhas e ricas; capoeiristas que se transformaram em cantores de axé; um psicanalista famoso, grande especialista em Freud, que fez enquetes telefônicas sobre os hábitos higiênicos dos franceses; uma pianista clássica que apelou para o *ménage* antes de se expatriar para os Estados Unidos e se tornar célebre como música e cantora de jazz-bossa; sociólogas que passaram a ser babás; especialistas em informática que se transformaram em garçons, depois de terem lavado muito prato sujo; profissionais liberais de terno surrado, dormindo sentados atrás dos balcões de hotéis duvidosos, como vigias noturnos, muitos trabalhando no *noir*, "sem papéis" nem contrato. Os exilados eram uma categoria à parte, pois além de fazer de tudo para sobreviver, como todos, ainda trabalhavam na Livraria Lusófona, na editora e livraria Harmattan, da Rue des Écoles, davam aulas. Um deles, bonitão, bom papo e bom copo, era admirado por sua capacidade de viver bem sem trabalhar. Desempenhava as funções de marido, amante e amigo. Depois de retornar ao Brasil, deu sequência ao seu estilo de vida. Dizem amigos próximos que ele nunca teve de trabalhar.

Na França, todos viviam de *bec*, como dizia o personagem do Jô Soares dos anos 1980, Sebastião – codinome Pierre, o último exilado do regime militar.

Entre esses imigrantes, uma manicure a domicílio, coisa raríssima na França. Graças aos seus clientes VIPs, conseguiu introduzir a irmã no meio da moda, para trabalhar na casa do estilista Ungaro. Ela, a irmã, adorava forró e frequentava os bailes brasucas das sextas-feiras do Studio des Rigoles, no bairro popular do 20ème *arrondissement*, nordeste de Paris. Em uma das ausências do casal Ungaro, que coincidia com o seu aniversário, decidiu dar uma "festinha" na casa dos patrões. Convidou uma centena de amigos, contratou a dona Maria, que fez coxinhas, empadinhas e outros quitutes, decorou o salão "à brasileira", com as cores verde e amarela, e chamou o grupo de forró La Compagnie du P'tit Bal Perdu.

Por volta das três da manhã, em meio à bagunça da festa rolando solta, chegou Madame Ungaro, alertada pelos seguranças. Encontrou a aniversariante com o namorado na *jacuzzi* do seu quarto. A festa acabou no mesmo segundo, e a nossa conterrânea foi imediatamente demitida por justa causa, sem indenização. Ficou indignada, só não entrou na Justiça porque a irmã impediu, e diz até hoje que não entende por que a patroa ficou tão brava. Afinal, defende-se, tinha o direito de aproveitar um pouco da vida dos ricos na ausência dos Ungaro.

A manicure ainda tentou intervir para salvar o emprego da irmã, mas madame Ungaro também dispensou os seus serviços. Desde então, faz as unhas como todo mundo, no cabeleireiro.

Na época em que cheguei, a maioria dos brasileiros vinha dos grandes centros urbanos – São Paulo, Rio de Janeiro, Porto Alegre, Belo Horizonte –, em busca de aventuras ou de uma pós-graduação que asseguraria reconhecimento e um emprego melhor no retorno ao país. Raros eram aqueles que conseguiam trabalhar em suas profissões. Minha primeira mulher, jornalista, exerceu seus dons acompanhando grupos de turistas franceses em viagem a países em que nunca tinha posto um pé. A Tailândia, por exemplo. Valia tudo. Era uma farra. A volta ao Brasil era sempre adiada, diante da inflação galopante, da corrupção, da ditadura. "Madá não quer que eu volte", dizia o personagem do Jô. E nós seguíamos em frente, aos trancos e barrancos, morrendo de saudade e de indigestão, por comer nos restaurantes universitários a cinco francos, hoje menos de um euro.

Gegê, um grande amigo que conheci nas montanhas nevadas do Mont-Dore em minha primeira experiência de esquiador – *slalom* de bunda –, especialidade de todo e qualquer iniciante que se preze, era professor de eletricidade em um liceu profissionalizante no subúrbio de Saint-Denis, um dos mais "quentes" de Paris. No começo do ano letivo de 1982, na falta do professor de legislação trabalhista e sabendo que eu era formado em Direito, Gegê me propôs o cargo. O salário era miserável, mas os tempos eram de vacas magras. Logo, aceitei, sem conhecer o programa e muito menos o Direito Social gaulês, sem falar no meu francês sofrível. Para dar as duas aulas semanais estudei como nunca. Passei noites em claro, decorando o manual escolar e pesquisando doutrina e jurisprudência. Eu ia para a sala de aula rezando para que ninguém me fizesse alguma pergunta sobre o curso. Até que, no final do ano escolar, eu já tinha quase o mesmo nível dos meus melhores alunos. Foi um dos anos mais sofridos dos tantos que passei na França. E também de grande orgulho: 80% dos alunos foram aprovados no exame final, de formatura, em nível nacional. Comparativamente, minha experiência na Faculdade de Economia da Universidade de Paris-Villetaneuse, como mestre de conferências, foi uma barbada.

Passados esses anos de suor e diversão, contratei um brasileiro – "sem papéis", é claro – para pintar o apartamento de três quartos em que vivia, no Quai de Jemmapes. Chamava-se Ricardo. Era paulista, do interior de São Paulo. Pela qualidade do trabalho, via-se que era a primeira vez que pintava uma parede. Um defeito menor quando comparado ao fato de querer se tornar locutor de rádio. Seu sonho era ser um novo Hélio Ribeiro, dono da mais bela voz do rádio brasileiro. Era gago. Não conseguia completar uma frase, mas ficava fascinado ao me ver transmitindo uma notícia por telefone, então para a Rádio Eldorado, direto do Canal Saint-Martin. Ele estava decidido: seria locutor. Fizemos um teste, que se mostrou catastrófico. Ricardo parecia condenado a ser pintor de parede... e dos piores que já vi. Ele vinha à minha casa todos os dias, para trabalhar ou me ver trabalhar. E diariamente era atacado pelo meu coelho anão, Pitu, nome dado em homenagem à caninha, que recebia todos com muito carinho, com exceção do pintor gago que sonhava em falar ao microfone.

Para consolá-lo, contei a história da primeira vez que animei um programa de rádio, o *São Paulo Agora* da Jovem Pan, em razão da ausência do titular, Marco Antonio Gomes. O programa durava quatro horas, das 13h às 17h. Zanata, o produtor, e eu recebemos no estúdio o violonista e compositor Paulinho Nogueira, que para minha surpresa – e também desespero – era gago, salvo quando cantava. Ficamos desesperados e pedimos a ele que cantasse durante todo o programa. Saiu exausto. E nós, aliviados.

Não percebi que, ao contar essa história, estava cometendo um erro crasso. Ricardo se convenceu de que não gaguejaria diante de um microfone de verdade, em um estúdio de verdade, em uma grande rádio de verdade. Como o Paulinho Nogueira com um violão nas mãos.

A última vez que tive notícias dele, continuava pintando paredes.

Hommes à tout faire

Hoje, os imigrantes brasileiros vêm de toda parte: do Acre, do Pará, do Mato Grosso do Sul, de Minas, de Goiás. Do Sul, menos. São migrantes econômicos, muitos já maduros, que vêm tentar se reerguer após experiências fracassadas. A realidade deles é muito menos alegre. Vivem em casas situadas em locais afastados, em subúrbios sórdidos, alugadas ilegalmente a preço de ouro. Uma família não aluga a casa toda, apenas parte dela, um quarto, a sala ou até mesmo a cozinha. Os locatários se revezam. Usam o cômodo durante a noite e passam para outros durante o dia. Eles têm horário até para ir ao banheiro. Vivem, portanto, em cortiços, uns sobre os outros, como se fossem favelados. Mas assim, economizando cada centavo de euro, conseguem fazer seu "pezinho de meia". Os trabalhadores manuais, conhecidos como *hommes à tout faire*, formam verdadeiras cooperativas de faz-tudo, que funcionam na base de cogestão. Alguns deles se transformaram em administradores, com "escritórios" montados nas igrejas evangélicas, desempenhando todo tipo de papel, de assistência social a agência de empregos. São tão considerados quanto os bispos. Instituíram até tabela de preços: entre 150 e 200 euros por dia de trabalho. Chamam-se Jeová, Máximo, Jesus, Sorriso, nomes predestinados.

Quanto às mulheres – a do Máximo se chama Divina –, em regra são domésticas ou babás, embora tenham exercido profissões de nível de formação mais elevado no Brasil. São elas que, depois do trabalho e de hora e meia passada no trem, cuidam do marido cansado, se ocupam das compras para o jantar, da roupa e até dos netos, cujas mães, por vezes, não suportaram a saudade e voltaram p'ra terrinha, deixando aqui os seus rebentos. Tudo isso com um vocabulário limitado a quatro palavras: *merci, au revoir, bonjour, pardon*. São heroínas.

— Apesar dos pesares, a vida na França ainda é melhor que no Brasil? – pergunto.

A resposta é sempre a mesma:

— Sinto falta do calor e da simpatia, mas aqui sou tratada com dignidade, com respeito, me chamam de *madame*.

RODANDO A BAIANA

Na juventude, não frequentei candomblé nem centros espíritas, minha experiência em religião afro-brasileira se resume a Jorge Amado e aos espetáculos apresentados no teatro do Sesc, no Pelourinho, após o jantar pantagruélico de especialidades baianas, e no Solar do Unhão, também em Salvador. Além, é claro, de Antônia, uma bela negra que trabalhava na casa dos meus pais. Certo dia, em Santos, baixou o santo nela. Minha mãe, minha irmã e eu nos trancamos no quarto, morrendo de medo. Ninguém saiu, nem para ir ao banheiro ao lado. Certamente inofensiva, Antônia implorava:

— Mirtiiiiiiiiiiiiinho, Mirtiiiiiiiiiiiiinho...

Pela manhã, nós a encontramos na porta do quarto, deitada no chão, dormindo profundamente. Fomos ao médico, que por acaso era espírita, ele lhe deu uns "passes" e ficou tudo bem. Receitou algumas sessões com um conhecido pai de santo local.

Foi com essa parca bagagem que enfrentei o desafio de expulsar Exu do corpo franzino da babá dos meus filhos. Baiana, de São João do Juazeirinho, distrito de Conceição do Coité, Conceição era prima de Sandra, assistente fiel do meu tio Júlio Abramczyk, jornalista científico da *Folha de S.Paulo* e médico cardiologista. Ela tinha sido entusiasticamente recomendada pelo Paulo Markun, de cujos filhos fora babá. Era uma criança em um corpo adulto, brincava com os meninos até ficarem exaustos. Eles antes dela.

No feriado de 14 de julho de 1995, na casa da minha segunda mulher, no vilarejo de Vauvenargues, a 15 km de Aix-en-Provence, recebíamos um casal de amigos para jantar: Patrice, neurologista, e Mireille, psicóloga. Eram dez da noite, dia claro, em pleno aperitivo, quando ouvimos gritos vindos do terceiro andar. Subimos correndo as escadas. Conceição estava literalmente "possuída" ou, em jargão médico, em pleno ataque psicótico. Chamei Mireille de lado, que confirmou o diagnóstico e propôs uma dose dupla de Valium. Procuramos no armarinho do banheiro de casa. Não tinha. Patrice tampouco trouxera o receituário. A farmácia de plantão mais próxima ficava a meia hora dali e, de qualquer maneira, não havia a menor possibilidade de o farmacêutico nos vender uma caixa de Valium, àquela hora da noite, sem receita médica. Algo tinha de ser feito. E logo. Meus filhos dormiam. Conceição se debatia, com voz grave pronunciava palavras ininteligíveis. Mireille me pedia para traduzir, mas eu mesmo não entendia quase nada. Ela pulava feito cabrito, se contorcia toda, dava chutes na parede, com um travesseiro nas mãos; sussurrava coisas sobre mortos que perambulavam pela casa. O quadro era típico. Ela estava "possuída", sem sombra de dúvida. Maria e José, os caseiros portugueses, deram no pé com medo dos fantasmas da Conceição. Já tinham tido a experiência de trabalhar na casa da *marchand* proprietária da Galeria Louise Leiris, onde os espíritos de artistas famosos como Juan Gris, André Masson e Pablo Picasso surgiam de vez em quando. Ali também havia um túmulo no jardim.

Sem Valium, com uma psicóloga e um médico impotentes e famintos, um casal de caseiros fugitivos, nada mais me restava senão agir à brasileira: agarrei-a com toda a força e gritei ainda mais alto, dando ordens para que Exu saísse daquele corpo. Eu não tinha a menor ideia se era realmente Exu que estava ali, mas, por via das dúvidas, optei pelo diabo.

— Sai, Satanás, sai, vai embora daqui e deixa essa mulher em paz, chispa, chispa!!!

Joguei-a na cama e comecei a dar uns "passes", estalando os dedos, tentando imitar um pai de santo. Ela se debatia com uma força incrível, totalmente fora de si, quase me levando ao chão. Seguiu-se um *round* de luta livre e berros para todo lado. Conceição, ou a "entidade" que estava nela, gritava. E eu ainda mais.

— Bicho lazarento, fora, fora, seu lugar é no inferno!!!

Apesar da minha performance de canastrão, pouco a pouco Conceição foi se acalmando, tiritando de frio apesar do verão canicular. Seus dentes rangiam. Com uma dezena de cobertores sobre ela, dormiu. Eu suava.

Exausto, desci para a sala. Tomei uma dose dupla de uísque e acendi um charuto em homenagem ao preto velho, enquanto Maria ficava sentada no quarto, a respeitável distância, para vigiar o sono da babá. Perplexos, os convidados franceses não entendiam mais nada.

Quase uma hora depois, a caseira desceu feito bala. Conceição tinha acordado, resmungando. Subimos. Exu, ou quem quer que fosse, manifestava-se novamente. Estava claro que o meu santo era mais fraco que o dela e que, no combate corpo a corpo, eu levaria a pior. Foi então que me lembrei do meu pai, um dos introdutores do método psicoprofilático no Brasil, o parto sem dor, que utilizava a hipnose para fazer com que mulheres grávidas parassem de fumar ou ficassem menos estressadas. Ele também hipnotizou um par de vezes a minha irmã, sobretudo às vésperas do vestibular, diante do meu olhar fascinado. Tinha com minha tia Cecilia uma palavra-chave, que quando pronunciada por ele a levava ao estado hipnótico. Em um segundo, ela ficava paralisada, sem se mexer, submetida ao seu *dictat*.

Tentei a sorte, não tinha nada a perder; pelo menos foi o que me veio à cabeça. Aproveitei um momento de calmaria e, dessa vez, foi como se o espírito do pai hipnotizador tivesse baixado em mim. Fala mansa, "as pálpebras estão ficando pesadas, pesadas, o corpo pesado, totalmente relaxado, uma grande tranquilidade no ar, respirando fundo, fundo, e as pálpebras cada vez mais pesadas, pesadas... um, dois, três", e assim até dez, para Conceição fechar os olhos. Hipersensível, ao chegar ao seis, ela já tinha caído no sono. E prosseguindo, com as palavras do meu pai, sugeri que ela se acalmasse, ficasse bem, tranquila etc., e que ao acordar a angústia teria desaparecido e ela não se lembraria de nada, de absolutamente nada do que aconteceu. E assim foi. Eu não fechei os olhos durante a noite, mas a baiana Conceição dormiu até o meio-dia seguinte, quando fui acordá-la, morrendo de medo de não conseguir tirá-la daquele estado. Contagem regressiva: dez, nove, oito, até zero. Seus olhos se abriram ao mesmo tempo que o meu sorriso. Ela se sentia novinha em folha, com muito calor debaixo daqueles cobertores todos, e efetivamente, como sugeri, não se lembrava de nada. Foi o meu erro. Tinha de me separar da babá, já que depois daquele dia não dava mais para deixá-la sozinha com os meninos. Tentei lhe explicar por que a dispensaria, mas Conceição não acreditou, disse que era pura invenção e me chamou de mentiroso, pois certamente se lembraria de tudo se fosse verdade. Tentei convencê-la, em vão, ela nunca tinha sequer ouvido falar em hipnose. Por meio de uma amiga, encontrou um advogado e ameaçou me processar por demissão sem justa causa. Eu já me via na Justiça do Trabalho contando ao juiz o ocorrido ou respondendo à acusação de charlatanismo, de exercício ilegal da medicina. Enfim, chegamos a um acordo: ela voltou para o Brasil, para a sua Juazeirinho, e eu nunca mais dei uma de pai de santo hipnotizador.

No dia seguinte, na Rádio Eldorado, ao som da Marselhesa, perguntaram-me como tinha sido o meu 14 de Julho.

Respondi, sorrindo:

— Rodei a baiana.

A MEGALOMANIA

Luis Carlos Nóbrega era representante em Paris da Interbras, empresa brasileira de comércio exterior criada em 1990 por Ernesto Geisel e 100% controlada pela Petrobras. Com dez subsidiárias espalhadas pelo mundo, de

Cingapura às Ilhas Cayman, passando por Pequim e Nova Délhi, a *trading* brasileira chegou a girar 4 bilhões de dólares por dia e representar 16% do faturamento total da Petrobras.

Nóbrega vivia entre Paris e a Europa do Leste, em cujos mercados a Interbras colocava com sucesso, à época, eletrodomésticos *made in Brazil*, menos sofisticados e mais resistentes que os de seus concorrentes, estilo "pé de boi". Morava no mesmo prédio que eu, na Rue Emile Dubois. Ali nos conhecemos. Ele era o protótipo do sujeito enrolado, sempre com mil projetos e nem um tostão no bolso, *bon vivant* e bom papo.

Por se considerar um *expert* em comércio exterior, acabou se tornando empresário no setor de *import-export*: decidiu abrir uma loja de produtos alimentícios brasileiros em Paris. Alugou um espaço de 800 m^2 no fundo de uma galeria em Sèvres-Babylone, no 7ème *arrondissement*, um dos mais caros da cidade, reformou o lugar, mandou trazer os produtos e formou uma equipe, com vendedores, um gerente, um diretor comercial, um assessor de imprensa e marketing, eu, e um diretor presidente, ele. Nóbrega pensou em quase tudo, só se esqueceu do principal, dinheiro. O capital de giro era zero. Mas para ele isso não era um problema. Segundo os seus cálculos – ou melhor, sonhos –, toda a mercadoria desapareceria da loja em um mês, gerando capital suficiente para repor o estoque. Em três meses teria recuperado o investimento inicial e, no quarto, já estaria no lucro. Contas feitas na ponta do lápis.

No papel não havia melhor negócio no mundo.

Organizei uma feijoada para brasileiros e jornalistas franceses, sobretudo da área gastronômica. Artur, um cozinheiro de mão cheia que trabalhava na casa do cônsul do México, se encarregou do cardápio: coxinhas, empadinhas e rissoles de aperitivo, batidas de limão e coco, cerveja, feijoada e doces brasileiros. Na véspera, o almoço teve de ser adiado, pois os produtos não tinham chegado. A loja, decorada com os tradicionais cartazes da baía de Guanabara, de Salvador e do edifício Copan, em São Paulo, estava vazia. Marcamos para uma semana mais tarde. Um terço das mercadorias prometidas pelo Nóbrega havia chegado e, fechando uma parte do espaço, nós nos arriscamos a fazer a inauguração. O restante chegaria em dois ou três dias. Era o que ele dizia.

A feijoada, servida no saguão da galeria, foi um sucesso. Veio o embaixador, os VIPs brasileiros de Paris, jornalistas franceses reputados, todos os correspondentes e amigos. Não faltou quase ninguém, foram duzentas pessoas ao todo. À noite, tivemos até direito a imagens no canal da televisão francesa FR3.

As vendas começaram e as gôndolas esvaziavam. Uma semana depois, nada dos produtos chegarem. Começamos a encher o espaço com livros velhos de autores brasileiros e histórias em quadrinhos, lidas e relidas pelos filhos dos amigos. Quinze dias, nada. Pressionado, Nóbrega confessou que não tinha dinheiro nem crédito para trazer o restante. Era preciso vender tudo para ter uma pequena chance de repor o estoque.

Como entrávamos no mês de dezembro, propus a criação de uma cesta de Natal exótica, bem brasileira. Depois de ter examinado a lista do que restava na loja, Nóbrega deu sinal verde. Fizemos uma cesta e fotografamos. A proposta, confesso que desesperada, era trocar o peru pela lata de feijoada, o *foie gras* pela farinha de mandioca, o champanhe pela caipirinha. Escrevi um *release*, adicionei a foto e enviei para as revistas femininas e gastronômicas. O retorno foi surpreendentemente positivo. Orgulhoso, cheguei à loja com os recortes, sendo recebido às gargalhadas pelo diretor comercial e pelo gerente. Fiquei com cara de idiota. Nóbrega tinha dito sim à tal "cesta de Natal" com base em uma lista virtual de mercadorias elaborada em sua cabeça. A verdade é que não tínhamos o que propor para o fim de ano brasileiro. E os clientes chegando...

Dias depois, fui reclamar o meu salário. O ex-amigo me propôs pagar com mercadorias. A loja estava sendo desmontada e, se eu quisesse recuperar algo, tinha de correr para pegar as últimas latas de palmito, garrafas de pinga e barras de goiabada, que nem cascão era. Quando cheguei, vi apenas prateleiras vazias. Os funcionários já tinham se servido.

Luis Carlos Nóbrega foi embora sem dizer adeus.

E assim terminou o mais audacioso e megalomaníaco projeto de supermercado brasileiro em Paris.

Hoje em dia, os brasileiros saudosos têm de se contentar com a carne-seca vendida a preço de filé-mignon na Coisas do Brasil, uma microloja situada em uma rua escondida do $15^{\text{ème}}$ *arrondissement*.

A última vez que comprei carne-seca foi na longa fila de eleitores no segundo turno da presidencial, em frente ao consulado em Paris. Um brasileiro que morava na Suíça vendia carne holandesa que ele secava com a mais sofisticada tecnologia europeia: não no sol escaldante do Nordeste, mas no aquecedor do seu apartamento, não longe dos Alpes nevados. Paguei a bagatela de 30 euros por 250 gramas daquele "troço incomível" que se desmanchou no feijão e foi parar na lata do lixo.

Matar a saudade do "arroz com feijão" não é coisa fácil.

Todo brasileiro residente na França sonha com uma pastelaria, com um boteco em que se possa comer salgadinhos acompanhados de uma cerveja bem gelada ou de um copo de vinho. Apesar da moda de *tapas*, similares aos nossos quitutes, esse lugar não existe. Aliás, ao contrário das grandes cidades europeias, não há uma só churrascaria em Paris, nem restaurantes brasileiros sem axé, vídeos de escolas de samba, *drag queens* e distribuição de chocalhos para que os clientes acompanhem o ritmo endiabrado *de la samba*.

Os franceses que não conhecem o Brasil adoram!

A DÍVIDA

No dia 4 de fevereiro de 2012, a *Folha de S.Paulo* localizou, em Los Angeles, Silvaldo Leung Vieira, o fotógrafo da Polícia Civil de São Paulo que registrou a famosa imagem do corpo do jornalista Vladimir Herzog, pendurado pelo pescoço nas grades da cela, com os pés no chão, morto.

Em vez de reforçar a tese do suicídio, a foto ajudou a derrubá-la, já que o corpo pendia de uma altura de 1,63 metro, com Herzog de pernas arqueadas e pés no chão; portanto, tornando, no mínimo, altamente improvável que tenha se matado.

Na reportagem, o fotógrafo afirma que foi usado pela ditadura para forjar o suicídio.

Não foi preciso esperar a Comissão da Verdade para se chegar à conclusão óbvia, de que Vlado foi vítima da tortura. Do ponto de vista jurídico, a verdade foi devidamente restabelecida em um julgamento polêmico, que condenou a ditadura e responsabilizou o Estado pela sua morte.

Eu fui testemunha involuntária de um momento delicado desse processo. Por causa do envolvimento pessoal com o personagem principal dessa história, "perdi" a oportunidade de restabelecer certos fatos e tentar evitar que um homem fosse vilipendiado publicamente, sem meios de se defender.

Há alguns meses, ao ler um comentário sobre "os canalhas da direita brasileira", decidi escrever. O autor do artigo referia-se a eles, os canalhas, como sendo os "Jarbas Nobre da Nação brasileira". Outro artigo referia-se a Jarbas Nobre como "um juiz dócil à ditadura". Ele não era nem um, nem outro. A leitura de *Código da vida*, de José Saulo Ramos, me convenceu. A reportagem da *Folha* me pôs em frente ao computador. Eu não podia deixar de fechar estas páginas sem pagar uma dívida.

Por causa de um desentendimento familiar, fui para a casa do meu padrinho, Jarbas dos Santos Nobre, que, apesar de ser *goy*, não judeu, me segurou nos braços na hora da cerimônia de cortar o prepúcio. Ele morava na Rua Abílio Soares, no bairro paulista do Paraíso. Jarbas era então ministro do Tribunal Federal de Recursos. A esse título, esteve envolvido no processo que, há mais de trinta anos, mexeu com toda a Nação: o processo de indenização movido por Clarice Herzog e seus filhos, Ivo e André, contra a União, pela morte do jornalista Vladimir Herzog. Se eles ganhassem, ficaria afastada a tese do suicídio, montada de A a Z pela ditadura, e declarada a responsabilidade dos torturadores pela morte de Vlado. O juiz do caso, na Justiça Federal de São Paulo, era João Gomes Martins Filho, ex-deputado constituinte e candidato pelo PSD a vice-governador de São Paulo na chapa de Prestes Maia. Eu conhecia o então juiz do tempo de estágio no escritório Vicente Rao, trabalhando ao lado de José Saulo Ramos, que depois viria a ser ministro da Justiça de José Sarney. João Gomes Martins vinha com frequência ao escritório. Terno de três peças, chapéu, cavanhaque e cabelos brancos, sempre impecável, ficava horas sentado em frente à mesa da secretária, dona Deisi, enquanto esperava para ser atendido por Saulo Ramos a fim de receber uma "orientação" jurídica sobre processos em curso.

Martins, que ia se aposentar por idade logo após o julgamento, marcou para o dia 26 de junho de 1978, uma segunda-feira, a audiência pública de leitura da sentença. O ato solene deveria ser o ápice de sua carreira, transformando-o em verdadeiro herói da democracia, alçando-o ao pódio da luta contra a ditadura militar. Televisões, rádios, jornalistas da imprensa certamente estariam à saída da sala de audiência para entrevistá-lo. No meio judiciário e também em Brasília já se conhecia o teor da sentença, condenando a União, dando ganho de causa a Clarice e filhos. Desconfiava-se também, muito embora ninguém ousasse falar abertamente, que a sentença, aparentemente brilhante, não era de autoria do douto magistrado, mas sim de advogados. Em seu livro *Código da vida*, José Saulo Ramos afirma ter sido o autor da sentença. Em uma entrevista à *Folha de S.Paulo*, Saulo Ramos declarou seu orgulho por ter participado desse episódio, considerando-o um dos mais, se não o mais, marcante de sua longa carreira jurídica.

Na época, comentava-se que a sentença teria sido escrita a quatro mãos, com a colaboração de Péricles Prade, professor de Direito, escritor e ex-juiz federal, que tinha sido nomeado curador dos filhos menores de Herzog, Ivo e André, por João Gomes Martins. Uma versão confirmada pelo também ex-juiz federal Américo Lourenço Masset Lacombe:

— Era público e notório que João Gomes Martins ia ler a sentença escrita por outro. O verdadeiro autor foi Péricles Prade, com possível colaboração de Saulo Ramos.

A sentença foi escrita meio a meio? 30-70? 40-60? Pouco importa. O que conta nessa história é que se sabia, ou se tinha fortes indícios, de que a sentença não havia sido redigida pelo juiz Gomes Martins, da 7ª Vara da Justiça Federal, situada então ao lado da Praça da República, em São Paulo.

Os advogados da União, "provavelmente" a par do teor do julgamento, entraram com mandado de segurança junto ao Tribunal Federal de Recursos, em Brasília, para impedir a audiência de leitura da sentença, sob o argumento falacioso de que seria um "risco à segurança do Estado".

Ninguém até hoje, pelo que eu saiba, se questionou sobre o porquê do mandado de segurança, já que a sentença era, a princípio, desconhecida. Eu tenho uma teoria: os advogados da União conheciam o teor do julgamento. E não eram os únicos.

O ministro do TFR, Jarbas Nobre, foi o relator designado.

Não se abandona um amigo

Abro aqui um parêntese. Ideologicamente, Jarbas Nobre poderia ser taxado de conservador, muito embora fosse, acima de tudo, um democrata. Janista desiludido, alérgico a radicalismos, de direita como de esquerda. Anticomunista ferrenho, era na mesma proporção contrário à ditadura militar fascista. Durante toda a sua carreira de juiz foi um espírito livre. Deu provas de independência em muitos de seus julgamentos, decidindo frequentemente contra a União (ou contra a ditadura), como no caso da censura de uma música de Juca Chaves em que o "menestrel" comparava a rosa à mulher e à prostituta. A música tinha sido proibida pela censura idiota. Onde os censores viam pornografia, Jarbas Nobre viu poesia. É o que se lê em sua sentença.

O ministro também deu prova dessa liberdade de espírito em outro episódio, votando a favor da liberação da peça *O abajur lilás*, de Plínio Marcos, que no dizer da crítica teatral Ilka Maria Zanotto foi "mais do que uma peça, uma bandeira". *O abajur lilás* foi inicialmente censurada, depois liberada, e enfim proibida novamente por ato do ministro da Justiça, Armando Falcão, que a considerava "contrária à moral e aos bons costumes". O advogado de Plínio Marcos, seu amigo de infância Iberê Bandeira de Melo, entrou com pedido de liberação da peça. O processo e os sucessivos recursos percorreram todas as instâncias judiciais, até o Supremo Tribunal Federal. Em todo esse longo caminho, só houve um voto a favor da liberação de *O abajur lilás*, o de Jarbas Nobre. Ninguém, a não ser ele, teve a coragem de se opor ao duríssimo ministro da Justiça. Chegou a ser ameaçado por isso.

Jarbas era também um amigo fiel. Por exemplo, foi uma das raras pessoas a não ter abandonado Américo Lacombe quando este foi preso pela ditadura, em 1970, acusado de manter relações com a ALN, de Carlos Marighella. Jarbas foi visitá-lo na prisão, apesar de ter recebido "conselhos" de prudência. Nunca deixou de frequentá-lo. Meus pais, votos de cabresto do Partidão (o PCB), recebiam Jarbas todos os sábados para o almoço com palavras de preocupação, angustiados com o que poderia lhe acontecer. Mas a resposta era sempre a mesma:

— Não se abandona um amigo.

Jarbas não transigia. Nem sequer discutia.

O jurista Américo Lourenço Masset Lacombe, ex-juiz federal de primeira instância, preso pela ditadura, desembargador aposentado do Tribunal Regional Federal da 3ª Região (São Paulo), presidente da Comissão de Ética da Presidência da República, teve a prova dessa amizade. Ele me deu o seguinte depoimento:

> Eu fui preso nas vésperas do Natal de 1969, no Rio de Janeiro, onde fui passar o Natal com a família. Meus pais e meus sogros moravam no Rio.
>
> Fui levado para um quartel do Exército, juntamente com um dos meus cunhados, que foi solto no dia seguinte. Eu fui levado para São Paulo e encaminhado à Operação Bandeirantes, que anos depois passou a se chamar DOI-CODI.
>
> Quem me interrogou pela primeira vez foi o famigerado capitão Maurício.
>
> Ninguém me torturou.

Quinze dias depois fui para o Deops, onde prestei um novo depoimento. Também lá ninguém me torturou.

Fui então para o presídio Tiradentes, alojado na cela 1 (a mesma em que ficou Monteiro Lobato na época de Vargas).

As condições no Tiradentes eram melhores que no Deops e na Oban. As celas, muitas vezes ficavam abertas. Tínhamos livros (fornecidos pelas famílias), TV e discos.

Nós mesmos cozinhávamos, uma vez que as famílias levavam todos os ingredientes necessários.

O Jarbas, que já era ministro do Tribunal Federal de Recursos, ficou indignado. Comunicou-se com o general que chefiava a Polícia Federal em São Paulo. Tiveram um diálogo um tanto engraçado, pois o general perguntou se o telefone do Jarbas estava grampeado. O Jarbas respondeu: "General, se o senhor não sabe, como eu vou saber?".

Algum tempo depois o Jarbas me visitou acompanhado do Laurindo Minhoto, que era juiz federal.

Um fato que deve ser lembrado é que, antes de me visitar, o Jarbas recebeu um telefonema do ministro da Justiça, Alfredo Buzaid, aconselhando-o a não me ver, porque minha situação estava confusa. O Jarbas prontamente complementou: "Ora, ministro, isso é o óbvio, caso contrário ele não estaria preso".

Eu me lembro que escrevi uma carta para o Jarbas explicando o porquê da minha prisão. Sei que reuniu todos os juízes federais de São Paulo e leu a carta que foi levada pelo José Carlos Dias, que advogava para vários presos.

Os juízes federais foram muito solidários.

Prestei depoimento na Auditoria Militar nas vésperas do Natal de 1970. Fiquei preso um ano e um dia.

O Jarbas teve em relação a mim o mesmo comportamento que o D. Paulo Evaristo teve em relação aos dominicanos, vale dizer, todo apoio possível. Devo ainda acrescentar que no dia do meu depoimento, logo após eu chegar na Auditoria Militar, fui levado a uma sala onde o Jarbas me aguardava. Conversamos um pouco, e ele retirou-se. Não ouviu o meu depoimento, pois estava muito nervoso.

Por fim, o Ministério Público opinou pela minha absolvição e a sentença não foi diferente, sendo confirmada pelo Superior Tribunal Militar.

É claro que fiquei muito grato ao Jarbas. Não sei se você lembra que, quando publiquei minha dissertação de mestrado, disse na primeira página:

"Este livro é dedicado a Jarbas dos Santos Nobre,

Laurindo Minhoto Neto,

Rafael Ribeiro da Luz,

Maria Helena e Paulo Rodrigues Alves e

José Saulo Ramos,

pelo apoio constante e inestimável que me deram nas horas mais difíceis."

Falar das posições políticas do Jarbas não é fácil, pois ele não era um político claro. Era, no entanto, conservador; mas era um democrata, nunca foi direitista. Após o meu processo, tornou-se um liberal em matéria penal. Dizia sempre: "Nos processos criminais, se o crime não estiver muito bem provado, eu absolvo".

O herói e o falso vilão

Eu o encontrei furioso, como raramente o vi, em seu apartamento da Rua Abílio Soares. Protestava:

— Por que é que ele tinha de marcar uma audiência pública? Não podia fazer como todo mundo? Publicar a sentença e ponto-final? – dizia, indo de um lado para o outro.

Embora houvesse a possibilidade legal de marcar uma audiência de leitura de sentença, a praxe era (e é) escrevê-la nos autos e enviá-la diretamente para publicação no *Diário Oficial da União*.

Jarbas Nobre estava convencido de que Vladimir Herzog tinha sido assassinado. Mesmo assim, concedeu a liminar no mandado de segurança, que a bem da verdade não fechava completamente a possibilidade de João Gomes Martins dar a "sua" sentença. Ela só não podia ser lida publicamente, já que o mandado tinha como objeto sustar a audiência de leitura. Nada impedia o juiz de enviá-la ao *Diário Oficial* para publicação. José Saulo Ramos conta, no *Código da vida*, que ainda tentou convencê-lo, mas não houve jeito. Era tudo ou nada. João Gomes, com o orgulho ferido, decidiu abandonar o caso e se aposentar como previsto, com a farda de herói pendurada no armário da História.

Anos mais tarde, na revista *Veja*, o jornalista Ricardo Setti comentaria: "O DOI-CODI suspirou aliviado. O governo também".

Os livros-depoimento de testemunhas da época, como os de Paulo Markun e Fernando Pacheco Jordão sobre o Caso Herzog, salientam a carreira brilhante do constituinte João Gomes Martins. Silenciam, no entanto, sobre o saber jurídico do magistrado, que obviamente não tinham como julgar.

Jarbas, por seu lado, entrava para a História com a pecha de vilão, como o ministro que cedeu covardemente às pressões da ditadura.

Ninguém, até a publicação de *Código da vida*, havia se questionado publicamente sobre a verdadeira autoria da sentença que devia ter sido lida pelo juiz da 7ª Vara; embora muitos tivessem ouvido dizer que ele não era o seu autor.

Em carta enviada ao seu substituto, Márcio José de Moraes, João Gomes Martins declarou: "Ninguém sabia o teor da sentença, a não ser eu".

A verdade é um pouco diferente: muita gente conhecia o teor da sentença.

"Vamos deixar um juiz dar a sentença"

Estávamos, Jarbas, eu e a fiel cozinheira Filó, na casa dele, quando Jarbas recebeu um telefonema dos advogados de Clarice para tentar convencê-lo a reexaminar o caso e caçar a liminar. Em vão. Jarbas estava decidido a não ceder. Foi um diálogo amável, cordial, porém um "diálogo de surdos". Em seu foro íntimo, estava plenamente de acordo com eles e querendo a condenação da União. Então por que não deixar o velho juiz dar a sua última e apoteótica sentença? O argumento jurídico utilizado por ele era de que, se a leitura da sentença não fosse suspensa pela liminar, o mandado de segurança ficaria prejudicado e, pelo menos teoricamente, a sentença poderia vir a ser cassada. Isso seria um verdadeiro desastre nacional. Os advogados de Clarice replicavam que não cabia mandado de segurança.

Talvez os dois tivessem razão, pouco importa. O que estava em jogo não se encontrava sobre a mesa, e sim escondido no fundo da gaveta. Havia outro argumento, além do jurídico propriamente dito, para a concessão da famigerada liminar. Jarbas se perguntava o que aconteceria caso chegasse à imprensa, naquela época conturbada, o "rumor" de que João Gomes Martins não era o verdadeiro autor da sentença, de que a sentença havia sido escrita por um advogado, e não pelo magistrado encarregado do julgamento, advogado este que havia sido nomeado curador dos filhos menores de Vladimir Herzog, coautores do processo. Teria sido, no mínimo, um imenso escândalo, jogando um manto de descrédito sobre aquele que era – e que felizmente acabou sendo – um dos julgamentos mais importantes da história da Justiça brasileira. Havia risco de nulidade? O certo é que a ditadura fascista não teria deixado passar incólume uma ocasião como essa.

Jarbas Nobre tinha plena consciência da situação. Questionado na época sobre a malfadada liminar por Homar Cais, então juiz federal, posteriormente membro e presidente do Tribunal Regional Federal, Jarbas respondeu:

— Vamos deixar um juiz dar a sentença.

A mesmíssima frase ele repetiu para o advogado potiguar José Cabral:

— Vamos deixar um juiz dar a sentença.

Em bom português: essa sentença não é do juiz.

Como tantos outros, Jarbas sabia que o julgamento havia sido escrito por terceiros. Ele fez esse comentário comigo.

Além do mais, ele tinha a íntima convicção de que o substituto de João Gomes Martins, o competente e jovem juiz Márcio José de Moraes – então com apenas 32 anos de idade –, que herdaria o processo, julgaria a favor de Clarice e filhos, pela condenação da União.

Que razão tinha para pensar assim? Jarbas Nobre conversou por telefone com Márcio de Moraes e, ao final, suspirou aliviado. Comentou em tom profético: "Justiça será feita". Era "só" uma questão de tempo.

Ao agir dessa maneira, ao contrário das aparências, o ministro Jarbas dos Santos Nobre contribuiu para o surgimento da única e indiscutível verdade: Vlado não se suicidou, foi assassinado pela ditadura. Seu suicídio não passou de encenação para mascarar a morte por tortura.

O mandado de segurança ficou caduco com o recesso da Justiça Federal de São Paulo e a aposentadoria de João Gomes Martins. E o novo juiz da 7ª Vara da Justiça Federal, Márcio José de Moraes – até hoje injustamente esquecido na lista de promoções ao Supremo, preterido por vezes em benefício de cupinchas do poder –, pode julgar tranquilamente o pedido de indenização pela morte do jornalista. Condenou a União a pagar Cr$ 50.000,00 pelos danos morais e materiais decorrentes da morte do jornalista Vladimir Herzog, mais as custas processuais.

Discretamente, sem alarde, longe das câmeras de televisão, Márcio de Moraes julgou e enviou sua sentença para publicação no *Diário Oficial*, fechando assim o capítulo da primeira e mais importante derrota da ditadura militar na Justiça. Um julgamento de 45 páginas, corajoso, juridicamente impecável e *de autoria insuspeitável*. Na Ação Declaratória, Processo nº 136/76, a União era derrotada e a teoria do suicídio do Vlado, enterrada. O jornalista Vladimir Herzog passava a ser oficialmente vítima da tortura do DOI-CODI, na Rua Tutoia. A sentença terminava assim:

> Pelo exposto, julgo a presente ação procedente e o faço para, nos termos do Artigo 4º, inciso I do Código de Processo Civil, declarar a existência de relação jurídica entre os autores e a ré, consistente na obrigação desta indenizar aqueles pelos danos materiais e morais decorrentes da morte do jornalista Vladimir Herzog, marido e pai dos autores, ficando a ré condenada.

O corpo de Vladimir Herzog repousa no Cemitério Israelita do Butantã, longe da quadra reservada aos suicidas, em uma decisão corajosa do rabino Henry Sobel, desafiando a ditadura.

No dia 24 de setembro de 2012, a pedido da Comissão Nacional da Verdade, o juiz Márcio Martins Bonilha Filho, da 2ª Vara de Registros Públicos do Tribunal de Justiça de São Paulo, determinou a retificação da certidão de óbito do jornalista, para fazer constar que sua "morte decorreu de lesões e maus-tratos sofridos em dependência do 2º Exército-SP".

Nada mais que justiça.

No *Código da vida*, José Saulo Ramos escreveu que durante uma conversa, anos depois daquela liminar, Jarbas dos Santos Nobre confessou ter sofrido pressões. É verdade, ele sofreu pressões, dos dois lados, aliás. Nunca negou; nem ao Saulo, nem a ninguém. Perguntei se Jarbas havia dito que cedeu às pressões. A resposta foi: "Não".

213

COQ AU VIN DE LA MÈRE MICHEL

Diz a lenda que o *coq au vin* foi criado nos anos 50 antes de Cristo, durante a batalha entre os celtas, comandados por Vercingetorix, e os romanos de Júlio César, nas proximidades de Clermont-Ferrand, zona central da França.

O herói francês, acuado no desfiladeiro de Puy-de-Dôme, teve de se render e, como prova de bravura, presenteou Júlio César com um galo de briga. O galo era, e continua sendo, o animal fetiche dos franceses. Júlio César, para humilhar seu inimigo, convidou-o para jantar e serviu o galo cozido ao vinho tinto da região, Auvergne. Vercingetorix teria ficado indignado, mas, como vencido, comeu. E gostou. Desde então, o *coq au vin* tem lugar de destaque entre os pratos mais tradicionais da culinária francesa.

Na verdade, ninguém sabe ao certo onde surgiu o galo ao vinho. Certamente de origem modesta, como todos os demais ensopados. A região onde foi inventado o prato é uma questão para os historiadores gastronômicos, que brigam entre si, mas que até agora não chegaram a uma conclusão. Hesitam entre a região rural de Auvergne, a Alsácia e a Borgonha. A única certeza que se tem é a de que marinar o galo no vinho foi a forma encontrada para amaciar a carne, sempre muito dura.

Veja a seguir uma das melhores receitas de *coq au vin*, de autoria de Michel Chevrier, a "mãe Michel", adaptada do livro *Les Meilleurs Recettes de la Mère Michel*:

Modo de preparo

- **Tempo total de preparação:** mais de um dia de antecedência
- **Tempo de preparação antes do cozimento:** 60 minutos
- **Tempo de cozimento:** 180 minutos

Escolha um belo galo – na falta de galo, compre uma galinha caipira –, corte-o em pedaços e leve-o para marinar em vinho.

Para a marinada:

- 2 cenouras
- 1 talo de aipo
- 1 cebola
- 2 dentes de alho
- 1 maço de ervas aromáticas (louro, salsa, alecrim, sálvia)
- 3 unidades de cravo-da-índia
- Pimenta-do-reino
- Pimenta-de-caiena
- 1 copo pequeno de conhaque
- 2 litros de bom vinho tinto

Pique as cenouras, o aipo, a cebola e o alho em um grande recipiente. Disponha os pedaços de galo e acrescente o maço de ervas, o cravo-da-índia, a pimenta-do-reino e a pimenta-de-caiena.

Regue com o conhaque e cubra tudo com o vinho tinto. Tampe e deixe marinando em local fresco, fora da geladeira. Na falta de recipiente com tampa, utilize papel-alumínio. A marinada deverá repousar por pelo menos 12 horas. Depois disso, escorra os pedaços de galo, filtre a marinada e reserve.

Para o molho:

- 3 colheres de sopa de azeite de oliva
- 25 gramas de manteiga
- 3 fatias grossas de toucinho defumado, cortado em pequenos cubos
- 1 cebola
- 35 a 40 gramas de farinha de trigo
- Sal a gosto
- 500 gramas de pequenos *champignons*

Esquente o azeite de oliva e a manteiga em uma panela. Doure os pedaços de galo em fogo baixo, retire-os e reserve.

Junte o toucinho e a cebola picada ao azeite e à manteiga que ficaram na panela. Deixe dourar, mexendo com frequência com uma colher de pau. Polvilhe a farinha de trigo e mexa bem até que a preparação fique uniforme. Acrescente os pedaços de galo reservados. Salgue a gosto.

Limpe os *champignons*, corte-os em dois ou em quatro, conforme o tamanho, e leve-os a uma frigideira antiaderente, sem gordura. Quando eles pararem de transpirar, junte-os ao restante na panela para que cozinhem lentamente.

Tampe a panela e deixe cozinhar em fogo brando por três horas, mexendo de vez em quando. Por volta de 30 minutos antes de o cozimento terminar, verifique o tempero. Ao final, deixe esfriar e leve a panela à geladeira por várias horas ou mesmo uma noite. Ao se preparar o prato para servir, retire a película de gordura que se formou à superfície e leve ao fogo brando para esquentar.

Quando os convidados estiverem à mesa, derreta uma colher de sobremesa de manteiga em uma frigideira e doure fatias de pão dormido. Apresente o *coq au vin* em um tacho de ferro ou de barro com as fatias de pão em volta dele. Sirva-o com batatas cozidas ou os legumes que escolher.

Serve 6 pessoas.

Bom apetite!

O que beber:

O vinho tinto é considerado o complemento quase obrigatório do *coq au vin*, embora alguns prefiram o vinho branco seco.

Os *gourmets* endinheirados optam pelos vinhos da Borgonha, a começar pelo Gevrey-Chambertin, da região da Côte-d'Or, onde reinam as uvas *pinot noir*.

São vinhos ricos, complexos, de bela cor grená, aromas e sabores intensos, evocando cassis, cereja, alcaçuz. O teor de açúcar é elevado para uma acidez média.

O vinho mais frequentemente utilizado, tanto na preparação como na degustação do *coq au vin*, é o Saint-Joseph, da região setentrional de Côtes du Rhône, à margem direita do rio Rhône, onde se localizam os mais antigos vinhedos da França. Elaborados à base de *syrah*, acrescidos de 10% de *roussanne* ou *marsanne*, os Saint-Joseph tintos são vinhos finos, equilibrados e elegantes, de grande harmonia, com aromas de cassis e framboesa, com notas de couro e alcaçuz. São os meus preferidos para acompanhar o *coq au vin*.

Se você preferir o vinho branco, o ideal é o Côtes du Rhône Villages de Chusclan, produzido a partir de castas *grenache blanc, marsanne, roussanne, clairette, bourboulenc* e *viognier*, completadas por *picpoul blanc* e *ugni blanc*.

FEIJOADA *LIGHT* DO MIGRANTE

Há três décadas e uns quebrados, quando cheguei a Paris, preparar uma boa feijoada não era tarefa fácil. Pouquíssimos mercados vendiam iguarias tropicais que não viessem das Antilhas. Feijão-preto chegava na muamba dos amigos ou era africano, de grãos alongados e de difícil cozimento. Paio não havia, e linguiça portuguesa era produto exclusivo dos poucos comerciantes da "terrinha". Aliás, nunca entendi por que uma colônia tão grande quanto a portuguesa de Paris – 600 mil pessoas – não deixou sua marca na culinária local. Afinal, espanhóis conseguiram impor a *paella* e o *gazpacho*. E mais: algumas pesquisas de opinião apontam o cuscuz marroquino como o prato predileto dos franceses. Enquanto isso, o bacalhau (*morue*, em francês), com suas dezenas de formas de preparo, todas deliciosas, jamais saiu da órbita exclusivamente lusitana para conquistar o palato gaulês. Uma pena!

Enfim, voltemos para a feijoada. Hoje, matar a saudade do nosso prato nacional ou surpreender os amigos franceses com essa receita pantagruélica ficou moleza. Em Paris, há pelo menos duas lojas especializadas em produtos brasileiros e várias outras em que o feijão e a farinha dividem a prateleira com outras guloseimas exóticas. Quatro produtos, no entanto, continuam raros: carne-seca, paio, linguiça portuguesa e couve. A receita a seguir contorna esse inconveniente com a substituição por produtos locais: *saucisse de Morteau*, *saucisse de Montbéliard* e *blette* (acelga).

A de Morteau é uma linguiça grossa, confeccionada exclusivamente com carne de porco e temperada com alho, chalotas, cominho, coentro e vinho da região do Jura. Em seguida, ela é defumada por 48 horas, no mínimo, em grandes construções chamadas *ferme à tuyé*, na região de Franche-Comté. Sua história remonta ao século XVI. Já a linguiça de Montbéliard é considerada a mais antiga da França, como atestam os defumadores galo-romanos encontrados em Mandeure, na região do Doubs, perto da Suíça. Sua particularidade está na alimentação dos porcos, feita com o soro do leite que sobra da fabricação dos queijos locais. A carne é moída grossa, para respeitar o *savoir-faire* tradicional, que incluía o corte com faca. Ambas são protegidas por selos de qualidade que atestam sua proveniência.

Quanto à carne-seca, há quem arrisque um método heterodoxo, substituindo o sol pelo calor do *chauffage*, a calefação doméstica: a carne é colocada próxima do aquecedor até secar. Como resultado, temos a aparência pouco apetitosa, e o gosto nem de longe lembra o do bom charque. Melhor dispensar.

Ingredientes:

- 1 quilo de feijão-preto
- 3 linguiças Montbéliard
- 1 linguiça Morteau
- 150 gramas de costela de porco
- 150 gramas de lombo de porco
- 2 cebolas médias
- 4 dentes de alho
- 3 folhas de louro
- Salsinha picada
- Sal
- Pimenta-do-reino a gosto
- Óleo de milho

Modo de preparo:

- Deixe o feijão de molho na véspera.

No dia:

- Escorra o feijão.
- Refogue o alho e a cebola na panela de pressão com óleo de milho.

- Junte o feijão, as folhas de louro e cubra com água. Cozinhe por cerca de 30 minutos.
- Numa panela separada, coloque as carnes para ferver alguns minutos. Retire-as da água.
- Abra a panela de pressão, verifique que os grãos estão cozidos.
- Junte as carnes, sal e pimenta-do-reino a gosto, deixe ferver sem pressão por mais uma hora, em fogo brando.
- Mexa regularmente para que o feijão não grude no fundo da panela.
- Acrescente um pouco de água fervente se necessário.
- O feijão deve ficar cremoso.
- Por fim, acrescente a salsinha picada.

Acompanhamentos:

- Servir com acelga cortada bem fininha, sem o talo branco, refogada em azeite de oliva e alho picado, farinha de mandioca ou farofa de banana, fatias de laranja e arroz branco, de preferência o perfumado *basmati*.
- Outra opção, mais sofisticada, é usar o arroz negro *vénéré*, um arroz completo, agradavelmente perfumado, evocando aromas de sândalo e de pão recém-tirado do forno. Diz a lenda que o *vénéré* era particularmente apreciado na corte dos antigos imperadores chineses por suas propriedades nutritivas e afrodisíacas.
- Hoje, esse arroz é cultivado unicamente no vale do rio Pó, no norte da Itália.

O que beber:

Até mesmo os franceses tradicionalistas admitem que o vinho, por mais leve que seja, não se impõe. Eu degustei vários deles até chegar à conclusão de que o melhor para acompanhar essa feijoada é uma boa e geladíssima cerveja belga.

Se você não se conformar, tome um tinto de baixo teor alcoólico, jovem, bem leve e fresco. Pode ser um Beaujolais Nouveau, um Saint-Nicolas de Bourgueil ou um Anjou do vale do Loire.

O AUTOR

Milton Blay formou-se em Direito pela USP e Jornalismo pela FIAM, com *master* no Centre d'Études Diplomatiques et Stratégiques, mestrado em Economia e doutorado em Política pela Université de Paris 3. Começou sua carreira na rádio Jovem Pan, tendo integrado a equipe que ganhou o prêmio Esso de melhor programa radiofônico. É atualmente correspondente em Paris do grupo Bandeirantes. Vive na capital francesa desde 1978, tendo trabalhado como correspondente da revista *Visão*, do jornal *Folha de S.Paulo*, das rádios Capital, Excelsior (depois CBN), Eldorado. Ocupou durante 15 anos o cargo de redator-chefe da Radio France Internationale, foi presidente da Associação da Imprensa Latino-americana na França e *maître de conférences* da Université de Paris 13.

GRÁFICA PAYM
Tel. (11) 4392-3344
paym@terra.com.br